肖星的财务思维课

FINANCIAL THINKING

喜马拉雅13万听众订阅
630万人次收听

肖星 著

机械工业出版社
CHINA MACHINE PRESS

图书在版编目（CIP）数据

肖星的财务思维课 / 肖星著 . —北京：机械工业出版社，2020.4（2025.1 重印）

ISBN 978-7-111-65166-6

I. 肖… II. 肖… III. 财务管理 IV. F275

中国版本图书馆 CIP 数据核字（2020）第 047252 号

肖星的财务思维课

出版发行：机械工业出版社（北京市西城区百万庄大街 22 号　邮政编码：100037）

责任编辑：冯小妹　　　　　　　　　　　　责任校对：李秋荣

印　　刷：保定市中画美凯印刷有限公司

版　　次：2025 年 1 月第 1 版第 13 次印刷

开　　本：170mm×230mm　1/16

印　　张：20

书　　号：ISBN 978-7-111-65166-6

定　　价：69.00 元

客服电话：(010) 88361066　68326294

版权所有 • 侵权必究
封底无防伪标均为盗版

| 序 言 |

近年来,"思维"成了一个很流行的词,人们竞相追求各种思维。"财务"两个字也有幸与"思维"一起,被大家关注起来。究竟什么是财务思维呢?我在二十多年的教学工作中接触了大量企业家、管理者,他们在工作中深切地意识到具备财务思维的重要性,却并不知道财务思维到底是什么。

在我看来,财务思维分两个层次:第一个层次是打通财务与业务之间的关系,知道自己每天从事的业务活动在财务上如何表现,会产生什么影响;有了这个基础,就可以更进一步,到达第二个层次——用财务的逻辑思考业务问题,让企业的各种业务活动紧密围绕"创造价值"这一主题进行,避免各种盲目的举措。

本书希望在这两个层次上帮助大家建立财务思维。首先,从业务出发看业务在财务上如何表现,产生什么影响。企业的业务活动纷繁复杂,我把它分为销售、采购、生产、薪酬、投资与融资五大业务循环,从每个循环的业务开始,看这些业务在财务上的表现和对财务数据的影响。其次,我也会反过来,带领大家试着用财务的逻辑来思考业务问题。在分析完五个业务循环后,我还会带着大家纵观财务报表全局,用财务的思维把这些业务整合起来。

由于本书着重于说明业务和财务的关系,而不是教大家如何做账,所以我主要讲财务的概念而非具体业务处理。这样做势必会造成财务概念阐述上的不"精确",但是我仍然选择牺牲一定的"精确度"。原因有三个:首先,对于非财务人员来说,重要的不是如何"精确地"记账,而是如何用财务的逻辑理解业务,如果一味地要求财务上的精确性和高难度,就会让那些没有财务基础的学习者陷入迷茫、望而却步;其次,我认为对于非财务人员来说,对财务逻辑的全局性把握比对会计处理细节的精确理解更为重要，如果一味追求细节上的精确而忽略了全局，就会只见树木不见森林，只会做"小会计"而不会做"大财务"；最后，即便是对于很多"老会计"来说，也往往没有财务思维，他们更缺少的不是对会计处理细节的把握，而是对财务理念的全局性理解，以及将财务概念与业务活动建立联系的能力。

希望本书成为非财务人员将自身工作与财务概念建立联系的起点，并且在工作中经常从财务角度反思一下自己的工作，逐渐建立财务思维；同时，也帮助财务人员将纸上的财务数据变成活生生的业务活动，让自己更多地站在业务的角度思考问题。未来，我还希望能够在财务思维的基础上，帮助大家用财务的逻辑去理解自己的行业、战略，并最终洞悉行业和企业的未来。

肖星

2020年2月

于清华园

| 目 录 |

序言

· 第1篇 ·
了解财务知识,看清企业兴衰

1   "财"眼看世界:财务人眼里的企业   2
  1.1 企业的日常   2
    1.1.1 企业的经营流程   2
    1.1.2 制造业是一切企业的蓝本   3
    1.1.3 企业经营三件事   5
  1.2 日常业务背后的财务实质   5
    1.2.1 战略选择是对环境的应对措施   5
    1.2.2 执行能力决定了战略选择的结果   6
  小结   7

· 第2篇 ·
认清行业大势,把脉客户关系

2   最爱的人伤我最深:"唯利是图"的客户   10
  2.1 卖什么   10
  2.2 卖给谁   11

2.3　怎么卖，如何收款　　　　　　　　　　　11
　　2.3.1　一手交钱，一手交货　　　　　　11
　　2.3.2　先付款，再发货　　　　　　　　11
　　2.3.3　先发货，再付款　　　　　　　　12
　　2.3.4　分期付款　　　　　　　　　　　13
小结　　　　　　　　　　　　　　　　　　14

3　火眼金睛识对手：竞争对手　　　　　　　15

3.1　谁是竞争对手　　　　　　　　　　　　15
3.2　竞争的影响　　　　　　　　　　　　　16
　　3.2.1　对价格的冲击　　　　　　　　　16
　　3.2.2　毛利率可以反映竞争的激烈程度　16
　　3.2.3　产能过剩与客户议价能力的提升　18
3.3　应对竞争　　　　　　　　　　　　　　19
　　3.3.1　两大战略类型　　　　　　　　　19
　　3.3.2　战略举措　　　　　　　　　　　20
3.4　从财务视角看竞争战略　　　　　　　　22
　　3.4.1　效益与效率　　　　　　　　　　22
　　3.4.2　两大战略的制胜法宝　　　　　　23
小结　　　　　　　　　　　　　　　　　　24

4　谁动了我的奶酪：应收账款　　　　　　　26

4.1　如何管好应收账款　　　　　　　　　　26
　　4.1.1　从应收账款看销售业务　　　　　26
　　4.1.2　从应收账款看客户价值　　　　　28
　　4.1.3　用财务手段盘活应收账款　　　　28
4.2　钱收不回来怎么办　　　　　　　　　　30

4.2.1	如何确定坏账	30
4.2.2	坏账的影响	31
4.2.3	计提的坏账又收回来了	31
4.3	应收账款背后的秘密	32
4.3.1	用坏账操纵利润	32
4.3.2	其他应收款：一个箩筐，什么都往里装	33
小结		34

· 第3篇 ·

洞察产业链条，挖掘采购潜力

5	买的没有卖的精："欺软怕硬"的供应商	36
5.1	采购业务及其财务表现	36
5.1.1	无处不在的采购业务	36
5.1.2	采购业务的财务表现	37
5.2	供应商的谈判能力	41
5.2.1	供应商谈判能力的影响因素	42
5.2.2	供应商谈判能力的财务影响	42
5.3	行业环境的分析框架：五力图	44
5.3.1	五力图	44
5.3.2	两个行业的对比举例	45
5.3.3	从财务数据看行业格局	46
小结		47
思考题		48
6	不当家不知柴米贵：其他采购活动	49
6.1	其他物品的采购	49

	6.1.1	低值易耗品	49
	6.1.2	生物资产	50
6.2	销售费用		51
	6.2.1	什么是销售费用	51
	6.2.2	销售费用分析	53
6.3	管理费用		55
	6.3.1	什么是管理费用	55
	6.3.2	管理费用分析	56
小结			58
思考题			59

· 第 4 篇 ·

打磨生产流程，构筑竞争优势

7 成本的前世今生：财务中的"成本"　　62

7.1	生产过程		62
7.2	生产成本		63
	7.2.1	生产成本结构	63
	7.2.2	变动成本与固定成本	64
7.3	营业成本		65
	7.3.1	生产成本与营业成本的关系	65
	7.3.2	毛利率不完全代表企业的盈利水平	67
7.4	存货的计价		69
	7.4.1	存货计价方法	70
	7.4.2	计价方法对营业成本的影响	70
小结			72
思考题			73

8 小项目里有大乾坤："有用"的存货　　74

8.1 存货的跌价　　74
8.1.1 什么是存货跌价　　74
8.1.2 原材料跌价　　75
8.1.3 在产品和产成品跌价　　75
8.1.4 存货跌价准备的计提特点　　75

8.2 存货的周转率　　77
8.2.1 什么是周转率　　77
8.2.2 存货周转率的经济含义　　78

8.3 存货周转率反映的管理信息　　80
8.3.1 存货周转的三个阶段　　80
8.3.2 存货周转率的分解　　83

小结　　84

思考题　　85

·第 5 篇·

统筹薪酬激励，凝聚团队力量

9 每个员工都是"供应商"：职工薪酬　　88

9.1 薪酬的项目　　88
9.2 薪酬的记录　　89
9.2.1 何时记　　89
9.2.2 如何记　　90
9.3 复式记账法　　90
9.4 权责发生制　　91

9.5	从"人"的角度评价公司的效率	92
9.6	应付职工薪酬反映的管理信息	92
	9.6.1 浦发银行的应付职工薪酬	92
	9.6.2 哈药集团的应付职工薪酬	93
	9.6.3 用应付职工薪酬调整利润	94
小结		95
思考题		96

10 给员工戴上"金手铐":股权激励 97

10.1	认识股权激励	97
	10.1.1 股权激励的形式	97
	10.1.2 用作激励的股票来源	100
	10.1.3 股权激励在中国的使用现状	101
10.2	股权激励的实施	102
	10.2.1 以岭药业的股权激励	102
	10.2.2 华为公司的股权激励	104
10.3	股权激励的会计和税务问题	105
	10.3.1 会计记录	105
	10.3.2 企业所得税	108
	10.3.3 个人所得税	108
小结		109
思考题		110

· 第 6 篇 ·

弄潮资本市场，助你如虎添翼

11 企业不可承受之"重"：固定资产　　112

11.1 企业的投资　　112
11.1.1 投资的类型　　112
11.1.2 流动资产和长期资产　　115

11.2 固定资产　　116
11.2.1 什么是固定资产　　116
11.2.2 重资产对企业的影响　　118
11.2.3 固定资产投资的决策机制　　119

11.3 将重资产变轻　　121
11.3.1 租赁与购买的区别　　121
11.3.2 租赁是否比购买更合算　　123

思考题　　124

11.4 初识折旧　　125
11.4.1 什么是折旧　　125
11.4.2 哪些固定资产要计提折旧　　125
11.4.3 折旧计提的时点　　126

11.5 折旧的年限和折旧的计提方法　　127
11.5.1 直线法　　127
11.5.2 折旧年限　　127
11.5.3 加速折旧法和工作量法　　130

11.6 固定资产持有期间的问题　　131
11.6.1 固定资产减值　　131
11.6.2 固定资产的改造、修理　　132

	11.6.3　固定资产的处置	133
小结		135
思考题		136

12　我的不是我的，你的才是我的：无形资产　137

12.1　认识无形资产　137
- 12.1.1　什么是无形资产　137
- 12.1.2　无形资产的行业特征　138

12.2　无形资产的取得　140
- 12.2.1　外购无形资产　140
- 12.2.2　自建无形资产　141
- 12.2.3　创建品牌或商标　144
- 12.2.4　商誉　144

12.3　无形资产的一些特殊问题　145
- 12.3.1　隐性的无形资产　145
- 12.3.2　无形资产的摊销　146
- 12.3.3　无形资产减值　146
- 12.3.4　无形资产的转出　147

小结　148

思考题　149

13　六月的天气，孩子的脸：金融资产　150

13.1　认识金融资产　150
- 13.1.1　金融工具的类型　151
- 13.1.2　与金融资产相关的三个概念　152

13.2　金融资产的三种类别　154
- 13.2.1　获得金融资产时　154

13.2.2	金融资产持有期间	156

13.3 金融资产对财务数据的影响 158

13.3.1	以摊余成本计量的金融资产会计处理	158
13.3.2	以公允价值计量的金融资产会计处理	159

小结 162

思考题 162

14 股权投资要讲感情：股权投资 164

14.1 认识长期股权投资 164

14.1.1	长期股权投资的概念	164
14.1.2	长期股权投资的分类	164

14.2 成本法和权益法 167

14.2.1	成本法	167
14.2.2	权益法	168
14.2.3	成本法与权益法的差异	168

14.3 合并报表 170

14.3.1	什么是合并报表	170
14.3.2	个体报表与合并报表的关系	173

小结 174

思考题 175

15 带上你的嫁妆跟我走：兼并收购 177

15.1 认识兼并收购 177

15.1.1	什么是兼并收购	177
15.1.2	反向收购	178
15.1.3	企业并购的过程	179

15.2 兼并收购的决策机制 180

15.2.1	美国的五次并购热潮	180
15.2.2	企业的并购动机	181
15.3	购受日的会计问题	183
15.3.1	AT&T公司的收购案例	183
15.3.2	购买法和权益联合法	184
小结		188
思考题		189

16 "有借有还，再借不难"与"空手套白狼"：融资之道 191

16.1	融资决策的基本依据	191
16.1.1	优先使用自有资金	191
16.1.2	债务融资成本	192
16.1.3	股权融资成本	192
16.2	融资方式	194
16.2.1	股权融资方式	195
16.2.2	债务融资方式	198
小结		206
思考题		206

· 第7篇 ·

鸟瞰财务报表，掌控企业大局

17 为你的家底拍张照：资产负债表 210

17.1	认识资产	211
17.1.1	什么是资产	211
17.1.2	流动资产与非流动资产	212

	17.1.3　资产在资产负债表中的排列	212
17.2	资产一览	213
	17.2.1　流动资产	215
	17.2.2　非流动资产	217
17.3	资产的分析	219
	17.3.1　资产的结构	219
	17.3.2　资产的周转情况	221
思考题		223
17.4	负债一览	225
	17.4.1　流动负债	226
	17.4.2　非流动负债	229
17.5	负债的分析	230
	17.5.1　短期偿债能力	230
	17.5.2　长期偿债能力	231
17.6	所有者权益	232
	17.6.1　所有者权益一览	233
	17.6.2　转增资本	237
17.7	资产负债表总结	239
小结		240
思考题		241

18　为赚钱的过程拍视频：利润表　　242

18.1	利润表一览	242
	18.1.1　营业总收入	243
	18.1.2　营业总成本	244
	18.1.3　营业利润	248

18.1.4	利润总额、净利润	250
18.2	利润表总结	251
18.3	利润表的分析	252
18.3.1	利润表科目与企业经济活动的关系	252
18.3.2	利润表的结构	253
小结		255
思考题		256

19 我的眼里只有钱：现金流量表   257

19.1	认识现金流量表	257
19.2	现金流量表一览	260
19.2.1	经营活动产生的现金流量	260
19.2.2	投资活动产生的现金流量	262
19.2.3	融资活动产生的现金流量	264
19.2.4	现金流量表的作用	266
19.2.5	三张财务报表的关系	267
19.3	现金流量表的分析	268
思考题		274
19.4	利润和现金流的差异	274
19.4.1	W.T.Grant公司的腾飞与陨落	274
19.4.2	为何利润和现金流会产生差异	276
19.5	利润和现金流，孰轻孰重	278
19.6	利润和现金流差异的分析	281
19.6.1	利润好、现金流差的原因	281
19.6.2	现金流好、利润差的五种原因	282
19.6.3	郑百文的巨额财富和隐亏	283

小结	285
思考题	286

第 8 篇
构建财务思维，实现价值提升

20	**人人都需要财务思维**	**288**
20.1	企业开张三件事	288
20.2	经营活动：一个从现金到现金的循环	289
20.3	经济活动的驱动力：行业、战略选择和战略执行	291
20.4	报表解读：听数字说话	293

附录A	资产负债表	296
附录B	利润表	298
附录C	现金流量表	300

| 第1篇 |

了解财务知识,看清企业兴衰

1
"财"眼看世界
财务人眼里的企业

企业经营每天都需要做各种各样的事情,这些事情投射在财务人眼中是什么样的呢?首先我们来了解一下财务人眼中的企业。

1.1 企业的日常

企业中的每个员工都有自己的职责,有的负责找市场、做销售,有的为企业采购各种物资,有的生产产品、按时交货,有的负责研发、设计,有的负责投融资……除此之外,还有专门的管理人员。企业员工的这些工作在财务人眼中是什么样的呢?不同行业的企业形态各异,业务也各不相同,它们的经营动作在财务人眼中又有什么共同点呢?我们来看几个例子。

1.1.1 企业的经营流程

如果计划开一家公司,第一件事情就是注册。首先需要准备一笔钱,以及各种注册所需的材料,去相关部门注册登记,只有拿到营业执照才能生产经营。营业执照就像公司的出生证,从它签发的那一刻起,公司便宣告成立了。对于初创的公司,除了营业执照,它可能只有注册时所必需的一笔钱。不论这笔钱数量多少,也不论这家公司未来会发展成一家伟大的企业还是成立不久就快速破产,这笔钱都是公司的起点。

一个新成立的企业，它所拥有的第一笔钱肯定是投资人（或称"所有者""股东"，本书中二者混用，指代相同）投入的。不过，如果是一个持续经营的企业，它还可以从其他地方获得资金，比如向银行借款。这些投入企业的钱，自然不能在银行账上"趴"着，企业需要用这笔原始投资去赚取更多的钱。

假如我们开一家毛绒玩具工厂，首先需要盖厂房、买设备，完善基础设施，其次需要招聘员工，然后才可以投产。开工生产需要准备生产毛绒玩具的布料、配饰、填充物，等等，我们统称它们为原材料。有了原材料，员工就可以利用设备在厂房中生产产品了。最后，我们需要把毛绒玩具卖到市场，才能实现盈利。

困难的是，做外贸玩具的人很多，卖掉这些产品不太容易。有可能顾客会向我们赊账，比如先拿走一批货，过几个星期再来付钱。这样，当我们卖掉毛绒玩具的时候，得到的不是钱，而是一个收款的权利，几个星期之后才能把这个收款的权利变成钱。

拿到钱之后，我们可能用它去还银行贷款，可能给公司投资人分红（或称"股东分红"），也可能把这些钱留在企业，继续购买原材料，生产下一批毛绒玩具，或者购买设备、扩大生产，做更多的毛绒玩具。

1.1.2 制造业是一切企业的蓝本

以上例子是个典型的制造业企业。虽然每个企业制造的产品不尽相似，但它们经营的过程大致相同。有人会说："制造业太辛苦，我想选择其他的行业。"事实上，很多我们认为不属于制造业的行业，都与制造业有着非常相似的特征，只不过它们"制造"的是一种特殊的产品。

比如开饭店，我们当然不会认为饭店是制造业，但转念一想，饭店其实是在制造一种特殊的产品——饭菜。开饭店首先需要一笔固定的投入资金，需要买房或者租房作为开店的场所,需要购买厨房设备、各种食材,然后聘请厨师把这些食材加工成饭菜,最后把饭菜卖给顾客。这个经营过程是不是和上面的制造业非常相似?

再比如建筑公司盖楼房,也是购买各种建筑材料,然后用特定的设备将建筑材料盖成房屋,再把房屋卖给房地产公司或者业主。这也可以看作"生产产品"的过程,只不过这里的产品是房子罢了。

还有人说"我是做软件的"或者"做游戏的",这也可以看作特殊的制造业。它需要生产设备——电脑,只不过没有我们通常意义上的原材料,而是直接靠脑力劳动,通过电脑生产出产品,这个产品是一个虚拟的产品(或称电子产品)——软件或游戏。最终,企业同样需要把这款软件或者游戏卖给它的顾客。

如果是服装店,它可能不需要自己生产,而是购买成衣再卖给顾客,相当于省略了制造业中的生产环节。如果是旅行社,它的生产环节是设计一些旅游产品卖给顾客,只不过这些产品是无形的。

上面列举的这些企业,不管是餐饮、建筑、软件或是服务公司,从本质上来看,和制造业企业都非常相似。在财务人眼中,这些企业有一个共同点,那就是,所有的企业都经历着一个从投入资金到回收货款的过程,循环往复、周而复始、永不停息,直到企业关门(见图1-1)。

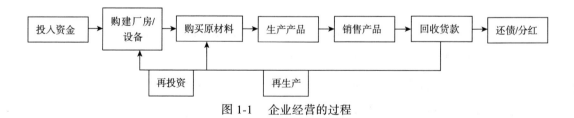

图1-1　企业经营的过程

1.1.3 企业经营三件事

企业经营主要做三件事。第一件事,企业的投资人(或股东)把钱投入企业,为生产经营做准备,我们称为**融资活动**。第二件事,企业用这些钱购买厂房、设备等基础设施,这种事并不会每天都发生,我们称为**投资活动**。第三件事,企业每天都在上演,那就是购买原材料、生产产品、销售产品、回收货款……我们称为**经营活动**。所以,企业纷繁复杂的各种交易和经济活动,在财务人眼中只有三类,那就是经营活动、投资活动和融资活动(见图1-2)。

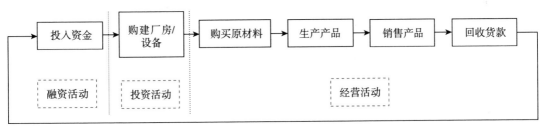

图1-2　企业经营三件事

1.2 日常业务背后的财务实质

1.2.1 战略选择是对环境的应对措施

企业经营活动有各种各样的表象,比如选择哪个市场、进入哪个行业、产品定在什么价位……这些表象都是各种决策的结果。那么,我们这些决策都是如何做出的呢?这取决于我们所处的环境。决策其实是对环境的一种反应。

我们所处的环境包括我们的利益相关方。比如我们生产毛绒玩具,首先需要了解其他做毛绒玩具的人做出了哪些产品、价格如何;其次需要了解客户对我们的产品有什么评价,他们还有什么需求;最后,我们要知道生产毛绒玩具的原材料,比如布料、配饰、填充物等,它们的供应商对我们的要求,以及我们如何可以买到更低价的原材料。除此之外，我们还需要了解，钱不够从哪里获取，是否能招到满足要求的员工，交多少税，以及卖掉毛绒玩具后能不能挣钱。有的行业可能还有一些特殊的问题，比如发电企业，政府会对电价有所限制，企业是不能随意定价的。

以上所说的环境包括**同行、客户、供应商、劳动力市场、融资环境、税收环境、产业政策等**。同一个地区、同一个行业的企业，所面临的环境是非常相似的，但显然这些企业不会完全一样。原因就在于，每家企业都会有自己不同的应对环境的措施，我们称之为**战略选择**（或"**战略定位**"）。

企业需要考虑业务组合，是只做一个业务还是同时做多个业务，这些业务之间是什么关系。比如做毛绒玩具，既可以只做毛绒玩具，也可以同时做一些其他的产品，比如做鼠标垫或者水杯，这样就会涉足多个业务。那么，在每一个业务上如何定位自己的产品呢？是高端的还是大众的？以什么价位与对手竞争？面对的目标客户是怎样的群体？这些都是战略选择。

1.2.2 执行能力决定了战略选择的结果

显然，战略选择不是无穷无尽的，同一行业中势必会有一些企业的战略选择非常相似，我们仔细观察一下身边的企业，常常会发现不少选择相似的企业。为什么有的企业成功了，而有的企业却失败了？尽管环境一样、战略选择一样，为什么结局却如此不同？因为每个企业的战略执行能力不同。也可以理解为，做同一件事情的人，因为能力不同，产生的结果也不同。这就好像同一个班级的学生，在同一间教室上课，同样的作息时间、同样的老师、同样的教材，但不是每个学生的成绩都一样。有的学生这门课成绩好，有的学生那门课成绩好。

同样的环境、相似的战略选择，但由于战略执行的能力不一样，最后的结果也会不一样。形形色色的经济活动背后，实际上有三种重要的力量：**外**

部环境、战略选择和战略执行。它们决定了企业为什么要进行这样的经济活动，在什么样的环境下出于何种战略选择而从事这些经济活动，以及经济活动所产生的结果。

※　　※　　※

接下来，我们将了解每项经济活动与财务数据之间有什么关系。我们将把企业的业务分成五大模块：**销售、采购、生产、薪酬、投融资**（见图1-3），来分别讨论这五大业务模块背后的财务数据。

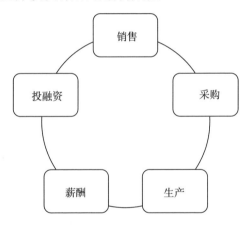

图1-3　企业业务的五大模块

―――――――――――― 小　结 ――――――――――――

企业的经济活动可以抽象地总结为一个"从现金到现金"的周而复始的循环过程；在此过程中的经济活动可以归结为三大类：经营活动、投资活动和融资活动；这些经济活动的背后有三个决定性的驱动因素，分别是外部环境、战略选择和战略执行。

| 第2篇 |

认清行业大势,把脉客户关系

2 最爱的人伤我最深
"唯利是图"的客户

销售是企业中最重要的一项业务，只有将产品卖出去，企业才能实现收益。学习本章我们可以了解企业在销售过程中会卖什么样的产品、怎么卖、卖给谁、如何收款，以及它的竞争对手是谁。

2.1 卖什么

首先，我们来了解一下销售究竟卖的是什么。观察一下身边的世界，你会发现，不同的企业销售的东西多种多样。可能是卖商品，可以是有形商品，也可以是无形商品，可以是企业自己制造的，也可以是从外面采购来的。

有形商品，大到飞机、房屋、汽车，小到空调、电视、手机，甚至玩具、水杯、书包，这些商品可以由企业自己生产、自己出售，也可以由第三方，比如超市、商店出售，它们购买别人制造出的商品，再卖给需要的人。

除此之外，企业还可以销售无形商品。比如企业开发的软件，这种看不见、摸不着的东西同样是一种商品。与此相似的还有游戏、影视作品、音频产品。

除了商品，企业还可以卖服务。比如，旅行社提供旅游服务，航空公司提供航空运输服务，快递公司提供递送服务，理发店提供理发服务，4S店提供汽车的维修保养服务，医院提供医疗服务，等等。

2.2 卖给谁

我们通常把企业的用户分成两种类型：一种是企业，也就是我们常说的 2B 业务；另外一种是个人消费者，即 2C 业务。比如，波音公司制造的飞机，通常被卖给航空公司，即卖给另外一家企业，因此波音公司主要做 2B 的市场。而苹果公司生产的手机通常是卖给个人消费者，因而它做的是 2C 的市场。

2.3 怎么卖，如何收款

2.3.1 一手交钱，一手交货

我们这里提到的"怎么卖"是指在销售的过程中怎么收钱。作为消费者，我们最常见的购买方式是**"一手交钱，一手交货"**，比如，去商店购物、做美容、看病、修车、买衣服等，都是直接付款。

2.3.2 先付款，再发货

有的行业是**"先付款，再发货"**，比如房地产行业。房地产市场火爆时，很多房子仅有一张图纸，还没开始建，就已经销售一空。这种情况下，购房者在认购后不久就需要支付房款，这就是"先付款，再发货"的销售方式。作为个人消费者，我们也经常会遇到另一种付款方式——预付。比如，租房时，我们需要预付几个月的房租，然后才能拿到钥匙住进去。我们买水、电、气通常也是这样的方式，需要预存一笔钱，然后才能使用。

现在，很多原本采用"一手交钱，一手交货"方式的企业都开始采用"先付款，再发货或再提供服务"的方式。比如，商场出售购物卡，美容院出售美容卡，健身房出售健身卡等。通过卖卡，这些企业把收款的时间提前了，消费者需要先支付相应的资金，才能够购买商品或享受服务。

2.3.3 先发货，再付款

当然，还有一种更常见的付款方式——**"先发货，再付款"**，这就意味着购买商品或服务的个人或企业，先拿到商品或享受服务，然后再付款。企业客户采用这种付款方式的较多，即在2B市场上，这样的收款方式更为常见。

※　　※　　※

"先发货，再付款"的收款方式又包括几种不同的形式。比如，顾客拿到了企业提供的商品或者享受了企业提供的服务，双方协商同意货款在一段时间后支付，但并没有立什么字据。除了销售合同之外，并没有再签订欠条。这种情况下，我们称这笔钱为**应收账款**。应收账款是相对于出售方来说的，他们把商品或者服务提供给顾客，于是获得了一项向顾客收款的权利。

有时候，购买方会给出售方开具一张票据，表明它会在一段时间内支付货款，**这种票据**我们称为**应收票据**。它又分为两种具体形式：一种是付款方的银行承诺在一定时间内付款，称为**银行承兑汇票**；另一种是购买方自己承诺在一定时间内付款，称为**商业承兑汇票**。显然，由银行承兑的票据具有更高的可信度。

※　　※　　※

"先发货，再付款"，即赊销/赊购的方式在现代商业社会十分常见。如大家熟悉的格力电器，它的主营业务是空调。格力有很多自营的销售门店，将商品直接卖给个人消费者，同时也有一些商品是通过其他渠道销售出去的，比如通过专门做家电销售的企业渠道，这时，它往往就需要采用"先发货，再付款"的方式来进行销售。格力电器2016年的财务报表显示，它有约30%的销售是以应收账款的结算方式进行的。乍一看，30%的比例似乎很高，我们来看另一家公司——中国建筑。中国建筑的主要业务是建房子，建筑公司需要先垫款把房子建起来，然后再收款。所以在这个行业中，应收账款是非常普遍的现象。试估一下中国建筑有多大比例的销售收入是通过应收账款来结算的。近乎百分之百！

2.3.4　分期付款

除了现销、预收、赊销三种收款方式之外，还有一种常见的收款方式——**分期付款**。大家对这种付款方式一定不陌生，我们常常会在一些电商网站上看到"分期付款"的选项，买车时也可以选择分期付款。

分期收款在面对企业客户时，也时有使用。比如中兴通讯，它和我们熟悉的华为处于同一行业，它的主要业务是通信设备制造，主要客户是电信运营商，是一个主要从事2B业务的公司。从它披露的年报中可以看出，它有相当一部分收入是采用分期收款的方式来进行的。所以，我们在进行销售活动的时候，收款方式多种多样。

小　结

1. 卖什么？企业既可以卖商品，也可以卖服务；可以卖有形商品，也可以卖无形商品；可以卖自产商品，也可以卖外购商品。

2. 把东西卖给谁？可以把企业客户分成两种类型：一种是其他企业（即 2B），另一种是个人消费者（即 2C）。

3. 怎么卖、如何收款？常见的收款方式有：一手交钱，一手交货（即现销）；先付款，再发货（即预收）；先发货，再付款（即赊销，也是最常见的）；分期付款。

3
火眼金睛识对手
竞争对手

俗话说，知己知彼，百战不殆。在公司实际经营过程中，我们不仅需要了解我们自身和下游的客户，还需要了解与我们卖同样东西的竞争对手，这样才能更好地应对竞争。

3.1 谁是竞争对手

竞争对手可以有三个来源：**同行业的公司、行业新进入者和替代产品提供者。**

第一个来源是和我们同处一个行业的公司。比如，苹果和三星、耐克和阿迪达斯、麦当劳和肯德基，这些都是很明显的竞争关系，是属于同一行业中的公司。

第二个来源是行业新进入者。所谓新进入者，就是指那些原来并不在这个行业，但是因为看到行业非常赚钱，于是也加入进来的公司。比如，京东在 2011 年宣布进入家电零售领域，于是国美和苏宁就面临了一个新的竞争对手，这个竞争对手原来并不在它们的行业里，属于新进入者。

第三个来源是替代产品提供者。替代产品是指某种产品原来与这个行业没有任何关系，但随着技术进步，可能会把行业彻底给颠覆掉。比如，柯达虽然发明了世界上第一台数码相机，而且早在 1998 年就开始感觉到胶卷业务的下滑，可是由于胶卷业务的利润十分丰厚，一直舍不得放弃，没有大力发展数码相机的业务。2000年之后，数码相机的市场需求开始呈现翻倍的增长，而胶卷相机却以每年10%的速度下滑，这使得柯达在1997～2011年的15年间，市值蒸发了整整99%，最终在2012年申请了破产。这是一个典型的被替代产品颠覆的例子。形象地说，替代产品的提供者就是那个来颠覆你的"门口的野蛮人。"

3.2 竞争的影响

3.2.1 对价格的冲击

比如，你在某个地方卖东西，旁边突然来了一个跟你卖一样东西的人，你的第一反应可能是降价。的确，竞争给你带来的第一个冲击可能就是价格，而你的成本并不会因为有别人跟你卖一样的东西而下降。所以，当价格下降而成本不降时，马上就会引发**毛利率**的下降。

$$毛利率 = \frac{收入 - 成本}{收入} \times 100\%$$

当我们的售价下降而成本不变时，收入与成本的差就会变小，这个收入与成本的差占收入的比重自然也就下降了。

3.2.2 毛利率可以反映竞争的激烈程度

我们怎样可以了解一个行业的竞争激烈程度呢？最简单可行的方法就是**花钱买行业研究报告**，但这也是成本比较高的方法。另一种方法就是去**询问这个行业的从业者**。但十有八九你得到的答案都是"我们这个行业竞争非常激烈"，因为每个人都是以自己的标准来衡量竞争是否激烈，因此这种回答往往并不十分客观。

其实，最快捷有效的方法就是去**找这个行业里公司的毛利率水平**。几乎每个行业都有上市公司，它们的信息都是公开可得的，我们可以通过查阅它们公布的财务信息快捷地找到毛利率指标。

※　　※　　※

下面我们就通过毛利率直观地感受一下不同行业竞争激烈程度的差异。比如，钢铁行业这两年十分不景气，竞争激烈。2016年，钢铁行业上市公司的平均毛利率仅为14%，也就是说，售价100元的产品，成本要达到86元，中间的价差只有14元。汽车行业比钢铁行业状况好一点，但竞争也很激烈，你稍微留心一下就会发现身边到处都是汽车的广告。汽车行业上市公司在2016年的平均毛利率是21%，只比钢铁行业强一点点。类似的还有煤炭行业，前几年煤炭行业非常火热，但近两年随着中国经济增速的下滑，煤炭行业也开始走入低谷。2016年煤炭行业上市公司的平均毛利率大约在20%的水平（见图3-1）。

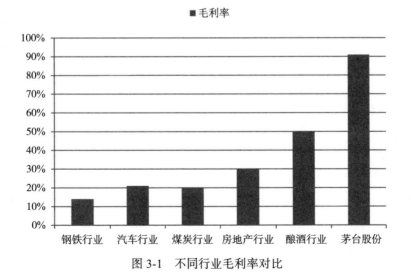

图3-1　不同行业毛利率对比

说了这么多毛利率低的例子，我们再来看看高一些的。直觉告诉我们，中国的房子比较贵，但近两年经济增速放缓，房地产行业也不比从前景气了，房地产上市公司 2016 年的毛利率平均为 30%。酿酒行业上市公司 2016 年的平均毛利率达到了 50%，其中，行业翘楚茅台的毛利率更是高达 91%。假设一瓶茅台酒卖 1000 元，它实际上只有 90 元的成本，剩下的 910 元都是它的毛利。

从以上例子可以看出，不同行业的竞争情况即毛利率状况差异非常大。

3.2.3　产能过剩与客户议价能力的提升

我们知道，当价格降到一个临界值时，再降就会导致亏损。在这种情况之下，就会产生一系列的连锁反应：当价格再不能往下降的时候，公司就会发现产品卖不出去了。此时只能被迫减少产品的生产，从而导致机器产能的闲置。也就是我们常说的开工率不足，或者说产能过剩。一旦机器不开工了，就不再需要那么多工人了，紧接着就会导致裁员。

比如，钢铁行业曾经异常火热，现在却变成了一个竞争惨烈、产能严重过剩的行业。最大化产能下，全国钢铁行业每年大约可生产 10 亿吨的钢铁，而现在仅仅生产了 7 亿吨左右，有 3 亿吨产品的机器是闲置的。

一般而言，如果**一个行业的产能闲置超过了 25%，就属于严重产能过剩的行业**。

产能过剩还会导致另一个问题，就是**客户谈判能力的上升**。因为我们特别想把滞销的产品卖出去，这就会增加客户讨价还价的本钱。客户谈判能力上升，就会要求我们进一步降低价格，除此之外，客户还可能会延迟付款，所以我们的收款也变得越来越慢。

煤炭行业 10 年前的整体毛利率约为 30%，而现在仅为 20%；10 年前的应收账款收款周期为 6 天（卖出产品 6 天就能收回全部货款），现在增加到 90 天。由这个数字的变化可见整个行业的竞争日趋激烈。

3.3 应对竞争

面对竞争者,我们首先需要做的是明确自己的战略,那么又有哪些可供选择的战略呢?

3.3.1 两大战略类型

战略大师们对这个问题有不同的解释,我们现在暂不讨论这些大师们的解释,先简单地把战略理解成一种定位。我们通常可以把战略分成两大类型,一种叫作**成本领先战略**,另外一种叫作**差异化战略**。

成本领先战略是指,我们提供的产品、服务都是大众化的产品,但我们可以想方设法把成本降低。比如利用行业规模经济性,即增加产量,单位成本就会被摊薄;通过提高效率来降低成本;还可以通过简化产品的设计,把不太重要的功能去掉来降低成本;通过减少广告投入、营销投入等方式来降低成本;通过建立严格的成本管理体系来降低成本。无论使用什么方式,当企业把成本降到比任何竞争对手都低的程度时,就有能力把价格定到竞争者都无法接受的程度。比如,其他竞争者生产某个产品的成本都是 10 元,而我们的成本是 9 元,那么把价格定在 9.8 元,其他人就没有办法接受了,而我们每个产品还能挣 0.8 元。这种情况下,虽然我们的产品或者服务跟竞争对手差不多,但是由于我们的成本低,定价低,就会对客户产生吸引力,在竞争中获取优势。所以,**成本领先战略是一种定位于大众化市场的方法**。

差异化战略正好相反,它要求我们把产品或服务做得富有特色。比如,提高质量,好到他人无法企及;提供更好的售后服务,让顾客感受到产品的独特性;提供非常完善的选择,用各种各样的型号满足顾客多元化的需求;提供更好的送货选择,如送货便捷或者送货速度快。也有一些企业是依靠独特的品牌形象来获得这种独特性的，比如品牌非常知名，而知名的品牌会给企业带来额外的好处。还有一些公司擅长创新和研发，总能做出别人做不出的产品。总之，都是通过各种各样的方式，让产品或服务具有某种独特性，这样就有可能给产品或服务定一个比较高的价格，利润空间也就更大。所以，**差异化战略是一个定位于高端市场的战略。**

其实，我们可以把它们简单地理解成两种不同的定位，成本领先战略定位于大众化市场，而差异化战略定位于高端市场。日常生活中，我们经常能看到一个行业里会有不同的公司采取不同的定位。比如手机产品，既有苹果这样走高端市场的，也有联想这样走大众化市场的。苹果的iPhoneX定价在7000～10 000元，而联想手机定价从500元开始，最高也不过3000元，很显然，两个品牌选择了不同的市场定位。

3.3.2 战略举措

众所周知，苹果是一家极具创新精神的公司，它是世界上第一个推出触屏手机的公司，而且在它推出触屏手机时，其他公司生产的都还是按键手机，所以当它推出触屏手机时，大家都觉得不可思议。

苹果推出的首款真正意义的触屏智能手机是iPhone4，这是乔布斯最得意的作品。iPhone4不仅技术完美，而且在美学设计上堪称经典。乔布斯为了iPhone4，追求完美到近乎苛求，每一个细节都要求做到极致，就连屏幕的大小都经过了反复的试验，以确保一只手就能顺畅操作。有人说，乔布斯做iPhone4是在打造一个艺术品，而不是一件工业产品。如果你去过苹果商店，也会感觉到苹果公司对于艺术的追求。

其中有一个细节，所有苹果产品的后盖都是由一家叫小林研业的日本公司生产的，这家公司规模并不大。苹果的很多产品后盖非常薄，比如iPad和苹果电脑，其后盖只有0.4～0.5毫米厚，是钛合金产品，苹果公司却要求它们被打磨得像镜面一样，没有任何瑕疵，这是大多数公司做不到的。小林研业虽然是一家规模很小的公司，但是它几十年如一日就做这一件事，正是这种追求极致的精神，得到了乔布斯的青睐。

数据表明，乔布斯为了研发第一代 iPhone 共投入了 1.5 亿美元的研发和设计费，为了追求产品的完美和独特，他花费了巨大的精力和代价。由此可见，差异化战略的实施更多靠的是创新、设计、质量等，以此来确保产品的独特性，吸引顾客。

那么，成本领先战略的实施靠什么呢？

成本领先不仅仅是指企业采取一些措施来降低成本，更是要求企业把自身的成本降到比所有竞争者都低。成本领先也不是低价格，它的核心是低成本。如果企业在没有做到低成本的情况下，简单地通过低价格来实行成本领先战略，是不是一种可行的做法呢？

之前提过，竞争对企业最直接的冲击就是价格，价格受到冲击，毛利率就会下降。当行业竞争不激烈的时候，毛利率较高，企业整体的盈利空间较大。这种情况之下，即便企业没有低成本，只是低价格，仍然可以实现成本领先战略。但当行业竞争越来越激烈，毛利率越来越低，企业整体的盈利空间越来越小，这时再简单地通过定一个低价格来实行成本领先战略，就变得不那么可行了。

成本领先和差异化能不能同时执行？有一些企业宣称自己的战略是在做好成本领先的前提下，同时做好了差异化。事实上，要把低成本和独特性同时做好是不容易的。因为，要想获得低成本，就得节约各种开支，而为了获得独特性，又必须花费额外的支出。就像刚才说的，苹果在研发第一代 iPhone 产品时，不惜投入 1.5 亿美元去打磨产品。所以，成本领先和差异化是矛盾的，同时做到显然不容易。

越是没有经验的初创企业，就越应该选择某个明确的战略，把精力集中在一个点上，这样才可能有所突破。能力不足时还想多方兼顾，最后可能什么都做不成。

3.4 从财务视角看竞争战略

3.4.1 效益与效率

日常生活当中，我们常用"薄利多销"四个字来形容成本领先战略。那么，用财务的语言，我们会如何来描述它呢？

薄利的意思是赚得少。比如两家公司生产同一种产品，成本都是 10 元，一家卖 15 元，另一家卖 12 元。卖 12 元的公司在成本基础上加价 2 元，赚得少，所以处于薄利的状态。这个 2 元的薄利是收入与成本的差，财务上叫**毛利润**，用毛利润除以收入，就得到**毛利率**。所以，**薄利用财务的语言来讲就叫作毛利率低**。赚钱的多少是从**效益**视角来说的，薄利就是指**低效益**的状态。

多销当然是指卖得多。比如一年时间内，卖的商品多，就意味着商品卖得快，所以多销的真正含义是**快销**。与效益相对应，多销是从效率角度来看的。效率可以简单地理解为一种商品一年内可以卖多少次。

在财务人看来，所有公司都是在不断重复一个从现金开始最终又回到现金的周而复始、循环往复的过程。企业投入资金，购买机器设备，购买原材料，生产产品，把产品销售出去，最后把钱全部收回来，这算是资金转了一圈。一年下来，如果一家公司可以转两圈，而另一家公司只能转一圈，我们认为转两圈的公司比转一圈的公司赚钱快，因此它的**效率高**。这个效率用一个财务术语来形容，就是**周转率**。周转率的经济含义是，在一定时间内可以完成多少次从现金到现金的循环。

由此可见，**薄利多销**，就是指赚得少，即低效益，但是卖得多，即高效率。用财务的语言，**就是毛利率低，周转率高**。

比如，我们卖一种产品，赚 10% 的毛利率，这代表效益；卖 2 次，这代表效率，一共赚 20%。这 20% 是效益和效率共同的结果。如果一家企业想要赚更多的钱，有两条实现路径，一条是效益的路径，另一条是效率的路径。

3.4.2 两大战略的制胜法宝

成本领先战略是低效益、高效率的战略，也称效率制胜战略。企业实施该战略时，把商品的价格定得比较低，以吸引更多人来购买，它有意识地牺牲了一些效益来换取更高的效率。

差异化战略正好相反，企业因为产品定价高，所以毛利率高、效益好，但高端产品通常买的人少，产品就会卖得慢，周转率就低，效率就会受到一定影响。由此可见，**差异化战略是靠效益制胜**，它有意识地牺牲了一些效率来换取更高的效益。

成本领先战略和差异化战略的财务表现正好相反，实施成本领先战略的企业具有较高的周转率、较低的毛利率，实施差异化战略的企业具有较高的毛利率、较低的周转率（见图 3-2）。

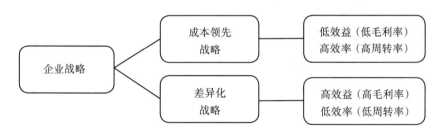

图 3-2　财务视角下的竞争战略

我们可以对比苹果和联想这两家公司。苹果走的是高端路线，即实施差异化战略；联想走的是大众路线，即实施成本领先战略。从两家公司披露的财务报表来看，苹果的毛利率是 40%，而联想的毛利率只有 13%，联想在效益方面远远落后于苹果。再来看效率情况,即周转率:苹果的周转率是一年 0.9 次,而联想的周转率是一年 2 次(见表 3-1)。从资金变成产品,卖出去再收回资金,苹果转一圈需要一年多,而联想转一圈只需要半年,联想在效率方面完胜苹果。

表 3-1 苹果和联想的对比

对比项目	苹果	联想
毛利率(效益)	40%	13%
周转率(效率)	0.9	2

从对比可以看出,采用差异化战略的苹果表现出高效益、低效率,而采用成本领先战略的联想表现出低效益、高效率。战略的不同定位,会带来不同的财务表现。

※　　※　　※

从财务的视角,战略可以说是一种策略性的取舍,成本领先战略选择的是主动牺牲一些效益来追求效率,而差异化战略正好相反。但如果一家公司的两个指标都低,就说明这家公司的战略执行出了问题:它确实舍弃了它愿意牺牲的方面,却没有换来它想要得到的东西。

小　结

1. 竞争对手在哪里?它可以有三个来源:同行业的公司、行业新进入者、替代产品提供者。
2. 竞争会给我们造成什么影响?它会对价格产生冲击,会导致产能过剩与客户议价能力的提升。

3. 面对竞争，我们可以做些什么？可以实施两种不同类型的战略：成本领先战略和差异化战略。成本领先战略需要将成本降到比所有竞争对手都低，以低价吸引顾客；差异化战略需要让产品和服务具备某方面的独特性，吸引顾客为此付高价。

4. 从财务的视角看竞争战略是什么样的？成本领先战略是薄利多销，即低效益（低毛利率）、高效率（高周转率），也称效率制胜战略；差异化战略正好相反，是效益制胜战略，高效益（高毛利率）、低效率（低周转率）。

4
谁动了我的奶酪
应收账款

现代社会，大部分行业销售产品都无法"一手交钱，一手交货"，只能先得到一个收款的权利，即应收账款。应收账款最后都能收回吗？收不回来的应收账款会产生怎样的影响呢？本章我们将介绍应收账款背后都有哪些说不完的故事。

4.1 如何管好应收账款

我们先来了解一下什么是应收账款。在销售业务中，如果企业在发货时没有收到全部的货款，就产生了一个收款的权利——应收账款。之前我们介绍过，企业是在发货时记录收入，这时也应该记录相应的应收账款。那么，应收账款的金额应该记录多少呢？它等于全部价款扣除企业已经收到的现金。

$$应收账款 = 全部价款 - 已收现金$$

接下来，我们主要从以下三个方面来看这个问题。

4.1.1 从应收账款看销售业务

在上一章中，我们了解到不同的行业由于竞争程度、客户谈判能力的差异，有不同的应收款销售比例和收款周期，即使同一行业，不同战略定位的企业也会有不同的效率水平，其中就包括应收账款的收款周期。在同一行业具有相似战略的情况下,应收账款的收款周期可以反映出销售业务的健康程度。

以服装行业为例,我们来看两家定位和档次相似、规模相当的男装企业:七匹狼和报喜鸟。2016年,两家企业的销售收入均在20亿元左右,但它们应收账款的回收周期差异很大:其中七匹狼平均30天收回它的应收账款,而报喜鸟平均需要85天(见图4-1)。七匹狼的应收账款回收周期要远远优于报喜鸟。

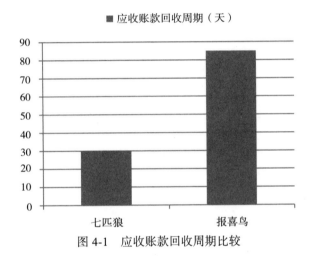

图4-1 应收账款回收周期比较

我们通过查阅年报和相关资料,来比较两家公司销售方式的差异。

报喜鸟的销售举措:一方面,发展私人定制,并为此开了700多个线下网点;另一方面,在成衣销售方面,拥有线下1000多家销售网点及电商平台的旗舰店,如天猫旗舰店。总体上,报喜鸟以传统的线下直营店(成衣及私人定制)为主,在一定程度上利用了线上电商平台。

七匹狼的销售举措则多种多样:首先,它对现有的渠道进行了重分类,将线下渠道划分为品牌店、工厂店和优厂店,各自有不同的定位,销售不同档次的产品;其次,在直营店推动合伙人机制,在加盟店推动利益共享机制,充分调动门店的积极性;再次,培养超级导购模式,建立了关于客户的大数据营销体系；最后，开发了线上平台，一方面可以去库存，另一方面可以销售其他企业的产品，当然，这些产品不得与七匹狼自身产品存在利益冲突。由上可以看出，七匹狼构建了全方位的营销体系，当面临服装行业不景气、零售行业遭受电商冲击的情况时，它可以有更全面的应对措施。

两家公司应收账款回收周期的不同体现出它们在销售业务的组织和效率方面的差异。

4.1.2　从应收账款看客户价值

应收账款除了可以帮我们看到销售业务的健康程度，还可以帮我们看到客户的价值。我们找到目前上市公司应收账款占所有资产比重最大的几家公司，对其进行分析，其中排名第三的是奇信股份，主要从事对公装修业务。奇信股份2016年应收账款的总额为24亿元，占所有资产的68%，其中最大客户欠款1.7亿元，账龄在3年以上；第二大客户欠款1亿元，账龄超过4年。在这种情况下，公司应当重新审视这些大客户的价值。如果与它们往来的业务利润水平比较低，而企业因为与它们交易而面临大额的资金占用成本和坏账损失风险，那么需要重新考虑是否有必要继续与这些大客户保持业务关系。我们可以通过应收账款来评估客户的价值。

4.1.3　用财务手段盘活应收账款

从以上几个例子我们可以看出，应收账款会占用企业大量的资金，比如奇信股份的应收账款就达到了24亿元，这时可以考虑通过财务手段来盘活应收账款。我们来看看2016年上市公司中应收账款占总资产比重排名前两位的公司。占比最高的公司是华信国际，主要从事能源行业的成品油业务。2016年该公司的应收账款占总资产的比重达到了71%，总额达70亿元，由于能源行业成品油业务利润水平较低，毛利率仅为2%左右，且其应收账款平均收款期达到了95天，企业面临着较大的坏账成本和风险。为了解决这个问题，公司对其欠款前五名的客户共计14亿元的应收账款进行了附带追索权的保理业务，从银行收回了一定数额的资金。

·保理业务·

保理业务是指企业将其应收账款出售给银行，银行根据相应条件给企业一定数额的贷款。简单理解，就是公司可以利用保理业务通过支付一定的费用形式将应收账款转换为现金。

保理业务又分为**有追索权的保理和无追索权的保理**。有追索权的保理是指企业（即供应商）将应收账款的收款权转让给银行（即保理商），企业（供应商）在得到款项之后，如果企业的客户（即购货商）拒绝付款或无力付款，银行（保理商）有权向企业（供应商）进行追索，要求偿还预付的资金。无追索权的保理则相反，由银行（保理商）独自承担企业的客户（购货商）拒绝付款或无力付款的风险。企业（供应商）在与银行（保理商）开展了保理业务之后就等于将全部的风险转嫁给了银行。由于风险过大，银行在接受应收账款时，会打个折扣，支付给企业的资金会少于应收账款的数额。

2016年上市公司中应收账款占总资产比重第二高的公司是亚星客车，主要从事大客车的生产和销售，其2016年应收账款占比达70%，总额33亿元，前五名客户欠款21亿元，而其应收账款平均回款天数达260天。为了盘活资产，该公司与多家金融机构进行应收账款出售⊖、保理业务（转让给银行），2016年共转让11亿元应收账款，获得了8亿元的贷款。以上就是通过财务手段盘活应收账款的例子。

⊖ 应收账款出售与保理业务类似，不过保理业务的交易对方为银行，而出售的交易对方可以为其他金融机构。

4.2　钱收不回来怎么办

一个典型的销售业务需要经历签订合同、发货、收款三个步骤，可能是一个漫长的过程。2016 年，上市公司从发货确认销售到实际收到货款的平均时间为 98 天，长的甚至超过一年。那么，钱收不回来怎么办？这时应收账款就会变成坏账。

本章我们具体讨论三个问题：如何确定坏账？坏账会有什么影响？坏账又收回来了该怎么办？

4.2.1　如何确定坏账

首先，我们来看看公司如何确定坏账。其实，坏账的确定更大程度上是一种估计而不是一种确认，所以自己判断的空间很大。比如前面提到的华信国际将单笔 300 万元以上应收账款认定为重大应收账款，进行单独测试，判断其回收的可靠性以及回收的比例。而剩下的应收账款则按账龄（应收账款存在时间的长短）进行分组，按照不同的比例计提坏账（见表 4-1）。亚星客车则是将单项金额重大的应收账款按 76% 的比例计提坏账，其中包括 11 个客户，1.5 亿元，其他平均按 5% 计提。而奇信股份则是按总体坏账计提比例 15% 计提坏账。可见，对于计提坏账，公司有很大的自主权，并不需要遵循一定的规则。

表 4-1　华信国际坏账计提政策

账　龄	坏账计提比例（%）
0～1 年	5
1～2 年	10
2～3 年	30
3～5 年	50
5 年以上	100

4.2.2 坏账的影响

如果发生坏账，会产生什么影响呢？一方面，应收账款收不回来，显然应该减少应收账款。另一方面，回忆一下销售业务收入的确认和应收账款的记录，如果500万元销售中有100万元收不回来，相当于原来认为按500万元卖的东西只卖了400万元，所以原来记500万元的收入记多了，要将多记的部分减掉，从而减少利润。但不直接减去收入，而是记录在"资产减值损失"这个账户中，这会导致利润减少。后面还会涉及其他资产的减值。

大家可能会想，计提坏账会减少利润，是不是就可以少交税呢？绝对不是！国家不可能让公司钻这样的漏洞。税法与会计准则的规定存在一定的差异，按照会计准则，公司可以自由裁定坏账的计提，去制作会计报表，但是税法规定坏账的计提比例不得高于应收账款余额的5‰，也就是到计算交税的时候只能按不超过5‰的应收账款计算坏账，这是一个很低的比例。以上介绍的三个公司中，只有华信国际满足这个水平。

4.2.3 计提的坏账又收回来了

如果计提的坏账又收回来了，这说明当初的估计错了，应该纠正。之前提坏账减少了应收账款，减少了利润，现在就应该增加应收账款，增加利润。这就会出现一个问题，比如去年计提坏账，去年的利润就减少了，今年收回了计提的坏账，今年的利润就增加了，这相当于利润在两个年度之间进行了重新分配。那会不会有人有意利用这一点来调整利润呢？这里蕴含着很多秘密，下面将详细介绍。

4.3 应收账款背后的秘密

4.3.1 用坏账操纵利润

上面提到,坏账收回就意味着原来提坏账提错了,所以要把应收账款加回来,把利润加回来,这在客观上使去年的利润凭空减少了,而今年利润凭空增加了,也就是利润在两个不同的年度之间被重新调整了。本来的无心之失会不会被人有意利用呢?本来没有坏账,而公司有意计提,然后在另一个年度再转回来。实际上,这是非常常见的利润操纵手法。

比如,某公司连续三年每年亏损 100 万元,按照证监会规定,上市公司连续三年亏损就要摘牌。假设公司在第二年计提了 1000 万元坏账,使第二年的利润从原来的亏损 100 万元变成了亏损 1100 万元,但是第三年公司谎称 1000 万元的坏账收回来了,于是第三年的利润凭空增加了 1000 万元,从原来的亏损 100 万元变成了盈利 900 万元,扭亏为盈。我们会看见一些公司连续两年亏损,到第三年就变成了盈利,而第四年又恢复到了亏损状态,这种情况就有可能是利用坏账操纵利润。之后我们会讲到其他资产计入减值后又转回,也会产生同样的效果。

为什么公司要这样做呢?

最常见的一种目的就是避免利润的大幅波动。如果一家公司今年盈利 1 亿元,明年亏损 2000 万元,第三年盈利 3000 万元,第四年亏损 1 亿元,投资者恐怕会觉得这家公司太不靠谱了。如果公司管理层利用坏账的方法,在盈利 1 亿元的时候,计提一部分坏账把利润降下来,第二年亏损的时候,再转回坏账把利润做上去,就能大大地减少利润的波动,让利润看起来是一个稳定增长的趋势。上市公司为了避免亏损,或避免因连续亏损而被摘牌,也会采用这样的方式。

公司更换总经理的时候也有可能出现这种情况。总经理的更换不一定是在1月1日这种会计年度的第一天，如果他9月份上任，当年业绩不好，大家不会认为是他造成的，而会认为是前任没有做好。于是新上任的总经理就可以多提坏账把当年的业绩降下来，第二年再转回坏账提升利润，这样大家就会把第二年业绩的提升归功于新任总经理。其实这跟工作好坏无关，只是玩了个会计上的小把戏而已。

这还会出现在国有企业进行股权转让、民营化（国有变私有）时。比如，顾雏军曾经收购过一些国有企业，他在收购这些企业之前会让企业计提很多坏账或者使用其他让资产减值的手段，比如提1亿元的坏账，这就使得应收账款减少了1亿元，资产也就减少了1亿元，同时利润也减少了1亿元。这就让被收购的企业看起来盈利能力很差，资产也很少，似乎不值钱，于是顾雏军就以此为借口，用很低的价格收购这家国有企业。收购完后，他又将这些坏账转回，账面上看来所有这些公司在他收购后业绩都有很明显的提升。有人认为顾雏军是解救困难企业的传奇人物，但事实上他并没有在经营上改善企业，而是通过会计方法，在收购之前压低企业利润和资产，以较低的价格达到收购的目的，造成了国有资产的流失。

以上几点，是企业通过计提坏账操纵利润的常见动机，却不是全部的动机。

4.3.2 其他应收款：一个箩筐，什么都往里装

会计中还有一个概念叫"其他应收款"，虽然也叫应收款，但是它产生的原因和应收账款产生的原因是不一样的。应收账款一定发生在销售过程中，是客户的欠款，但其他应收款是指客户之外的其他人的欠款。比如，有一家与A公司关系密切的B公司资金周转不开，因此拆借了A公司100万元，有可能过几天还，也可能一两个月后还，这种款项我们称之为往来款。再比如，员工出差需要向公司借一些备用金，等出差回来后再通过报销冲抵掉这部分借款，这些通常也记录在其他应收款中。除此之外，公司还可能为员工垫付

资金，比如员工生病住院，公司垫付的医药费也记在其他应收款中。

其他应收款并不是重要的科目，按照常理，你听过哪个员工出差向公司借几个亿的？但中国上市公司的其他应收账款却常常出现几个亿的状况，这又怎么解释呢？因为企业经常把一些说不清楚或者不方便入账的项目塞到其他应收款里。比如，有的企业把钱转给另一家关系密切的企业使用，这些钱可能有借无还；有的企业把钱转出去建立了一个小金库，为了方便做一些不好放在台面上说的事情；还有的企业拿钱做一些不符合规定的投资……应收账款在中国是一个很有"特色"的项目，就像一个垃圾桶，装了各种不知道该扔去哪里的项目。这么说可能有失偏颇，但我们不得不承认，其他应收款里隐藏着更大的秘密。

.... 小　结 ....

1. 如何管好应收账款？可以通过应收账款回收周期来了解企业在销售业务的组织和效率方面的差异；可以通过应收账款来评判客户的价值；可以通过保理业务将应收账款出售给银行，从而盘活应收账款。

2. 钱收不回来怎么办？可以按照应收账款的一定比例估计坏账，对此，企业拥有较大的自主决策权；计提坏账会减少当期的利润，也会减少资产；如果已经计提的坏账日后收回，收回当年的利润就会增加，这也可能导致会计利润的操纵。

3. 应收账款背后有什么秘密？应收账款和其他应收款都可能被用来调节利润。比如，在以下情况下，都有可能会产生通过计提坏账操纵利润的现象：企业想要平滑利润，企业新换总经理，国有企业出售股权。其他应收款更是装着很多企业不方便拿到台面上来的东西，隐藏着更大的秘密。

| 第3篇 |

洞察产业链条,挖掘采购潜力

5

买的没有卖的精

"欺软怕硬"的供应商

企业所有的业务都可以被简化成一个从现金到现金的周而复始的循环，采购业务是这个循环的前部分，本章我们将着重讨论采购业务及其财务表现，以及如何透过采购业务来了解企业与供应商的关系。

5.1 采购业务及其财务表现

采购业务处于销售业务之前，企业通过采购业务购进所需的原材料，通过生产把它们变成商品，再通过销售实现盈利。我们对照上一章销售业务的逻辑来看企业的采购业务：一是采购业务具体是如何展开的，二是采购业务在财务上是如何表现的。

5.1.1 无处不在的采购业务

一般来说，销售业务可以分为两类，２Ｂ业务（与其他企业发生交易）和２Ｃ业务（与消费者个人直接发生交易）。对于制造有形商品的企业而言（如制造业、餐饮业、建筑业、农业等行业），无论产品是卖给个人还是企业，都需要采购原材料。比如，汽车厂商要买钢板来生产汽车，钢铁企业要买铁矿石来炼钢，手机公司要买芯片组装成手机，服装公司要买布料来生产服装。有的企业买的是原材料，比如钢铁企业购买的铁矿石，也有的企业买的是零部件或者加工过的原材料，比如手机公司买的芯片就是从其他芯片制造企业采购过来的。

除制造业以外，其他所有制造有形商品的企业都需要去采购我们称为原材料的这一类东西。比如，饭店提供餐饮服务需要采购各种食材；建筑公司建房子，虽然不算制造业，但也需要购买建筑材料。甚至包括农业企业，比如种树的企业要买树苗、化肥、农药等。所以，所有制造有形商品的行业都需要采购原材料。实际上，制造无形商品的行业也需要采购原材料。

开发软件，制造游戏或者音频、视频节目的企业，或者提供服务的企业，比如美容院、航空公司、旅行社等，也会购买原材料。美容院需要买护肤品，航空公司需要给旅客提供餐食，旅行社可能也要为顾客提供饮用水等。所以，采购业务在各行各业中或多或少都会存在，只不过在制造业或者制造有形商品的行业中，采购量比较大，在制造无形商品的行业中，采购量比较小。

5.1.2 采购业务的财务表现

采购业务在财务上会如何表现呢？我们主要谈三个问题：首先，发生采购业务时，在财务上记什么？其次，什么时候记？最后，怎么记以及记多少？

1. 记什么

首先一定要记**原材料**。会计上，我们把原材料称作**存货**这个会计科目的子科目，存货除了包含原材料，还包含在产品、产成品等，我们会在之后的章节中介绍。所有会计的记录都有一个特点，就是企业发生任何交易行为，都要在两个或两个以上的会计科目中反映。因为当同一项业务发生时，至少会有两个会计项目受到影响（关于复式记账法的详细介绍，可参见 9.3 复式记账法）。比如，采购原材料，当然首先要记录相应的**存货——原材料**，但除此之外一定还有其他的项目会发生变化。如果采购是一手交钱，一手交货，那么企业手里的钱必然减少了，应同时记录**现金或银行存款**的减少。如果采购是先拿货，再付款，那么企业就产生了一项未来需要给供应商付款的义务，我们称之为**应付账款**。正因为这是一项要给他人付款的责任或者义务，所以它属于**负债类**的会计项目。在这种情况下，我们除了要记存货——原材料之外，还需要记录**应付账款**。

借：存货——原材料

贷：现金/银行存款/应付账款/应付票据

在销售业务中，如果销售方先发货，再收款，那么其对手方——采购方就是先拿货，再付款。这种销售模式下，销售方记的是**应收账款**，采购方记的就是**应付账款**。销售方的应收账款还有一种特殊的形式——**应收票据**，指的是采购方给销售方开了一个票据，对于采购方来说，就是**应付票据**。这个票据可以是采购方自己承诺支付的——**商业承兑汇票**，也可以是采购方的银行承诺支付的——**银行承兑汇票**。

还有的时候，企业会采用先付款再收货的方式，或者先付一部分货款，后续再支付剩下的货款。如果企业在收货之前就支付了一部分或者全部的货款，就产生了一个向销售方收取货物的权利，这个权利属于资产，叫作**预付账款**。预付账款是指对方欠我们的货，所以是我们的资产。

付款时记录：

借：预付账款

贷：现金/银行存款

收货时再记录：

借：存货——原材料

贷：预付账款

采购业务记录的对方科目如图 5-1 所示。

2. 什么时候记

采购货物的企业通常在收货时进行会计记录。需要说明的是，销售方是在发货时记录收入，而采购方需要等到收货时才记购进的存货，中间往往会有一个时间差。

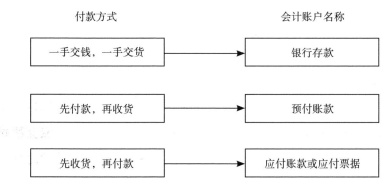

图 5-1　采购业务记录的对方科目

3. 怎么记以及记多少

采购业务记录中最复杂的问题就是记多少。存货的价值包含的内容较多：首先是商品的价格，除此之外，在采购过程中支付的运费、装卸费、保险费等也应包含在内，不论是制造业购买原材料，商业企业购买可供销售的库存商品，还是农业企业购买树苗、化肥、农药等。比较复杂的是税金的问题，即我们所说的**增值税**。

比如购买电脑，我们会在发票上看到两个价格：电脑商品的标价 10 000 元，增值税 1700 元（假设增值税税率为 17%），那么购买电脑的最终价格将是 11 700 元。由此可以看出，增值税是由消费者来承担的成本。因此：

$$材料采购成本 = 商品价格 + 运费 + 装卸费 + 保险费 + 税金$$

在之前的销售环节中，我们记录的销售收入是不含税的收入，因为增值税由消费者来承担，销售方（即卖方）不应该计入自己的收入。但作为采购方，支付的增值税却是它成本的一部分，理应计入成本。

增值税看起来似乎并不复杂。不过你若细心观察就会发现，增值税明明由消费者承担，却由企业在缴纳。比如我们去超市买生活用品，从来没有去税务局交过增值税，其实我们是将税金交给了卖商品的企业，而企业替税务局收取了相应的增值税。比如我们花了11 700元买电脑，卖电脑的企业替税务局收了1700元的增值税，这个税款并不是它的收入，它只是替税务局收款，因此有义务将这个税款交还给税务局。那么，企业应该如何记录这项增值税呢？

卖电脑的企业收取了1700元增值税，它有义务在规定的期限内上交税务局，这是它欠税务局的款项，属于企业的负债。这个负债称为**应交税费**，增值税只是企业应交税费中的一项，该明细项为**应交增值税**，除此之外，还有其他的应交税。

借：现金/银行存款　　　　　　　　　　　　　　1 700

贷：应交税费——应交增值税　　　　　　　　　　1 700

这里又产生了另一个复杂的问题：由于任何的采购事项都由购买方负担增值税，那么企业购进的原材料已经交过了税，当它把原材料加工成商品卖给客户，客户又通过企业再交了一部分税款。企业需要交给税务局的税款究竟是多少呢？

已经交给上游供应商企业的那部分增值税，我们称为**进项税**。在销售的时候从客户收取的这部分增值税，我们称为**销项税**。企业应缴纳的税款，应该是从客户收取的增值税减去已经交给供应商的增值税，即销项税与进项税的差额（见图5-2）。

我们可以发现增值税的原始意图是，商品增值过程的每个环节，都只需要缴纳自己增值部分的税款，即销售价格与原材料价格差额部分的增值税。但现实中，我们购买商品时并不总能取得可供抵扣的增值税发票，比如企业在采购操作过程中因为各种原因，取得的发票达不到应该抵扣的金额要求；比如建筑企业向个人采购砂石，而砂石的销售方大多都是小规模的个体工商户，个人无法开具增值税发票；比如饭店采购蔬菜，服装企业采购花边、纽扣、针线等辅料，个人或者个体工商户也无法提供增值税发票。没有发票，采购的增值税就无法作为进项税来抵扣。所以在增值税上，现实情况的复杂会无意中提高企业在经营过程中的税收成本。

企业应缴纳增值税 = 销项税 − 进项税

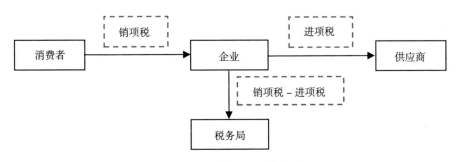

图 5-2　增值税的流转关系

5.2　供应商的谈判能力

在第 4 章中，我们通过销售业务对客户进行了分析，了解到客户的谈判能力取决于竞争状态、产业集中度（客户规模）等。在采购业务中，采购价格、付款条件等也取决于供应商的谈判能力，而供应商的谈判能力取决于两个方面：所采购原材料的行业竞争程度以及行业集中度（供应商规模）。与销售不同的是，销售不管是一种商品还是一类商品，通常都是面对同一个销售市场，而即使企业只生产一种商品，也有可能要采购不同的原材料，即面对多个原材料市场。

这里主要讨论两个问题：供应商谈判能力的影响因素和供应商谈判能力的财务影响。

5.2.1 供应商谈判能力的影响因素

一般而言，**原材料市场竞争**越激烈，供应商卖东西越难，对我们就越有利；反之，行业供不应求会使供应商谈判能力上升。而供应商**行业集中度**越高，规模越大，供应商谈判能力就越强。

·行业集中度·

行业集中度（Concentration Ratio）又称行业集中率或市场集中度（Market Concentration Rate），是指某行业的相关市场内前 N 家最大的企业所占市场份额（产值、产量、销售额、销售量、职工人数、资产总额等）的总和，它是对整个行业市场结构集中程度的测量指标，用来衡量企业的数目和相对规模的差异，是市场势力的重要量化指标。

5.2.2 供应商谈判能力的财务影响

供应商的谈判能力会影响采购价格，进而影响**毛利率**，同时也会影响**付款条件**。供应商谈判能力越强，越要求企业提前付款、付现金甚至预付款项，不太能允许企业赊欠，因而企业的应付款越少。所以说供应商是"欺软怕硬"的。这里分三种情况举例说明（见表5-1）。

表 5-1 企业与供应商关系及其财务表现

供应商 vs. 企业（采购方）	企业（采购方）的财务表现
供应商强势，采购方弱势	预付款较多
供应商与采购方势均力敌	预付款少，但也没有什么应付款
供应商弱势，采购方强势	应付款较多

预付款较多：上游供不应求或者上游企业规模特别大。比如万方发展⊖，由

⊖ 股票代码 000638，主营木材销售，其最大供应商为俄罗斯林产商行。

于我国森林覆盖率较低，木材资源一直是稀缺资源，依赖进口，导致木材供应方相对强势。表现在会计数据上，可以看到它的预付账款金额占其所有资产的58%，且近60%预付账款的账龄在2年以上。又如钢铁行业，虽然总体产能目前依然过剩，但由于其行业集中度比较高，且供应商规模一般比较大，因此供应商往往具有较强的议价能力，也需要预付款项采购原材料。其中上海钢联㊀的预付款占到了该公司资产规模近30%的比例。但要注意，以上两家公司虽然预付款占比都比较大，但其原因不一样。前者是因为原材料供不应求，后者则是因为上游供应商企业规模较大。

预付款少，但也没有什么应付款：这种行业通常通过一手交钱，一手交货的方式进行贸易结算，上游为一般竞争行业且行业集中度不高，说明企业和上游供应商之间本身也处于"势均力敌"的状态。天坛生物㊁、百润股份㊂就是上游属于一般竞争行业的。当然还有另一种情况，即原材料的采购量特别少，如高速公路、机场等，它们不需要采购什么原材料，只是对过往车辆、出租商铺进行收费。

应付款较多：上游供过于求且规模不太大，供应商谈判能力弱，采购方处于相对强势的地位。如延长化建㊃的供应商是一些小型的施工队，谈判能力较弱，于是其应付款占总资产50%的规模。不过由于其下游业主主要是一些化工企业，在它们面前，延长化建也缺乏议价能力，所以它的应收款项也特别多，占总资产规模近50%，这是一家一边欠着别人钱、一边又被欠钱的企业。又如苏宁云商，主营家电零售。其上游企业为家电生产企业，由于家电生产企业前几年竞争异常激烈，所以苏宁云商在2013年以前应付款占总资产

㊀ 股票代码为300226，主营钢材贸易网上电子交易平台，供应商为钢铁企业或者大型钢材贸易商。
㊁ 股票代码为600161，是国内最大的疫苗、血液制品生产企业，上游为原料药生产商。
㊂ 股票代码为002568，主营香精香料、预调鸡尾酒，上游为一般竞争性工业企业。
㊃ 股票代码为600248，主营化工工程承包。

比例一直在近 50% 的水平。近两年，由于家电行业竞争趋稳，家电销售行业受到电商的冲击（2011 年京东涉足家电销售），因而其谈判能力开始减弱，其应付款占比开始下降。

总结起来，以上我们主要探讨了，供应方强势、势均力敌、采购方强势三种情况下应付账款和预付账款的表现。

5.3 行业环境的分析框架：五力图

至此，我们已经了解了销售和采购业务，分析了企业的客户、供应商和竞争环境。接下来，我们对此进行整合，来考察上下游产业链及整个行业环境对企业财务数据的影响。

5.3.1 五力图

首先我们介绍一个行业环境的分析框架——五力图，这是由哈佛大学迈克尔·波特教授在 20 世纪 80 年代提出的一个经典分析框架，近年来虽然受到诸多挑战，但仍然没有被替代。

五力图，顾名思义就是由五种力量来决定行业的盈利能力：**现有公司间的竞争、新进入者的威胁、替代产品的威胁、购买方的谈判能力和供应方的谈判能力**。仔细分析，这五种力量其实来自于两个方面：一个方面是**竞争环境**，另一个方面是**产业链环境**（见图 5-3）。

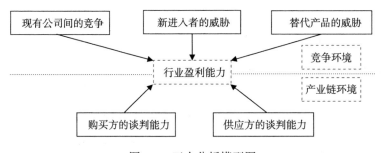

图 5-3　五力分析模型图

竞争环境方面：企业面临的首要竞争是同行业公司的竞争，它们与企业在同一个行业里，提供相似的产品或服务。其次是新进入者的威胁，本来不在同一行业中的企业因为该行业赚钱而被吸引进来，于是带来了竞争压力。常常被忽略的是替代品竞争，比如 BP 机被手机取代，功能手机被智能手机取代，胶片相机被数码相机取代，低端数码相机被智能手机取代，这种新产品不仅仅是原有产品的竞争来源，更是彻底颠覆了原来的产品或行业，这是一种更强有力的竞争。

产业链环境方面：上游就是供应商，下游就是客户（购买方）。我们和供应商以及客户的关系，决定了我们处在怎样的产业链环境中。

以上五种力量共同决定了行业的盈利能力，也因此对很多财务数据产生影响，主要表现在毛利率、应收款/预收款（对客户）、应付款/预付款（对供应商）等指标上。

5.3.2　两个行业的对比举例

接下来，我们选择两个截然不同的行业做一个比较：软件行业与家电零售行业。

软件行业是指为企业客户提供定制软件的行业，我们身边这样的软件公司很多，可没有规模巨大的，可见这并非一个产业集中度高的行业。另外，由于软件行业提供定制化的服务，所以需要大量的人力资本投入，因而竞争不是很激烈。

接下来看软件行业的上下游：软件企业很少采购原材料，所以谈不上与供应商的关系。它的下游是企业客户，因为面对的客户规模较大，所以谈判能力不太强。

家电零售曾经是一个比较赚钱的行业，但现在的整体竞争非常激烈。家电零售其实是家电企业的中间环节，从家电企业的利润中分一杯羹。家电行业的暴利时代早就过去了，所以这杯羹也分不了太多。而随着2011年京东的进入，家电零售的竞争日趋激烈，但同时行业集中度也很高，国美、苏宁、京东这三家公司大约占了家电零售80%的市场份额。

家电零售的上游是家电生产企业，七八年前，家电生产曾面临着白热化的竞争，这几年随着优胜劣汰的整合，家电业的竞争有所缓解。由于行业集中度越来越高，大的家电零售商对于供应商有一定的谈判能力。家电零售的下游是个人消费者，即2C业务，这与软件行业2B的业务不同，从销售模式上来说是"一手交钱，一手交货"的业务，面对个人消费者并没有什么劣势。

5.3.3 从财务数据看行业格局

我们从软件行业中选择一家龙头企业东软集团，与家电零售行业中大家熟悉的苏宁云商做一个对比，来看看它们的财务数据与我们上述分析结果是否相符（见表5-2）。

表5-2 五力因素对财务数据的影响

财务数据	东软集团（%）	苏宁云商（%）	备 注
毛利率	30	14	竞争环境
应收账款占比	12	0	客户谈判能力
预收账款占比	3	1	软件开发预收定金
应付账款占比	9	28	供应商谈判能力
预付账款占比	0	7	软件采购很少

先看毛利率，东软集团比苏宁云商的毛利率高一倍多，其巨大差异因为行业竞争的不同：软件行业竞争不太激烈，而家电零售业竞争激烈。

与下游客户谈判能力的差异表现为应收账款占比的差异。软件行业对于企业客户来说谈判能力较弱，因而应收账款占比为12%，而苏宁云商面对的是个人消费者，所以应收账款占比接近于零。

从预收账款角度来看，由于软件的定制开发活动往往需要客户预交一定的资金，所以表 5-2 中的东软集团 3% 的预收账款占比实际上体现了这一交易流程。而苏宁云商面对个人消费者基本不存在应收款项和预收款项，这里的预收款可能与售卡这类储值类服务相关。

再来看看应付账款和预付账款的情况，这两个指标主要体现了与供应商的关系，从表 5-2 可以看出，东软集团占用供应商资金的能力和水平相对较低。而苏宁云商却可以比较多地占用供应商资金，原因可能在于软件行业没有太多采购需求。苏宁云商 28% 的应付账款占比还不算很高，在七八年前，这个数字大约在 50% 甚至更高，那时家电生产竞争激烈，零售商对于生产商来说谈判能力较强。

※　　※　　※

五力模型主要讨论了行业环境对财务数据的影响。虽然任何企业的财务数据一定有行业的影子，但并非同一行业的企业都一样，这还与战略定位和战略执行有关，比如采用成本领先战略与差异化战略的企业，财务数据就有所不同。因此，在分析一家公司时，应当综合考虑，而不能生搬硬套我们上述简单分析。

················· 小　结 ·················

1. 采购业务及其财务表现。企业可以采购有形商品，也可以采购无形商品；可以采购原材料，也可以采购半成品、产成品。企业发生采购业务时，在财务上记什么、何时记以及如何记。

2. 供应商谈判能力。供应商的谈判能力与原材料市场的竞争程度以及行业集中度有关，会影响商品的采购价格，从而影响企业的成本以及毛利率，同时也会影响付款条件，这将反映在企业的应付款和预付款水平上。

当供应商强势时，企业毛利率较低，付款条件会更为苛刻，所以，企业的应付款较少，可能预付款较多。而供应商弱势时，则反之。

3. 五力图。有五种力量决定了行业的盈利能力：现有公司间的竞争、新进入者的威胁、替代产品的威胁、购买方的谈判能力和供应方的谈判能力。这五种力量来自于两个方面：竞争环境和产业链环境。

思考题

提问： 我们能否从企业的财务数据预先感知行业的变化？

回答： 行业环境的确会影响企业的财务数据，按理说，财务数据也应该能够倒推出行业环境，只不过行业环境变化在前，企业财务数据变化在后。行业环境的变化是无法直接观察到的，即使行业统计数据也未必能够迅速反映，这时企业的财务数据能让我们更早地感知到行业的变化。比如，一个行业普遍出现了应收账款账期变长，可能意味着行业的竞争开始加剧。

举个例子，汽车行业现在竞争激烈，但曾经也供不应求，订车非常困难。在从供不应求到供过于求的过程中，汽车企业的财务数据开始表现出收款周期变长，存货销售变慢的一些特点，大约半年之后，市场便开始有所显现。市场之所以表现滞后，可能是因为前期的订单逐渐被消化。这种情况下，财务数据就能让我们更快地感知到行业的变化。

6

不当家不知柴米贵

其他采购活动

企业除了购买原材料，还会采购其他物品，不仅购买物品，还会购买服务，比如"买"广告服务、"买"运输服务、"买"培训服务等。本章主要介绍采购活动的其他类型及其财务后果。

6.1 其他物品的采购

首先来介绍其他物品的采购，这里的**其他**主要是指两个方面：一是不属于原材料的物品；二是一些特殊的存货，通常指活的动物和植物，会计上我们称之为**生物资产**。

6.1.1 低值易耗品

我们通常把长期使用的企业资产称作**固定资产**，虽然还未开始介绍该会计科目，但大家肯定都不陌生。我们通常认为固定资产就是指那些使用期限比较长的资产，但其实有一些物品虽然使用期限长，可因为不那么值钱，所以并不记入固定资产账户，而是记在存货账户中。这样的物品在日常生活中很常见，比如老师讲课时用的激光笔、U盘，可能会使用很长时间（五六年），但我们并不认为激光笔是一项固定资产（因为它比较便宜）。

有一些行业还会使用一些特殊物品，比如建筑公司建房用的脚手架、模板，这些东西价值不高，却会反复地使用，它们不会记入固定资产，而是记在存货里。所以，存货中除了原材料，还包括一类特殊物品——**低值易耗品**。

6.1.2 生物资产

农业企业的资产中会有蔬菜、树木，可能还有鸡、鸭、猪、牛、羊等家禽家畜，水产公司可能会有鱼、虾或者其他水产，这类资产我们统称为**生物资产**。

生物资产未必都是存货。比如经营一家养鸡场，最重要的资产就是鸡，鸡在会计上应该确认为什么会计科目呢？

这个问题并不容易回答。我们用鸡蛋孵出小鸡，把鸡养大后卖掉，这时鸡本身就是这个养鸡场的产品，应该记入存货。这时又有一个问题，鸡分公鸡和母鸡，如果孵出来的是母鸡，我们通常不会想着把它卖了或是杀掉，而会饲养它，再让它去下蛋。这种情况下，鸡本身并不是我们的产品，它所生产出来的鸡蛋才是我们的产品，鸡可以看作生产鸡蛋的"设备"，就像制造业企业的机器设备一样，应记入固定资产。这时生物资产就是固定资产的一种类型，叫作**生产性生物资产**（见图6-1）。

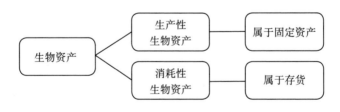

图6-1 生物资产的类型

并非所有的生物资产都是存货。计入存货的那部分生物资产，我们称作**消耗性生物资产**，它的主要特点是其本身就是企业的产品，或者将来可以收获成为企业的产品。比如自种的蔬菜、水稻或小麦以及那些不结果实的树木，园艺公司种的待成熟后可出售的草皮以及各种观赏性的树木，水产养殖公司饲养的鱼虾等。当然，也有些消耗性生物资产不是人工种植或养殖的，而是自然生长的，比如树林里的树木。

那么，生物资产的成本如何确定呢？与原材料同样的道理，生产的水稻或蔬菜，它们的成本包括最初的种子材料成本、培育过程中的化肥饲料耗费与人工成本等。再比如，观赏性的树木成本，包含最初的树苗成本、培育过程中的化肥成本、人工成本及其他支出。如果养鱼，则包含最初的鱼苗成本、养殖过程中的饲料支出、人工成本等。因此，**生物资产的成本应当包括养育过程中所耗费的各种类型的成本**。

6.2 销售费用

企业会购买各种类型的服务，比如广告服务、培训服务、咨询服务、运输服务和销售服务等。大部分情况下，购买的服务都被计入费用，主要涉及两个费用项目：**销售费用**和**管理费用**。

6.2.1 什么是销售费用

首先我们来看什么是销售费用，比如我们打算开店卖东西，需要一个门店，而这个门店是租来的，我们为这个门店支付的租金就属于销售费用。

很多企业有销售部门，销售部门的员工工资、奖金、提成，出差的差旅费，请客户吃饭的业务招待费，公司广告促销费等，这些支出都属于销售费用。

如果是销售有形商品的企业，就需要仓库存放存货，把商品从仓库运到销售场所花费的运费也计入销售费用。所有为了达成销售而花费的支出都是销售费用。

销售费用项目如图 6-2 所示。

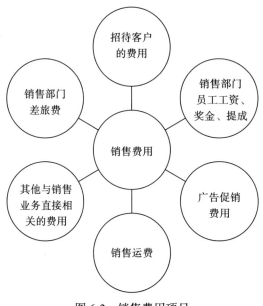

图 6-2　销售费用项目

说到这儿，我们还需要澄清一个概念。我们之前介绍过应收款、存货这类我们称之为资产的项目。那么，**资产与费用的关系如何呢**？

比如，购买原材料，会产生存货资产；购买广告服务，会产生销售费用。在购买时，我们都需要花一笔钱出去，这是它们的共同之处。那么它们的区别是什么呢？如果这个钱花出去可以换来一个以后有用的东西，我们就称它为**资产**[⊖]，比如购买了原材料，之后可以利用原材料继续生产产品。如果购买支出不能为未来留下什么，这种支出我们称为**费用**，比如付了一个月的广告费，就只能享受一个月的广告服务。

⊖ 《企业会计准则》中，对资产的定义是：由企业过去经营交易或各项事项形成的，由企业拥有或控制的，预期会给企业带来经济利益的资源。对费用的定义是：企业在日常活动中发生的会导致所有者权益减少的、与向所有者分配利润无关的经济利益的总流出。

6.2.2 销售费用分析

销售费用其实并不难理解,但我们需要把它与业务联系起来。现在上市公司平均的销售费用大概占企业整体收入水平的6%。其中包含销售场所的租金,销售人员的工资、奖金、差旅费、业务招待费,可能还有广告费、运费等。这些支出基本上与规模相关,也就是说小公司用的钱少,大公司用的钱多,它们占收入的比重在各企业之间不会有太大的差异。

造成企业之间销售费用差异的主要原因是销售渠道、广告、运输等项目,而这些项目恰恰也都是企业从外部采购的一些服务。

如果按销售费用占收入的比重来降序排列的话,排在最前面的公司有一半以上都是医药行业的企业。比如,益佰制药的销售费用占它所有收入的50%左右,按照公司的披露,销售费用的20%是促销费,20%是开发费,20%是差旅费,除此之外还有一些会议费。在中国,医药行业很大程度上依赖于医院这一销售渠道,要让医院能够使用该企业的药品就必然发生促销开支、差旅费用和会议开支,这些费用很大程度上都用于建立和巩固医院和医生这一销售渠道,因此,医药行业的渠道成本特别高。

销售费用占收入比的比较如图6-3所示。

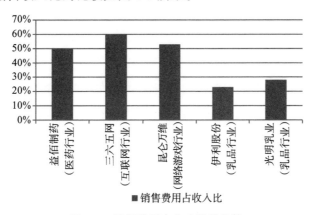

图6-3 销售费用占收入比的比较

另一个例子就是互联网行业。直觉告诉我们互联网行业是一个特别赚钱的行业，但事实上互联网行业虽然毛利率水平很高，可其渠道成本往往也很高。来看两家互联网公司。一个是三六五网，这家公司主营网上的房地产家居销售业务，即互联网家居销售平台。这家公司的毛利率高达90%，可它的销售费用"吃"掉了60%，也就是说，收入扣减成本后剩90%，但把销售费用去掉后就只剩下30%了，所以，销售费用"吃"掉了它相当大的一部分收入。按照公司的披露，它的销售费用中有60%属于业务推广费，这实际上也反映了很多互联网公司需要支付的大量的渠道或者营销成本。再看另一家互联网公司昆仑万维，这是一家做网络游戏的企业，它的毛利率比较高，达到53%。它的销售费用占收入的26%，"吃"掉了53%的一半，其中它将90%的销售费用用于渠道推广。我们可以看到，这是互联网行业的特点，毛利率较高的同时，渠道成本也较高。

刚才举的这两个例子，一个是医药行业，一个是互联网行业，都属于渠道成本比较高的行业。再来看一看广告支出比较高的情况。

面向大众的消费品行业一般广告支出相对较高。比如乳品行业，可以拿伊利股份和光明乳业做对比。这两家公司的销售费用占收入的比重都较高，伊利股份为23%，光明乳业为28%。它们的销售费用主要是广告支出，当然也包括运输成本，因为乳品行业的运输成本较高，它也会影响销售费用水平。

虽然上市公司的平均销售费用占企业整体收入的比重为6%，但对一些特殊的行业，销售费用水平可能较高，而**造成销售费用在各企业之间差异的一个最重要的原因就是渠道成本和广告支出。**

6.3 管理费用

6.3.1 什么是管理费用

先来谈谈管理部门的范围。每家企业对管理部门的定义不尽相同，但从会计角度看，除了企业的一线生产部门和销售部门，其他部门都可以算作管理部门。

所有管理部门人员的工资都属于管理费用。一线生产部门和销售部门的管理者也属于管理人员，所以他们的工资也属于管理费用。而销售人员的工资则应属于销售费用。除工资之外，还有很多其他费用支出。比如，如果办公楼是租来的，它的租金就属于管理费用。如果办公楼是自有的，它就属于固定资产，固定资产在使用的过程中会有损耗，因而会按期计提折旧，折旧也属于管理费用。除此之外，管理费用还包括为办公支付的水电费，管理部门人员的差旅费、业务招待费，公司的办公费、培训费，以及公司组织职工文艺活动而产生的费用支出。

管理费用项目如图 6-4 所示。

管理费用中还有一个项目是研发费用。研发主要包括两个部分：一部分是研究，另一部分是开发。研究指的是单纯的技术研究，它具有相当大的不确定性，既可能成功也可能失败，成功的概率与我们花钱多少没有必然的关系。所以，会计上不认为研究支出会给公司带来对未来有用的东西，不认为它是资产，而是计入管理费用。研发的另一个部分是开发，是指与产品开发相关的支出，比如将技术应用于某种产品的生产，那么为这个产品所做的设计和模具的支出都属于产品开发支出，这些支出的不确定性较小，是可以计入资产中的。因此，属于管理费用的研发支出，严格来说仅指研究支出，而不包括开发支出。

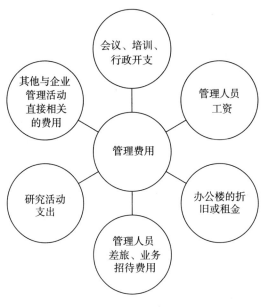

图 6-4　管理费用项目

6.3.2　管理费用分析

管理费用中的项目并不都是从外部采购的，事实上外部采购的项目并不多，只有如租金、水电费、差旅费、培训费这类支出。我们在此讨论的并不局限于需要从外部采购的管理费用，而是所有的管理费用。那么，管理费用在不同企业之间的差异情况及其产生的原因是什么呢？

上市公司管理费用占收入的平均比重是 10%。可以看到，人员工资、办公楼折旧、水电费、差旅费、办公经费、培训娱乐活动支出等其实数量都不会太大，它占收入的比重在各企业之间也不会有太大的差异，只不过从数量上来看，大公司多一些，小公司少一些，但与收入规模的比例比较稳定。所以，企业之间管理费用的差异，显然是由这些项目之外的其他原因导致的。

造成管理费用差异最重要的原因就是研发支出：研发支出多的企业，往往管理费用比较高，正是因为研发支出多的企业投入了很多独特的研发活动，其产品或服务可能都是别人所不具备的，它们会具有比较高的定价权力，所以通常毛利率较高。比如恒瑞医药的毛利率超过80%，相当高，它的管理费用占收入的比重为20%，也明显高于上市公司的平均水平。它的管理费用中大约有一半都是研发支出，从而导致其管理费用水平较高。

介绍销售费用时，我们也举了医药行业的例子，我们了解到因为渠道成本高，医药行业的销售费用很高，这是医药行业的特点。此处我们又发现医药行业的研发支出同样很高，这又是怎么回事呢？

这里我们所说的医药行业主要是指西药行业。大部分中国的制药企业都是生产仿制药的，并不从事新药开发活动，只是用别人的专利药，获得专利授权即可。或者更多的企业等待专利过期之后，自行生产别人研发的那些药，这种制药企业并没有太高的技术含量，更像是一般的制造业，所以这种企业的支出主要在渠道成本上。而恒瑞制药却是一家研发类的医药企业，它自己开发新药，所以研发支出非常大，管理费用水平比较高。

另一家企业叫高德红外，它最初做红外系统，后来把红外系统应用于军工领域，所以现在主要研发诸如反坦克导弹这类高精尖产品。这样的行业肯定有大量的自主研发，但因为做军工行业，通过军队列装之后才能够销售出去，所以规模不太可能做得很大。从财务数据我们可以看到，这种企业的特点是规模不太大，但是毛利率较高，有大量的自主研发。这家公司的毛利率是53%，而管理费用占收入的比重大约是1/3。这意味着收入扣除成本后，它有53%的利润空间，但是管理费用这一项就"吃"掉了33%，剩下大约20%。显然，这是一个研发支出相当高的行业。

再来看两家互联网行业的公司。一个是腾讯，它的毛利率是56%，管理费用占收入的15%，比上市公司平均水平要高一些。按照腾讯披露的财报，正是因为研发支出高企导致管理费用较高。另一个是 Facebook，这家公司毛利率比腾讯还要高，达到了 80%，而它的研发费用占到了收入的 20%，这一项就"吃"掉了 20% 的收入的利润空间。

以上这些行业虽然各自有不同的行业特性，但都属于研发支出比较高的行业，也都表现出相对较高的管理费用水平。

※　　　※　　　※

之前我们学习过，毛利润是收入和成本的差，但这并不是公司最终赚的钱，只是赚钱的第一步，毛利润还需要扣除公司经营过程中的各种其他支出和税，之后才是公司的净利润。

净利润 = 收入 − 成本 − 销售费用 − 管理费用 − 其他费用 − 税费

上市公司销售费用/收入的平均水平是 6%，管理费用/收入的平均水平是 10%，两项相加为 16%。如果一家公司的毛利率在 15% 以下，那么它就很难赚钱了。明白了这一点可以帮助我们更好地理解销售费用和管理费用的财务含义。

---------- 小　结 ----------

1. 企业在采购主要材料之外还会采购一些其他物品。低值易耗品是指使用期限较长但价值不高，不记入固定资产的物品；生物资产是指企业的一些动植物资产；企业还会采购各种类型的服务，比如广告服务、培训服务、咨询服务等。
2. 企业购买的服务一般都计入费用，或是销售费用，或是管理费用。

销售费用水平可以反映企业渠道成本的高低，管理费用水平可以反映企业研发支出的高低。

······················· **思考题** ·······················

提问： 饭店租用门面经营，租金应该如何记录？

回答： 饭店的租金需要分情况来看，饭店区域可能分为厨房、顾客用餐场所、行政办公场所。顾客用餐场所，是用于销售的场所，这部分租金应该计入销售费用；行政办公场所的租金应该计入管理费用；厨房按面积所分摊的租金应该计入营业成本。

| 第4篇 |

打磨生产流程,构筑竞争优势

7
成本的前世今生
财务中的"成本"

只有商业企业采购的商品是直接用于销售的,大部分行业并非如此,它们需要经过一个重要而复杂的过程,就是生产。这就涉及制造过程中最重要的问题——成本。你会发现,生产成本不是"成本",东西卖掉才有成本。

7.1 生产过程

提起生产过程,大家可能会认为是在说类似于制造业的这种传统产业,其实大部分行业都有生产过程。制造业是最显而易见的,无论是生产汽车、服装、书包还是家具等,都需要一个生产的过程。对于一些新兴行业,比如网络游戏行业,也存在制作游戏内容的过程,比如制作文字、视频、音频等。再比如,百度制作一个搜索服务产品、腾讯制作微信这样的社交工具,同样伴随着制作的过程,甚至于服务行业,提供服务的整个过程也可以看作一个生产过程,只是不会生产出具体可见的物品而已。

综上,**生产过程是指利用人工、机器设备或者办公设备,对原材料进行加工并制作出产品的过程,这个产品可以是有形的,也可以是无形的。**

※　※　※

生产过程需要耗费原材料和人工，还可能需要使用像厂房、设备这类大型的生产资料，同时还需要负担水电、动力、能源这类费用开支。以上这些部分共同构成了我们通常所说的**生产成本**。只不过这里并不是把厂房、设备一次性全部消耗掉，而是耗费了一部分。如果厂房、设备是租用的，那么计入成本的耗费部分就应该是在此期间支付的租金。如果厂房、设备是自有的，它们被耗费掉的那部分在会计上叫作厂房、设备的**折旧**。**折旧其实是会计上对固定资产在一段时间之内被消耗掉的那个部分的估计值。**

折旧加上生产过程中耗费的水电、能源、动力等，统称为**制造费用**。制造费用再加上生产过程中所耗费的原材料和人工，就共同组成了企业的生产成本。简而言之，**生产成本就是由直接材料（料）、直接人工（工）、制造费用（费）三个部分组成的。**

直接材料＋直接人工＋制造费用＝生产成本

7.2　生产成本

7.2.1　生产成本结构

生产成本由料、工、费三个部分组成，这三个部分在不同行业中是否会有很大的差异呢？

通常来说，以制造有形商品为主的行业，成本构成的主要部分是原材料。比如海尔披露的成本结构中，86%都是原材料成本；美的披露的原材料成本占总成本的85%。对于那些以提供服务为主的公司来说，它们的主要成本不是原材料，而是人工，比如软件、咨询这样的服务行业。

还有一些行业具有一定的特殊性，比如重资产行业，它们的固定资产折旧水平特别高，那么在其成本结构中，折旧的占比就很大。比如赣粤高速是一家经营高速公路的公司，根据披露，它 65% 的成本都是折旧。

可以看到，不同行业由于其性质不同，成本结构差异很大。

7.2.2　变动成本与固定成本

任何一个企业，都存在成本管理的理念。进行成本管理的第一步就是了解成本结构，这样你才能知道成本管理的重点在哪里。比如以原材料为主的行业，它成本管理的重点就是想办法降低原材料的采购价格以及原材料的耗用量。以人工成本为主的行业，成本管理的核心问题是降低人工的成本。重资产行业，它的成本以折旧为主。那么，它应该如何降低成本呢？要解释这个问题，我们需要引入两个新的概念：变动成本和固定成本。这是对成本进行分类的另一个视角。具体如图 7-1 所示。

区分变动成本与固定成本的关键就在于成本总量是否会随着产量的增加而增加。顾名思义，变动成本总量会随着产量的增加而增加，也就是说多生产一个产品，就必须要多耗费一份支出。同样的道理，固定成本总量不会随着产量的增加而增加，也就是说在一定范围内不管产量怎么变，固定成本的总量是不变的。

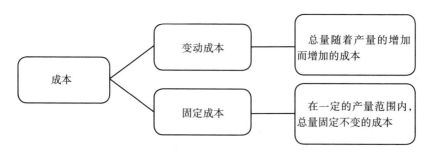

图 7-1　固定成本与变动成本

前面提到的料、工、费这三个项目中，原材料是一项变动成本，因为多生产一件产品，势必是要多一份原材料耗费的。而固定资产折旧这样的项目就是一个固定成本，因为在一条生产线的产能范围之内，不管是一件产品都不生产还是满负荷生产，固定成本的实际投入总量是一样的，所以它的折旧水平也是一样的。至于人工费用到底是变动成本还是固定成本，就要看这家企业对这部分人工是如何支付的。如果是计件工资，那么就是变动成本，而如果是固定工资，那么就是固定成本。现实中，很多企业对于一线工人的工资可能会采取底薪+计件工资的方式，这就意味着人工成本中有一部分是固定成本，另外一部分是变动成本。

举个简单的例子，生产一件产品需要花费100元成本，其中有50元变动成本、50元固定成本，现在企业收到了一个产品报价80元的订单，要不要接呢？

如果从总成本的角度考虑，一件产品成本100元，接的订单80元，肯定是赔本买卖，所以不应该接这个订单。可如果从变动成本和固定成本这个角度来考虑，我们可能会得出不同的答案，因为固定成本是事前确定的，生产与否都要耗费，即便不接这个订单，也要支出每个产品平均50元的固定成本。也就是说，不接订单，每件产品会亏50元；接了订单，售价80元，成本100元，每件产品会亏20元。亏50元与亏20元相比，接订单亏得少了，实际上是更合算的，接订单虽然不能让我们赚钱，却可以让我们少赔钱。这就是我们把成本区分为变动成本和固定成本的原因。

7.3 营业成本

7.3.1 生产成本与营业成本的关系

如果你细心留意，会发现财务报表上并没有生产成本，而只有营业成本这个项目。那么，生产成本去哪儿了呢，它与营业成本有什么关系呢？

生产成本包括在生产过程中所耗费的原材料、人工费用和制造费用，其中制造费用包括折旧、水电、动力、能源等支出。在耗费了这些生产成本后我们得到了产品，这个产品有两种状态：一种叫**产成品**，即截至12月31日，这个产品已经完工了；还有一种在12月31日还没有生产完成，我们称为在产品。无论是在产品还是产成品都是企业的产品，是存货的一种，所以**"生产成本"这四个字并不直接出现在财务报表中，而是以存货的形式出现。**

这一点与我们以前的感性认识不太一样，我们通常认为生产成本属于成本，是公司获得利润过程中的一个耗费型项目，应该属于与利润相关的项目。也就是说，它应该与利润表相关，而事实上生产成本并不在利润表中，而是体现在存货这个资产项目中。

※　　※　　※

存货是用来销售的，可是在12月31日这一天，企业不可能把所有的存货正好全部卖完，会有一部分已经卖掉的，另一部分没有卖掉的。对于没有卖掉的这部分产品，仍然会以存货的形式存在于企业；而卖掉的那部分产品，带来了收入，同时也不再属于这家企业了。**企业所失去的这些产品的价值，就是它获得收入所付出的代价，我们称为营业成本**。在会计上，企业把存货卖掉的同时，就需要把这部分存货的价值转入营业成本中，这个过程就是营业成本发生的过程（见图7-2）。

在此过程中，有三件事值得注意：第一，生产成本虽然包含"成本"二字，但并不会出现在财务报表中，而是记录在存货里。第二，营业成本是那些被卖掉的产品所对应的生产成本。第三，营业成本所记录的是企业在生产过程中所耗费的那些支出，属于生产过程，这与销售费用和管理费用有所不同。

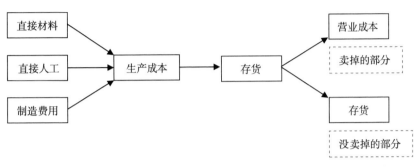

图7-2 营业成本的发生过程

7.3.2 毛利率不完全代表企业的盈利水平

这种产品成本的记录过程会引发毛利率理解上的一个误区。举个例子，由于变动成本的总量会随着企业产量的增加而增加，而在一定范围内，无论产量怎么变，固定成本总量都是不变的，因此产量越大，每一个产品所分摊的固定成本就越少，每个产品的成本（即单位成本）也就越低，我们称之为**规模经济性**。

假设某公司生产一件产品的变动成本是10元，固定成本总量是10 000元，如果这家公司今年共生产了1000件产品，那么它的总成本为：

$$10 \times 1000 + 10\ 000 = 20\ 000（元）$$

如果这家公司把今年生产的1000件产品全部卖掉了，那这20 000元的总成本就叫作生产成本，其首先被记录在存货中，随着存货的销售，这部分价值会转入营业成本。所以，这家公司今年的营业成本总额为20 000元。

假设到了第二年，这家公司预计市场需求会大幅度增加，于是它提高了产量，从原来的1000件提高到了2000件。在生产2000件产品时，这家公司的总成本为：

$$10 \times 2000 + 10\,000 = 30\,000（元）$$

假设这家公司错误地预测了市场的需求，它生产了2000件产品，却只能卖出1000件，因此增加了1000件产品库存。在这种情况下，只有一半的生产成本会从存货转入营业成本。所以，这家公司今年的营业成本总量是15 000元。

在生产1000件产品并把它们全部卖掉的情况下，营业成本的总量是20 000元，而现在生产了2000件，积压了1000件，营业成本总量却变成了15 000元，比只生产1000件时少了5000元。销量没有变化，如果销售单价不变，则销售收入也不变，可是营业成本却比原来减少了5000元。毛利润（＝收入－成本）会增加5000元，毛利率也因此提升了。

我们会发现一个有趣而奇怪的现象，即一家企业在只增加生产却不增加销售的情况下，它的营业成本会降低，毛利率会提升。这个看似毫无道理的事情，在现实中却真实地发生了。明明是这家企业错误地预测了市场的需求，因此生产了过多的产品，造成了存货的积压，它的经营状况其实并不好，但在报表上却表现出毛利率的提升，这就是营业成本这种记录方式导致的毛利率解读的误区。

这个误区其实是生产成本的记录过程所导致的。**当企业增加产量时，固定成本的总量不变，所以每一件产品分摊的固定成本就降低了。当这家企业生产了过多的产品，一部分产品积压的时候，这部分积压的产品就会留在存货里，而使得这部分固定成本不能够进入营业成本，所以才导致了营业成本的下降以及毛利率的提升。这样的现象之所以产生，本质上是由固定成本而导致的，在那些固定成本高的行业中，这样的现象会格外突出。一般来说，重资产行业折旧较大，它的固定成本较多，这类行业更容易出现这样的现象。

例如，云南铜业是一家经营铜冶炼的企业，属于重资产行业。云南铜业曾在年报中披露，它遭遇了原材料价格上涨和产成品价格下降所导致的经营困境。很容易想象，当一个企业原材料价格上涨，而产成品价格下降时，它的收入会降低，而成本会提升，所以毛利率应该是下降的。可是这家企业当年的毛利率不仅没有下降，反而提升了。经过分析之后我们发现，造成这个现象的主要原因就是云南铜业在这一年大幅度地提高了产量，可是却没有提高销量。而铜业本身又是一个重资产行业，所以固定成本比较高。在它提高产量的过程中，单位固定成本被摊薄了，每一件产品所分摊的固定成本下降了，所以才导致了这样的现象。所以，**有时毛利率的上升并不真正表明盈利水平的提升**。

同样的道理，如果一个重资产行业的企业毛利率下降的同时，伴随着产成品库存的下降，这时毛利率下降也未必意味着盈利水平的下降。原因就在于在产成品存货减少的过程中，企业很可能把往年生产出来的一些产品在今年卖掉了，就会有往年的一些固定成本随着存货的销售进入到了今年的营业成本中，使得营业成本增加，毛利率下降。但是，这样的**毛利率下降却未必意味着企业盈利水平的下降**。

在重资产的行业，如果企业增加了产量而不增加销量，毛利率会自然地上升。对于这样的行业来说，毛利率的上升如果同时伴随着产成品存货的增加，那么它的上升并不一定意味着盈利水平的提升。

7.4 存货的计价

营业成本是被卖掉的那部分存货。对于商业企业来说，这是被卖掉的商品的采购成本。同一个型号的商品，虽然外观一样，但因为不同批次购进，可能价格不一，所以成本不同。而对生产企业而言，不同批次购进的原材料价格可能不一样，而且每个批次耗费的人工和制造费用也不尽相同。那么，哪些存货先被卖掉，而哪些存货后被卖掉，就会直接影响到营业成本的数字。

实际上，企业是不可能把每个商品或产品都标上号的，会计上只能靠一个假想的顺序来做记录，这就是所谓的**存货计价方法**。

7.4.1 存货计价方法

常用的存货计价方法有三种：先进先出法、后进先出法、加权平均法。

第一种方法叫**先进先出法**，就是存货计价时假设那些先买进来或先生产出来的东西首先被卖掉。就好像一根管子，这头进东西，那头出东西，装满之后，只有这边推进去一个那边才会挤出来一个。所以，首先被挤出去的肯定是先进去的那些，这就是先进先出法的假设。

第二种方法与第一种方法正好相反，叫**后进先出法**。这是假设我们后买进来或者后生产出来的东西先被卖掉。好像一个米缸，每天都往里面加米，每次加进去的米都直接放在最上面，每天我们也往外舀米，那么，舀出来的米肯定也是最上面的。所以，后进先出法指最后加进来的那些最先被卖掉。

第三种方法介于上述两种之间，叫**加权平均法**，是指我们假设卖出去的东西的成本是已经存在的所有东西成本的加权平均。就像是我们有一桶盐水，每天都倒进含盐量不同的水，新的水倒进去之后，盐水就自然混合了。所以舀出来的水含盐量就是它们混合之后的加权平均含盐量，这就叫加权平均法。

除此之外还有一种方法叫**个别计价法**，就好像给每个存货都标个号，然后记住它们的成本或者价格。但这种方法通常只适用于数量非常少、单价比较高的存货。

7.4.2 计价方法对营业成本的影响

因为商业企业比较简单，没有生产过程，只是直接销售购进的商品，所以我们以商业企业来举例。假设一个商业企业买进两批货,第一批买了 20 件,每件 100 元,第二批买了 20 件,每件 120 元(见表 7-1)。现在它卖出去了 10 件商品,那么卖出去的 10 件商品,成本是多少呢?

表 7-1 某商业企业的进货成本

批次	单价(元/件)	数量(件)	总价(元)
第一批	100	20	2000
第二批	120	20	2400

如果用先进先出法,假设先买进来的商品被先卖出去了,那么卖出去的这 10 件应该出自第一批买进来的那 20 件,每件的成本是 100 元。

如果用后进先出法,那么就认为后买进来的商品是先被卖出去的,卖出去的那 10 件应该出自第二批买进来的 20 件,每件的成本是 120 元。

如果用加权平均法,需要计算出加权平均的存货成本。

$$存货总成本 = 100 \times 20 + 120 \times 20 = 4400(元)$$

$$加权平均单位成本 = 4400/40 = 110(元)$$

由上可见,加权平均法的单位成本是介于先进先出法和后进先出法之间的。从这个例子可以看出,采用不同的存货计价方法,营业成本不同。不仅如此,留下来的存货价值也不同,因为所有的产品成本,要么被卖掉,变成了营业成本,要么留下来,变成了存货成本。

存货在会计上是一种资产,营业成本在会计上是类似于费用这样减少利润的一个项目。如果把更多的价值分给存货,那么资产就多,成本就低,利润就高;如果把更多的价值分给营业成本,那么营业成本就高,利润就低,资产的价值也低。

在大多数情况下,商品的价格是上涨的,后买进来的东西一般较贵。如果我们用后进先出法,即假设后买进来的东西先被卖掉,那么营业成本就高,利润就低，这时企业缴的税也会比较少，所以**税法上是不允许采用后进先出法的**。

※　　※　　※

虽然营业成本在会计报表上只有一行数字，但算出它来需要会计部门做大量的工作。首先，要分别计算生产过程中耗费的原材料、人工和制造费用。这里的原材料往往不止一种，甚至有成百种上千种的可能，比如制造一架飞机，原材料的种类、数量极其繁复，在计算耗费的原材料时还需要假设哪些原材料先被用掉，生产出来的产成品存货哪个批次先被卖掉。还有更复杂的，比如一个工人在一个月中同时参与了两种产品的生产，一台机器在一个月中加工了两种不同的产品，那么这个工人的工资与这台机器的折旧就需要在两种产品之间进行分摊，如何分摊也会直接影响成本数字。

大家可能认为，分摊就应该按照机器的使用时间、工人在这两种产品上工作的时间来进行，这确实是一种最常见的分摊方法，但有时不一定能直接按照时间，可能更复杂，所以成本核算真的是一个技术活。

························ 小　结 ························

1. 生产过程是指利用人工、机器设备或者办公设备，对原材料进行加工并制作出产品的过程，这个产品可以是有形的，也可以是无形的。生产成本由直接材料（料）、直接人工（工）、制造费用（费）三个部分组成。

2. 生产成本还可以分为固定成本和变动成本，区分的关键就在于成本总量会不会随着产量而变化。
3. 生产成本并不体现在财务报表上，卖掉的产品成本计入营业成本，体现在利润表中，没有卖掉的产品成本计入存货，体现在资产负债表中。由于生产成本受计价方式的影响，所以毛利率并不完全代表企业的盈利水平。
4. 存货的计价方法主要有先进先出法、后进先出法、加权平均法。不同的计价方法对营业成本和存货成本有不同的影响。存货成本高，则资产高，营业成本低，利润高；存货成本低，则资产低，营业成本高，利润低。

思考题

提问：某家企业生产 A 和 B 两种产品，A 产品卖得快，B 产品卖得慢。同一个工人，一部分时间生产 A，一部分时间生产 B。如果把工人的工资更多地分配给 A 产品，相比于更多地分配给 B 产品，它会对公司的利润产生什么影响？

回答：只有在存货被卖掉时，生产成本才会转为营业成本。如果我们把更多的成本分摊给卖得快的产品，就意味着生产成本能更快地转化为营业成本，营业成本自然会更高，利润就会更低。

8
小项目里有大乾坤
"有用"的存货

为什么有的人每天坐在办公室里,反而比那些每天都在生产一线忙碌的人更了解生产?其实,存货数据中蕴含着大量的信息,这些信息透露着企业生产经营的诸多秘密,理解这些信息,可以帮助你更好地管理企业的采购、生产和销售,让其不断焕发新的活力,增强竞争力。

8.1 存货的跌价

8.1.1 什么是存货跌价

我们在第 4 章中提到,如果应收账款收不回来就会变成坏账,从而发生减值,与此类似,存货也会发生减值。但是存货发生减值的原因与应收账款不一样,存货的减值是因为存货的市场价格发生了持续性的下跌,原材料、在产品和产成品都有可能会减值。存货的减值,在会计上叫**存货跌价准备**。可以想象,计提存货跌价准备,就会使得存货资产的账面价值减少,同时也会对利润产生负面影响,会减少利润。虽然名字叫"存货跌价准备",但其实还有一种造成存货减值的原因,就是存货的毁损。比如獐子岛说,由于海里来了冷水团,把公司海参、扇贝的种苗都冻死了(既然死了,就肯定没有价值了),因此计提 37 亿多元的减值。

8.1.2 原材料跌价

原材料的跌价往往出现在一些资源类原材料上,因为资源类材料的价格波动往往比较大,就有可能会导致原材料跌价。比如前几年煤炭价格大幅度下跌,这就使得用煤炭作为原材料的一些企业,可能出现原材料的跌价损失准备。当时的郑州煤电,就对原材料计提了大量的存货跌价准备,以至于达到了原材料金额的 23%。安阳钢铁,它的原材料是铁矿石这种资源类的材料,前两年也因为钢铁行业产能过剩,铁矿石价格下跌,因而计提了 14% 的存货跌价准备。相类似的还有中国铝业,它计提的存货跌价准备达到了存货金额的 10%。

8.1.3 在产品和产成品跌价

在产品和产成品的跌价,有一种可能是它们也是资源类的产品。比如安阳钢铁,它所生产出来的钢材也是大宗商品,往往会面临较大的市场价格波动,因为钢铁行业的不景气,安阳钢铁对其在产品和产成品分别计提了 8% 和 15% 的存货跌价准备。

还有一种可能是产品过时而导致的跌价。比如 2011 年时,汉王科技的主打产品是电子书,类似于 Kindle 的前身。但当时因为 iPad 的出现,电子书销售市场受到了很大的冲击。从 2012 年开始,智能手机变得相当普及,汉王科技的电子书产品面临着被新产品替代的风险,导致它产成品的价格大幅度下跌,跌价超过一半。汉王科技因此而计提了大量的存货跌价准备,达到了当年存货金额的 35%。

8.1.4 存货跌价准备的计提特点

存货跌价准备的计提有一个特点,就是存货跌价的计提不是整体计提,而是分项来计算的,而且某一个存货,它的市场价格上升不会被记录,只有减值才会被记录。比如一家企业有五种产品，其中四种产品的市场价格是上涨的，只有一种产品因为技术落后，面临着被淘汰的风险，所以价格下跌。对于这四种价格上涨的产品，它们价格虽然也有变动，但我们不会在报表上增加它们的账面价值，这是会计计价的一个基本原则，叫**稳健性**或**审慎性**，即**会计只记减值，不记增值**。

　　既然价格有下跌，就会有上涨，那么计提的存货跌价准备能否转回呢？我们在应收账款部分介绍过，应收账款的减值是有可能转回的，其实存货跌价准备也同样可能转回。应收账款的转回是因为我们已经计提为坏账的应收账款又被收回了，**存货跌价准备的转回是因为存货的市场价格又发生了回升，这时就可以转回**。存货跌价准备的转回会让资产的价值增加，同时利润也增加。比如中国铝业曾经在 2015 年的时候，因为铝制品价格的回升而转回了上一年计提的存货跌价准备 14 亿元。

　　就像应收账款计提减值时，有一些企业会少计，而另一些企业会多计一样，存货跌价准备同样存在这两种可能性。有的公司为了避免利润减少，可能会不计提或者少计提存货跌价准备，我们要注意的是，这并不意味着利润就可以永远不受到存货跌价的影响，因为当这些存货被卖出去的时候，存货价格的下跌就会通过销售价格的下降而体现在当年的利润上。所以，企业不计提或者少计提存货跌价准备，只是延缓了利润下降的时间而已。

　　也有一些公司会先过渡性地计提存货跌价准备，然后再把它们转回来，实现利润在不同年度的转移，这个做法跟应收账款坏账的过度计提和转回是类似的。比如有一家公司连续两年都亏损了 100 万元，如果在第一年亏损时，就计提了 1000 万元的存货跌价准备，第一年就会亏损 1100 万元。而第二年再把 1000 万元的存货跌价准备转回，此时的利润就会在原来亏损 100 万元的基础上加上 1000 万元，所以第二年的利润就变成了正的 900 万元。这样，这个公司看上去在第二年就扭亏为盈了，但实际上只是因为公司在两个年度之间重新分配了利润，是会计估计选择的结果（见表 8-1）。

表 8-1 计提存货跌价准备对利润的影响 （单位：万元）

项目	第 1 年	第 2 年	总和
原利润	−100	−100	−200
计提存货跌价准备	−1000	+1000	0
新利润	−1100	900	−200

8.2 存货的周转率

8.2.1 什么是周转率

周转率是一个表现效率的财务指标，表示某一项资产的运营效率。每项资产都可以计算周转率，方法很简单，就是用总收入除以资产账面价值。

$$周转率 = \frac{总收入}{资产账面价值}$$

我们曾经介绍过，所有的企业都在不断地重复着从现金到现金的循环，无论什么行业、什么业务，公司规模大小，初创企业还是成熟企业，都可以抽象成同样的循环过程。每循环一次，就会产生一笔收入。假设现在有 100 元现金，可以购置 100 元的商品，然后把这些商品卖掉，可能产生 110 元的现金收入。用收入再重新购置商品、销售，这样不断循环可以给我们带来更多的收入。如果一年循环 5 次，就可以产生 500 多元的收入。事实上，资产本身的数量并没有太大的改变，比如一直保持着 100 元左右的规模。在这个例子中，资产一年的周转率就是 5 次。

利用上述周转率的定义，我们就可以计算出**存货周转率**。

$$存货周转率 = \frac{年收入总额或年营业成本总额}{年均存货账面价值}$$

其中，年均存货账面价值可以用年初与年末存货账面价值的平均值计算得到。

用收入除以应收账款，就可以得到应收账款周转率。用收入除以存货，就可以得到存货周转率。当存货被卖掉时，存货的价值就会转化成营业成本，营业成本和存货的关系非常密切，所以大家经常用营业成本除以存货来计算存货周转率。无论是用收入，还是用营业成本来计算存货周转率，都是可以接受的，现实中也都有使用，用哪个并没有一定之规，但要说清楚具体用的是什么。

8.2.2 存货周转率的经济含义

1. 周转率和周转周期

周转率的计量单位是"次/年"，表示一年多少次。如果一家公司应收账款的周转率是6，就意味着它的应收账款周转一次需要2个月的时间，即从将商品卖出去到把货款全都收回来，平均需要2个月。存货周转一次的周期则是指从原材料买进来到产成品卖出去的时间，存货周转率为4，说明公司从原材料买入到产成品卖出平均需要3个月。这就是周转率的含义，以上所说的2个月或3个月，叫**周转周期**。

$$周转周期 = \frac{365 天或 12 个月}{周转率}$$

2. 企业的经营循环

采购、生产和销售业务是一个企业日常运营最核心的业务，也是一个完整的业务链条（见图8-1）。这个业务链条是如何发生的呢？接下来我们将采购、生产和销售业务进行整合分析。

第一步，购进原材料，采购时可以一手交钱，一手交货，也可以采用预付货款或应付货款的结算方式，具体选择要看这家企业和供应商的谈判地位如何。购进的原材料还有一个在企业存放、等待被使用的过程，这个过程也会耗费一定的时间。

第二步，生产，生产过程要用到购进的原材料，还需加入人工和制造费用，最后生产出在产品和产成品。

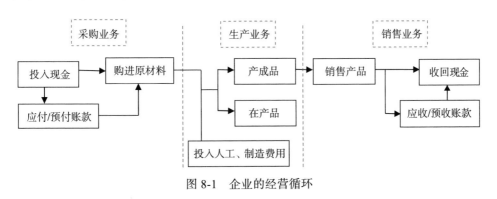

图 8-1　企业的经营循环

第三步，将生产出的产品进行销售。商业企业销售的就是它们直接买进来的商品，服务业销售的是它所提供的服务。产品卖出后会创造收入，但企业同时也失去了这些产品，所以也会产生成本。销售时可以一手交钱，一手交货，也可以采用应收账款或预收账款的结算方式。

如果企业采用一手交钱，一手交货的方式来采购原材料，购进的原材料在企业存放一个月后用于生产，生产过程耗费半个月，生产出的产品平均一个半月被卖掉，卖掉的产品平均两个月将货款全部收回，我们就认为生产经营从现金到现金的循环用了 5 个月的时间。但如果这家企业采购原材料需要预付款项，那么周转一次的时间就会变得更长。

3. 机会成本

在上述现金循环所耗费的这 5 个月时间里，企业将钱用在了生产经营活动上。但如果不把这笔钱用于生产经营，也可以通过其他方式赚钱，比如投资其他的项目，当然最简单的"投资"是存银行收利息。当它被用在了生产经营上，就不得不放弃用在其他地方的可能性。被我们放弃的其他投资途径可能赚到的收益，我们称作**机会成本**，这是一个非常重要的经济学概念。

由于我们选择了这个机会而放弃了其他机会，在其他机会下可以产生的收益就是我们选择这个机会的成本，即机会成本。机会成本可以从两个角度来理解：

第一个角度就是从现金到现金的周期，即从花钱买原材料，到生产出产品，再到卖掉产品收到钱，这个周期越长，这笔钱花在其他地方可能获得的收益就越高，机会成本就越大。

从第二个角度看，如果 5 个月现金循环周转一次，一年共周转 2.4 次，如果能把周转时间缩短为 4 个月，一年就可以周转 3 次。如果每一次循环能产生 100 万元的收入，5 个月周转期，每年的收入是 240 万元，而 4 个月周转期，每年的收入是 300 万元。缩短周转一圈的用时，就可以增加一年周转的圈数，这就是提高运营效率的关键。

8.3 存货周转率反映的管理信息

8.3.1 存货周转的三个阶段

存货周转一次是指从买进原材料到卖出产成品，其实这个过程相当复杂。企业买入原材料，通常不会直接用于生产，而是先存在原材料库中。虽然我们希望原材料积压的时间越短越好，但如果原材料购买太多，生产不能马上消耗，或者采购计划与生产计划不匹配，要很长时间才能用掉原材料库的存货，这势必会增加原材料滞留在仓库的时间。这个原材料的滞留时间就体现了公司的**采购管理能力**。

存货周转的第一个阶段如图 8-2 所示。

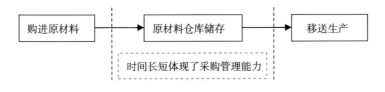

图 8-2　存货周转的第一个阶段

原材料从库房被提出来投放到生产线上,最后变成了产品,这一过程中存货以在产品的形式存在。

存货周转的第二个阶段如图 8-3 所示。

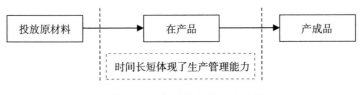

图 8-3　存货周转的第二个阶段

我们同样也希望在产品的时间越短越好。如果公司因为生产技术不过关,以至于生产中还得停下来研究接下来的生产方案,或者生产计划做得不周全,导致生产中停工等情况,都会让周转过程变慢,这体现了公司的**生产管理能力**。

我曾经到一家非常优秀的企业访问,它是全世界这个行业市场占有率最高的企业,也几乎一直是这个行业中最赚钱的企业。我第一次去这家企业时,手里所有的资料就是他们提供的行业介绍和过去三年的财务数据。我当时问了生产部门主管一个问题:"你们企业的生产周期是多长时间?"这里的生产周期是指原材料从库房里提出投放到生产线上,到变成产成品所花费的时间。这位生产主管回答"大概 4 天"。可是财务数据告诉我,这个时间应该是 16 天。

这位生产主管当时很吃惊，因为他在这里管了 10 年生产，一直认为生产周期是 4 天，但他很快意识到我说的 16 天是对的。因为他所说的 4 天是管理层合理预计的理想生产周期，但本来 4 天可以完成的事情，为何却花费了 16 天？原因很简单，这家公司有 20 000 多种不同品类的产品，生产过程中有一道工艺，就是把原材料进行某种处理后放入一个炉子进行煅烧。因为每一批次的产品数量不够大，所以需要凑几个批次才能煅烧一次。虽然真正的生产只用了 4 天，但为了等这个炉子却花了 12 天，这是一个明显的效率上的浪费。

现实中，不可能没有任何等待的时间，但可以想办法尽可能地把等待时间缩短。我和这位生产主管沟通之后，他很快给了我一个答案，只做了一个简单的改变，就是在做生产计划时，让那些更容易凑成一炉子的生产批次放在一起生产，这样就可以大大减少等待时间。这个例子说明生产周期的长短除了决定于生产本身的特性之外，还与生产管理能力密切相关。

第三个阶段，生产出的产成品通常都不会直接发货，而是进入产成品仓库，直到最终卖掉。

存货周转的第三个阶段如图 8-4 所示。

图 8-4　存货周转的第三个阶段

产成品滞留在仓库的时间越短越好。但如果我们的产品不适应市场需要，就不容易卖掉，或者因为销售组织不力，导致产品销售不畅，这些都有可能让产品滞留的时间变长。这一时间的长短体现了企业的**销售能力**。

综上，存货的周转周期可以细分成三个阶段，它们分别与企业的采购、生产和销售业务有关。

8.3.2 存货周转率的分解

由存货周转率的计算推演，我们可以分别得出原材料周转率、在产品周转率和产成品周转率。

$$原材料周转率 = \frac{年收入总额或年成本总额^{\ominus}}{年均原材料账面价值}$$

$$原材料周转周期 = \frac{365 \text{ 天或 } 12 \text{ 个月}}{原材料周转率}$$

原材料周转周期体现了原材料在库房的平均存放时间。

$$在产品周转率 = \frac{年收入总额或年成本总额}{年均在产品账面价值}$$

$$在产品周转周期 = \frac{365 \text{ 天或 } 12 \text{ 个月}}{在产品周转率}$$

在产品周转周期体现了将原材料生产成产成品的平均耗用时间。

$$产成品周转率 = \frac{年收入总额或年成本总额}{年均产成品账面价值}$$

$$产成品周转周期 = \frac{365 \text{ 天或 } 12 \text{ 个月}}{产成品周转率}$$

产成品周转周期体现了产成品在库房的平均存放时间。

例如，某家公司的原材料、在产品和产成品的平均账面价值分别为 100 元、200 元和 300 元，总量是 600 元，而今年的收入是 10 000 元。根据上述公式：

$$存货周转周期 = \frac{365 \times 600}{10\ 000} = 21.9$$

$\ominus$ 一般资产的周转率计算，分子都用收入，只有存货习惯于用成本，但也可以用收入。

$$原材料周转周期 = \frac{365 \times 100}{10\,000} = 3.65$$

$$在产品周转周期 = \frac{365 \times 200}{10\,000} = 7.3$$

$$产成品周转周期 = \frac{365 \times 300}{10\,000} = 10.95$$

存货周转周期 = 3.65 + 7.3 + 10.95 = 21.9（天）≈ 22（天）

存货周转周期等于原材料、在产品和产成品的周转周期之和。

企业还可以分产品、分业务分别计算每种产品的原材料、在产品和产成品的周转周期，我们可以据此了解每种产品的采购过程、生产过程、销售过程管理得如何。再加上应收账款的周转周期，就是采购、生产、销售、回款这个真正完整的业务流程。

小 结

1. 存货由于市场价格发生了持续性的下跌，所以发生减值，在会计上需要计提存货跌价准备。原材料、在产品和产成品都有可能发生减值。存货的减值可能因为市场价格回升而转回。

2. 存货周转周期是指从原材料买进到产成品卖出的时间。存货周转率代表一年内存货周转的次数，它具体可分解为原材料周转率、在产品周转率和产成品周转率，分别反映一家企业的采购过程、生产过程和销售过程的管理情况。

思考题

提问： 可以用什么方法来提升存货周转率？

回答： 根据存货周转率的计算公式

$$存货周转率 = \frac{年收入总额或年营业成本总额}{年均存货账面价值}$$

表面上看，通过增加收入或者减少存货，就可以提高存货的周转率，但实际上这个方法并不那么可行。因为当收入增加时，势必要求企业投入更多的资源，其中也包括存货。比如要扩大收入，就需要扩大生产规模，因此需要持有更多的原材料，还需要留存更多的产成品来满足销售的畅通。此外，当我们减少存货时，由于原材料的采购变少了，产成品也变少了，又有可能会影响销售收入。

其实，存货周转率体现的是企业采购、生产和销售这三项业务本身的运作效率。所以我们可以理解为，提高存货周转率就是指要在具体的业务上精益求精，想方设法加快每一个业务环节的运转效率。比如制定更为精细的预算，从而明确原材料的采购量，降低原材料的滞留时间；进一步规划生产过程，让生产过程能够更有效率地完成，减少生产浪费和停滞；加强促销的手段或提高销售管理水平，减少产成品在库房的存放时间。

| 第5篇 |

统筹薪酬激励,凝聚团队力量

9
每个员工都是"供应商"
职工薪酬

我们每个月都会领工资,这个看似简单的事情其实并不简单,工资不仅对每个企业员工至关重要,也是现代企业赢得市场竞争的核心。本章我们将了解企业的职工薪酬是如何影响财务数据的,以及隐藏在工资背后的那些故事。

9.1 薪酬的项目

薪酬不仅仅指工资,还包括奖金、津贴、补贴,以及那些以货币形式或实物形式发放的福利,为员工支付的各种保险、住房公积金、工会经费、职工教育经费等。除此之外还有一项特殊的薪酬,就是企业与员工解除劳动关系时支付的补偿。

职工薪酬的构成如图9-1所示。

举个例子,某企业员工一个月有2000元的底薪,浮动工资即绩效奖金有5000元,加班费1000元,房补、车补1000元,其他津贴1000元。正好赶上节日,公司还另外发放过节费500元,假设这些钱都是已经扣完税,员工可以实际拿到手的。还有一些我们拿不到手的薪酬,比如企业负担的五险一金,假设一个月800元,企业为员工承担的工会经费,假设100元,这些也全都属于员工的薪酬。

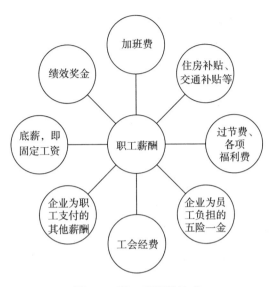

图 9-1 职工薪酬的构成

对于企业来说，**所有为员工支付的工资或者福利都需要进行相应的会计记录。**

职工薪酬福利可以按现金形式发放，也可以按实物形式发放。比如公司开运动会，给每个员工分发的运动服，或者有的单位会给员工发放毛巾、肥皂甚至卫生纸等生活用品。曾经有的公司会给员工福利分房，现在虽然没有福利分房，但可能会给员工提供低价或是免费的临时住房，这也是企业为职工提供薪酬的一部分，都要以货币的形式记录在薪酬范围里。

企业需要记录它支付的所有工资福利，不管是支付给正式员工的，还是支付给临时工的，甚至是支付给职工家人的，比如员工因工伤致残或者死亡，公司为了表示慰问，会向其家人支付一些赡养费。

9.2 薪酬的记录

9.2.1 何时记

企业通常按月发工资，每个月发放上个月的工资，这时员工已经为公司工作了一个月，所以发放工资前都相当于公司欠着员工的钱，属于公司的一项负债，会计部门每月编制财务报表时会记入**应付职工薪酬**。这个负债通常很快就会被偿还，比如某公司每个月 5 日发放上个月的工资，会计部门在月底时记录了应付职工薪酬，这个负债在 5 天后，即 5 日发工资时就被偿还了。只要公司正常支付员工工资，没有拖欠，那么应付职工薪酬体现的就是公司的月薪酬水平。

公司有时会解聘员工，甚至大规模裁员，往往会按照约定给员工一定的补偿，比如一个月或者几个月的工资。那么，一旦公司做出解聘或裁员计划，就意味着它承诺未来要支付给员工一笔钱，这就是企业对员工的负债。这个负债要在做出辞退员工计划时记录下来，而不是等到实际支付时才记录。

9.2.2 如何记

在之前章节介绍生产成本、销售费用和管理费用时，也提到了薪酬。生产成本中包含了人工费用，就是指生产部门员工的薪酬；销售费用中包含了销售人员工资、奖金、福利等；管理费用中包含了所有管理部门人员的薪酬。所以，薪酬一方面会影响负债，即应付职工薪酬这个科目，另一方面也会影响成本和费用项目，从而对利润产生影响。相关会计分录如下：

借：生产成本 / 销售费用 / 管理费用

贷：应付职工薪酬

9.3 复式记账法

会计上的任何一项经济活动，都会至少影响两个会计科目。比如销售，一方面要记录收入，另一方面要记录资产的增加，如果是现金销售就记录现金的增加，如果是赊销就记录应收账款的增加。比如生产，一方面要记录原材料存货的减少，另一方面要记录产成品存货的增加。比如采购，一方面要记录现金的减少或应付账款的增加，另一方面要记录原材料存货的增加。这种会计所独有的记账规则，我们称之为**复式记账法**。

· 复式记账法 ·

复式记账法，即在同一项经济活动发生时，至少同时在两个会计科目中进行记录。通过复式记账法，我们可以了解每一项经济业务的过程和结果。

9.4 权责发生制

为什么企业记录职工薪酬是在每月的月底进行呢？

薪酬虽然还未支付，但员工确实已经为企业工作了一个月，这一个月的工作成果理应是员工获得的收入，所以应该在本月月底进行会计记录，而不能留到下个月，这就是会计上所说的收入和成本/费用时间上的**匹配原则**。

在没有实际支付时，记录相应的成本和费用，在会计上叫作**计提**。月底记录薪酬的过程叫作计提相应的成本或费用。这种不依赖实际上的资产转移或现金支付，而根据收入、费用发生的因果归属关系进行计提的原则，会计上叫作**权责发生制**，即我们不是**以现金的收支来记录经济活动，而是以风险和报酬的转移时间来记录经济活动**。

整个现代财务会计体系都是以权责发生制为基础建立起来的。正是因为有了权责发生制，才产生了应收账款、预收账款、应付账款、预付账款这样的会计科目。如果都是收钱时记录收入、付钱时记录采购，就不会有应收账款、预收账款、应付账款、预付账款这些科目了。以上四个科目在会计上被称为应计项，应计项只有在权责发生制下才会存在。

9.5 从"人"的角度评价公司的效率

从财务的角度看企业,无非关注两件事,一个是效益,另一个是效率。但无论是从效益看,还是从效率看,之前都是只用一些单纯的财务数据,比如用利润率衡量效益,用周转率衡量效率,而没有从"人"的角度去考虑过这个问题。本章讨论的薪酬属于"人"的因素范畴,接下来我们就从"人"的角度来评价企业的效益,尤其是效率。比如生产业务中,我们可以看人均产量,尤其是生产部门的**人均产量**,这体现了生产效率。在销售业务中,则可以看销售部门的**人均收入**,这体现了销售业务的效率。

由之前的财务视角我们知道,资产周转率体现了业务的运作效率。这里的效率不是报表上资产的运作效率,也不是报表上体现的一项特殊资产。这里的资产是指人这一项特殊资产。对于这项资产的效率,我们以人均指标来衡量,比如生产部门的人均产量和销售部门的人均收入,就分别衡量了生产业务中人的效率和销售业务中人的效率。我们还可以根据需要去构造其他人均指标,来衡量在其他业务领域中人的效率。

9.6 应付职工薪酬反映的管理信息

9.6.1 浦发银行的应付职工薪酬

先来看一个例子。财务报表使用者通常关注的是公司的收入、利润、资产情况等,很少有人关注应付职工薪酬。浦发银行2008年2月底公布的2007年报表中的应付职工薪酬项目却引起了媒体的广泛热议。浦发银行2007年报表上列示的应付职工薪酬的金额高达60亿元,如果按照当时的员工人数来计算,60亿元意味着平均每个员工的工资是44万元。或许有人以为应付职工薪酬体现的是公司全年的工资水平,那还不算特别离谱(虽然44万元的年薪在当时已经是一个较高的水平了)。但大家仔细想想会发现,应付职工薪酬这个项目在公司没有拖欠员工工资的情况下，应该体现的是一个月的工资水平：人均月薪 44 万元！

这在当时几乎不可能，大家立刻意识到这个数字的异常，并且有声音指出浦发银行在蓄意隐瞒利润。浦发银行立即做出澄清，声明这部分主要是尚未发放的年终奖，可是仍然物议沸腾。于是浦发银行又改口说是一些历史遗留问题，究竟是什么问题却语焉不详，后来这个问题不了了之。

9.6.2　哈药集团的应付职工薪酬

无独有偶，浦发银行并非个例。因应付职工薪酬而受公众关注的公司，在此之前还有一家——哈药集团。哈药集团在 2000 年年报中披露的应付职工薪酬水平低于浦发银行，只有 7 亿元。但如果按照它的员工人数来计算，平均每人收入 4 万多元。4 万多元在现在并不离谱，但在 2000 年，且哈药集团作为制药企业，会有很多一线工人，每个月 4 万多元的人均薪金水平已经相当之高。当时公众对哈药集团的质疑也是隐藏利润，哈药集团否认了此说法，它解释之所以会有这么多应付职工薪酬，是因为当地税务局采用的是税收包干的方法。就是指过去税法对那些能够在税前列作支出的职工薪酬有金额限制，很多地区是每人每月 1000 元，如果企业采取的是包干的方法，就是按照收入的一定百分比在税前列支薪酬，比如比例定为 1%，那么 1% 的收入可以作为薪酬在税前列支。

哈药集团当时上市不久，筹集了很多的资金，做了大量的广告，市场效果显著，收入大幅增长。因为收入增长迅猛，就导致了可以在税前计提的工资水平也迅速增长，以至于都超过了它真实支付的工资。这个解释听起来靠谱，但后来有记者去当地税务局实地调查，税务局反馈确实曾经与哈药集团有过这样一个协议，但后来因为哈药集团的收入增长太快，双方又重新调整了计划，使得哈药集团按此方法计提的应付职工薪酬不能超过它真实支付的员工工资。由此看来，哈药集团给出的解释并不符合实际情况。

9.6.3 用应付职工薪酬调整利润

以上只是因应付职工薪酬而引起关注的众多例子中的两个。在这两个例子中，公众共同的质疑都指向了公司利用应付职工薪酬来隐藏利润，我们举个例子来分析一下。

如果有一家企业，年薪水平为1亿元，而企业实际的应付职工薪酬和相应的工资费用都是按月来计提的，这里为了简化，我们假设一年才计提一次，那么正常情况下，该企业应该在第一年时记录1亿元的工资，记入应付职工薪酬这项负债，至于工资是属于生产成本，还是销售费用或管理费用，这里就不再详细区分了。

第二年，应该再记录1亿元的工资费用，同时还要再计提1亿元的应付职工薪酬。而在异常的情况下，第一年工资的正常水平是1亿元，却记了2亿元，同时计提了2亿元的应付职工薪酬。就因为这里多记了1亿元，但在支付工资时并不会多支付，还是按照1亿元支付，在支付完工资后，就会留下1亿元的应付职工薪酬。第二年时，本来应该再计1亿元的费用和1亿元的应付职工薪酬，可是现在不再记录任何的工资费用和应付职工薪酬，仅仅是在发工资的时候，把上一年剩余的那1亿元的应付职工薪酬负债冲掉。这样一来我们就会发现，在第一年，比正常情况下1亿元的工资费用多记了1亿元。因此，第一年的利润就会减少1亿元。而第二年的费用少记了，从而利润就会增加（见表9-1）。

结果是：第一年的利润减少了，而第二年的利润增加了。其实两年的利润总额并没有变化，只是在两个年度之间进行了重新分配。这与我们之前所说的先过度计提应收账款的坏账，再把它转回来，或者先过多地计提存货跌价准备再把它转回来，是完全一样的逻辑，都是在两个不同的年度之间重新分配了利润。所以，多计费用的那一年，就会表现出高于正常水平的应付职工薪酬，正常水平是1亿元，这一年就变成了2亿元。

表9-1 通过应付职工薪酬操纵利润的情况　　（单位：亿元）

项目	第1年		第2年		总和	
	正常	异常	正常	异常	正常	异常
计提应付职工薪酬	1	2	1	0	2	2
对利润的影响	−1	−2	−1	0	−2	−2

这就是以上两家公司，公众在关注时会把高于正常水平的应付职工薪酬和隐藏利润联系起来的原因。

而这也告诉我们在阅读报表时需要关注应付职工薪酬，它的水平是否合理，它与同行业其他公司是否具有一定的可比性。

小　结

1. 薪酬不仅指工资，还包括奖金、津贴、补贴，以及那些以货币形式或实物形式发放的福利，为员工支付的各种保险、住房公积金等。
2. 薪酬的记录并不是等到支付时，而是在月底时计提，这体现了权责发生制的原则，即会计记录不依赖于实际上的资产转移或现金支付，而根据收入、费用发生的因果归属关系进行计提。计提薪酬，一方面要记录成本费用项目，另一方面要记录应付职工薪酬负债，这体现了复式记账法，即在同一项经济活动发生时，至少同时在两个会计科目中进行记录。
3. 衡量销量，可以采用人均指标，比如生产部门的人均产量和销售部门的人均收入，就分别衡量了生产业务中人的效率和销售业务中人的效率。

4. 在阅读报表时应该关注应付职工薪酬，它的水平是否合理，它与同行业其他公司是否具有一定的可比性，从而排除通过操纵应付职工薪酬来调整利润的情况。

······ 思考题 ······

提问： 应付职工薪酬异常时，财务数据其他方面可能会有什么表现？

回答： 由于应付职工薪酬和相应的工资费用是体现在营业成本、销售费用或管理费用中的，所以应付职工薪酬负债和那些成本费用是同时记录的，应付职工薪酬异常时，这些成本费用项目肯定也会出现异常。

具体来说，如果过度计提应付职工薪酬，成本费用会增加，利润会减少；而少记应付职工薪酬，成本费用会减少，利润会增加。除了应付职工薪酬科目异常，成本费用在年度之间的波动也是异常的，即成本费用项目占收入的比重会出现年度间的异常波动。

10
给员工戴上"金手铐"
股权激励

近年来,越来越多的企业为了留住核心员工,开始采用股权激励计划等新型的激励手段。这些激励手段就像给员工戴上了一副"金手铐",本章我们将详细了解这副"金手铐"有哪些形式,又会对财务数据产生什么影响。

10.1 认识股权激励

10.1.1 股权激励的形式

上市公司的股权激励主要有两种形式:股票期权和限制性股票(见图10-1)。

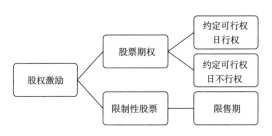

图 10-1 股权激励的一般形式

第一种常见的形式是**股票期权**,这是最常用的。员工如果能达到一定的业绩要求，就可以在约定的时间，按照事先约定的价格购买公司的股票。这里的业绩要求和购买股票的价格、数量以及时间都是事先约定好的。

可以看到，股权激励能否最终实现存在不确定性。可能因为不能满足业绩要求，也可能是事先说好的价格过高，到股票期权可行权时实际的股价比约定价格还低，员工不如直接在二级市场上购买，这时员工就可能选择不按照约定价格去购买股票，这样的做法被称为**不行权**。

股权激励下，员工所承担的责任和享受的收益是不对称的。如果约定可行权日股票的市场价高于约定价，那么按照约定价购买股票就更合算，这时员工就会选择行权，再把低价买到的股票按照市场价格卖出来赚取差价。但如果约定可行权日的市场价低于约定价，员工就会选择不行权，这时员工也不会因为不行权而承担损失。

所以，股权激励的方式只是给了员工获得收益的可能性，并不要求他承担股票下跌的风险。这种类型的金融工具，我们称之为**期权，期权具有风险和收益不对称的特点**。

※　　　※　　　※

如果上市公司制订一个非常宽松的股权激励计划，比如对业绩要求非常低，并允许员工用一个很低的价格去购买股票，事实上就相当于给了员工非常优惠的条件，这对于其他股东来说是不公平的做法。公平起见，证监会规定，公司不能随意压低约定价格。比如证监会要求行权价格不能低于以下两种价格中高的那一种：一种是在发布股权激励计划草案时，公布的前一个交易日公司股票交易的平均价，这个所谓的均价就是前一个市场交易日股票最高价与最低价之间的平均值。另一种就是公布股权激励计划之前的20个交易日、60个交易日或120个交易日的股票价格的均值。注意，这里是指交易日，股市不开市不能算作一天，至于是20个、60个还是120个交易日，可以任意选择。

股权激励具有不确定性。为了体现这一不确定性，就要求：第一，股票期权在授予日和第一次行权日的间隔不能少于12个月。试想一种极端的情况：今天授予，明天就可以行权。因为明天的股票价格是比较容易预测的，所以在授予股票期权时，就知道被授予人未来行权与否了，这样就没有不确定性，与直接发工资没什么区别了。第二，分期行权，每一期的时间间隔不得少于12个月，每一期行权的比例不得超过50%。比如向某员工一共授予了1000股，他每一次的行权不得超过500股。

第二种常见的形式是**限制性股票**。限制性股票并不是约定以后可以以某个价钱购买股票，而是允许员工现在就按照一个较低的价格去购买公司股票，只不过这个股票现在不能卖出，需要有一段时间的**限售期**或称**禁售期**。

限售期之内，不允许将股票用于抵押获得贷款或者偿债，因为这两种方式其实是把股票给变相地卖掉了。当然，职工通过限制性股票计划所购买股票的价格肯定是低于股票市价的，否则这种薪酬激励就失去了意义。但这种低价有一个触底水平线，它不能低于以下两种价格中高的那一种：一种是股权激励计划公布的前一个交易日公司股票价格均价的50%，另一种是股权激励计划公布之前的20个交易日、60个交易日或120个交易日股票均价的50%。这个约定与股票期权类似，但只达到其价格的50%左右。

同时，股票的限售期也不能少于12个月，并且就算解除限售也不能一次性全解除，而只能分期解除，分期解除下相邻两期之间不能少于12个月，每期解除的比例也不能超过50%，这些都与股票期权的具体数字规定类似。

以上两种激励形式都是向员工授予股票，只不过购买的价格和时间不一样。

10.1.2 用作激励的股票来源

用作激励的股票一般有两种来源：一种是公司专门面向这些股东**发的新股**；另一种就是公司**从二级市场上回购**一部分上市交易的股票，并将其卖给员工。这是上市公司常见的方式，但不限于这两种方式，只要是法律允许的方式，均可以使用（见图10-2）。上市公司的股权激励形式是由证监会规定的，非上市公司不必强制遵循这些要求。

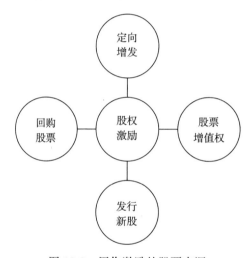

图 10-2　用作激励的股票来源

其他常用的方式还有**股票增值权**。员工不直接持有股票，只是约定享有一定比例的股权，在未来股价上涨时，可以获得由于这部分股价上涨所带来的收益，即只计算价差。比如最初约定员工享有 1 万股的股权，约定时点，假设当时股价为 10 元，后来股价涨到 15 元，那么员工就可以享有中间的价差即 5 元，乘以所持有的 1 万股，共计 5 万元。这种方式的好处就是员工不需要事先掏钱去购买股票，经济压力较小。

公司为什么要用股权激励形式而不是直接给员工发工资呢？股权激励计划，从某种意义上让员工变成了股东，他们会更多地站在股东的利益上来考虑问题，更有动力去努力工作，因为公司做得越好，他们享有的收益就越多。同时，由于股权激励计划需要一个较长的时间才能把收益全部兑现，而且行权还不能一次性完成，需要分期行权，这样一来，就有助于减少公司人员的流动，提高公司员工的忠诚度。

有人称，股权激励是企业给员工戴上的"金手铐"。员工愿意戴上这个手铐，肯定是好处更多，这可以降低公司当期支付现金的压力，尤其适用于创业公司。

10.1.3 股权激励在中国的使用现状

由于非上市公司的信息难以获取，我们主要统计上市公司的情况（见图10-3）。

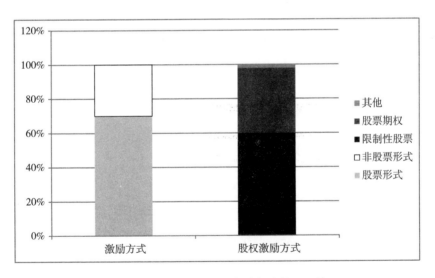

图10-3 上市公司股权激励方式使用现状

根据证监会公布的数据，大约有70%的上市公司都使用了股权激励，其中使用限制性股票的占60%，使用股票期权的占38%。由此可见，绝大多数上市公司使用的股权激励方式或是限制性股票，或是股票期权。至于股票的来源，80% 的公司是以发行新股作为股票的来源。有约 80% 的公司采用的业绩考核指标是**净利润增长率和净资产收益率**^㊀（这是一个衡量股东投资回报的指标）。

此外，根据《上市公司股权激励管理办法》的规定，上市公司全部有效的股权激励计划所涉及的股票总数累计不得超过公司股本总额的 10%。即所有受到股权激励的员工，他们所持有的股份总数不能超过公司股票总数的 10%。其中任何单个激励对象所持股票数不得超过公司股本总额的 1%，这里不包括已经是公司大股东的人。绝大部分上市公司股权激励的总量只占股份总数的 5%，甚至更低；股权激励的总量占股份总数在 5% 以下的公司占上市公司总数的 93%；股权激励的总量占股份总数在 3% 的公司占上市公司总数的 71.3%。这意味着，绝大部分公司授予的股权激励总量并不大，同时激励人数一般都在 100 人以上，因而个人所持股票平均数量占公司总股本数量远远达不到 1%，只有万分之五的水平。

10.2 股权激励的实施

10.2.1 以岭药业的股权激励

我们先看一个例子。以岭药业在 2013 年 3 月 15 日公布了一个股权激励计划，据披露，该公司决定对其 141 位员工授予共计 458 万份的股票期权以及 1159.2 万份的限制性股票。激励的对象主要是公司的高中层管理者和核心业务人员、技术人员。所涉及股份约占股本总额的 2.97%。首次授予的股票期权，行权价格是 25.12 元，限制性股票的首次授予价格是 12.78 元。行权分三期进行，将 2013 年 10 月 28 日定为授权日，高管获得的股权激励占其中的 20%，中层管理者和核心技术、业务人员获得剩下的 80%。

㊀ 净资产收益率是公司税后利润除以净资产得到的百分比，该指标反映股东的收益水平。

这个计划很复杂，涉及很多概念。首先就是**制订计划的时间**或称公布计划的时间，即 2013 年 3 月 15 日。接下来是**授权日** 2013 年 10 月 28 日，即激励计划获得批准的日期。所谓获得批准，就是董事会、股东大会的与会股东们大部分同意实行计划，员工也认可该计划。如果是上市公司，还需要获得证监会的批准；如果是国有企业，还要获得相关的国有股权管理部门的批准。所以，授权日每家公司需要达到的标准不尽相同，但授权这个概念的内涵是比较一致的。

以岭药业的激励对象包括高中层管理者，以及核心的技术、业务人员，共计 141 人。公司实施股权激励计划时，需要把每一个被激励人的名字，以及他所获得的股份数量、行权条件、价格一一列示出来。

以岭药业使用了两种激励方式，一种是股票期权，另一种是限制性股票。因为使用了股票期权，这里就涉及**股票期权行权价格** 25.1 元；限制性股票涉及**授予价格**，即现在允许员工以 12.78 元购买该部分股票。由上可见，限制性股票给员工的购买价格比较低，约为股票期权行权价的 50%。

我们再来看**行权期**，该股票期权计划长达三年，等待期是一年，分三期来逐步完成。行权日是指按照约定可以购买股票的日期，比如在 2013 年 10 月 28 日正式授权，等待期一年，那么第一次可行权的日期就是 2014 年 10 月 28 日，之后 2015 年 10 月 28 日和 2016 年 10 月 28 日可以再次行权。

※　　※　　※

其次，以岭药业的股权激励方案还规定了**财务业绩的考核指标为净利润增长率和加权平均净资产收益率**。激励计划还约定，相比 2012 年的净利润，2014～2016 年三年间的净利润增长率应该不低于 81%、122% 和 174%，三年间的加权平均净资产收益率不低于 6%、7% 和 8%。公司 2012 年的净利润是 1.66 亿元，由此可以测算，约定行权的业绩要求为：

2014 年净利润应大于 1.66×（1+81%）≈3 亿元。

2015 年净利润应大于 1.66×（1+122%）≈3.69 亿元。

2016 年净利润应大于 1.66×（1+174%）≈4.55 亿元。

该业绩条件是事先约定的。没有达到是不可以行权的。但如果是限制性股票，即使没有达到业绩条件也是可以行权的。

※　　※　　※

最后，以岭药业对股票期权的**可行权数量**和**行权期**都进行了限制，规定了三个行权期，可行权数量分别为 20%、30% 和 50%，也就是说每次行权可以购买预先授予股票总量的 20%、30% 和 50%，对于限制性股票还规定了两年的禁售期。不仅如此，以岭药业还对禁售的条件做出了一些限制，如果激励对象是企业的董事和高层管理者，那么在为公司服务期间，每年售出公司股票的数量不得高于他所拥有总股票数的 1/4，也就是说每年最多能卖 1/4 的股份，离职之后半年内不允许卖出所获得的股份。如果违反了禁售规定，公司会全权收回相应的出售部分经济利益。以上条款限制了被授予股票的人出售股票套现的时间和比例。

10.2.2 华为公司的股权激励

我们再看一个非上市公司的例子——华为。华为是一家在它创始之初就实行了股权激励计划的典型非上市公司。当时它的股权激励计划就规定，员工的参股价格是每股 10 元。但因为是非上市公司，其股票没有渠道可以公开售卖，只能靠分红获得收益，所以公司每年都会把税后利润的 15% 作为分红分给员工。因而，华为员工的薪酬就由三个部分组成：工资、奖金、股票分红。

华为的股权激励对员工的入职年限有一定要求，只有在员工入职一年以后，才能根据职位和工作业绩等量化指标来确定可购买的股票数量，而且华为一般是直接用年终奖来替员工购买股票的，公司因此并不需要真正支付现金。

华为的股权激励计划有很多的优点。它可以帮助华为更好地留住员工，减少员工的流动和跳槽，同时也减少了现金的支出。华为这样的公司需要大量的研发人员，如果这些掌握研发技术的人员频繁跳槽，势必对公司非常不利；而这些人的工资水平又相对较高，用年终奖购买公司股票减少了现金的支出，那些本应该发给员工的奖金作为为员工购买股票的支出又回到了公司。

后来，华为对股权激励计划进行了一定的修正，包括从直接买股票变成了授予期权或者限制性股票；分红也不再是简单的固定分红，而是按照公司股东价值增加的部分来分红；后来还规定了股权兑现的锁定期，员工在锁定期内离职，所获股权作废。可以看到，后来的这些修订使得股权激励计划具有了更强的激励作用。

股权激励计划并非上市公司的专利，只要具体条款满足监管要求，大可以根据公司自己的需要来设计。

10.3 股权激励的会计和税务问题

我们主要讨论三个问题：一是股权激励计划的会计记录，二是所涉及的企业所得税，三是所涉及的个人所得税。

10.3.1 会计记录

从本质上看，股权激励计划也是一种薪酬形式，虽然减少了公司的现金支出，但是并不减少成本费用的记录。公司还是要像支付工资性薪酬一样来记录相应的工资费用，只不过在什么时候记录、记录多少的问题上有些复杂。

我们先来回顾一下股权激励计划的具体流程（见图10-4）。

首先是**股权激励计划的制订日**，即草案公布的日期，对非上市公司来说就是制订计划的日期。虽然制订了一个股权激励计划，但最后能不能获得批准并不知道，所以在制订时会计上是没有办法记录的。

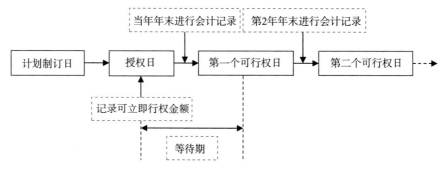

图 10-4　股权激励计划的流程

接下来就是授权日，即股权激励计划得到批准的日期。在这个日期，股权激励计划有一些条款是可以立即行权的，对这些条款可以立即做出会计处理。但大多数情况下，股权激励计划不是可以马上行权的，需要一个等待期。也正因为这个等待期的存在，股权激励计划最后能不能被执行，是不确定的，所以在授权日也不需要做任何会计处理。

接下来在股权激励计划的存续期间，如果公司是以回购股份的形式来支付给员工，就需要在等待期每年的年末，按照股票在授权日的公允价值来记录工资的成本和费用。

※　　※　　※

以以岭药业为例（见图10-5），股权激励计划的草案公布日是 2013 年 3 月 15 日，直到 2013 年 10 月 28 日获得批准，在这期间是不需要做会计处理的。这个股权激励计划的存续期是3年,等待期为1年。于是第一个可行权日就是2014年10月28日。第一次需要进行会计处理的时间,不是2014年10月28日,而应该是2013年12月31日。在这一天要去估算可行权的股票数量,需要综合考虑公司完成业绩目标的可能性,以及到第一个行权日时的股价,从而估计员工愿不愿意去行权。

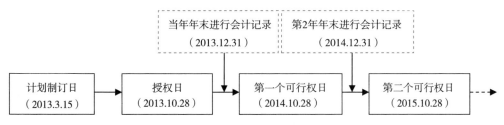

图10-5 以岭药业的股权激励计划流程

假设估计第一次员工会行权5万股股票,就需要按照授权,也就是按2013年10月28日这一天股票的公允价值乘以5万股来记录公司的成本费用。所谓公允价值[⊖],可以理解为市场价格与行权价之差。假设那天的市场价格与行权价之差是20元,100(=20×5)万元就是2013年10月28日至2014年10月27日这一个年度中因为股权激励而发生的工资成本费用,就需要将100万元分摊在2013年10月28日至2014年10月27日的这整个期间中:2013年的分摊比例为65/365,因为从10月28日至12月31日是65天;2014年的分摊比例为剩余的300/365。到2014年12月31日,也就是第二个年末还要估计第二个可行权日员工会行权的股票数量,即还是用2013年10月28日这一天的市场价格与行权价之差来计算公允价值,计入公司的成本和费用,并且这个工资成本费用也要在2014年和2015年这两个会计年度进行分摊。到了2015年12月31日,还需要再做一笔类似的会计处理。

由上可见,股权激励计划的会计处理比较复杂。

⊖ 也可使用期权定价模型计算。

10.3.2 企业所得税

由于股权激励计划，公司需要记录相应的工资费用，就会相应地减少利润，同时也会减少缴纳的企业所得税，但税法上扣除工资费用的规定与会计上有所区别。对于那些可以立即执行的股权激励计划，公司可根据实际行权时股票的公允价格和员工实际支付价格的差额，以及行权的股票数量，来计算当年上市公司工资薪金的支出。举个例子，比如行权日股价是 20 元，员工支付的行权价格是 12 元，差价即为 8 元。如果一共授予员工 10 万股的股票，就相当于公司给员工支付了 80 万元的薪酬。这 80 万元允许作为薪酬的成本费用抵减所得税。

对于有等待期的股权激励计划，会计会在每年年末都记录工资费用，但税法上规定必须等到实际行权时，才能按照股票公允价格和行权价格的差额，以及行权股票的数量来计算当年上市公司的工资薪金支出。所以，不管有无等待期，税法上记录工资费用的时间都是行权日期，记录的金额都是股票的收盘价和行权价的差额，再乘以行权的股票数量。

以上都是对于上市公司的规定，对于非上市公司而言，可参照此规定来执行。

10.3.3 个人所得税

既然股权激励是支付给员工的一种薪酬，自然也会涉及员工的个人所得税问题。然而，这种薪酬方式又不同于工资性薪酬，工资性薪酬除了免税的"五险一金"外，都是按照工资薪金所得来缴纳个人所得税的，且公司应履行代扣代缴这部分个人所得税的义务。股权激励计划中的个人所得税相对复杂，我们接下来详细分析。

首先是交个人所得税的时间。对于上市公司而言，税法规定在股权激励计划行权日之后的 12 个月内缴纳个人所得税，即有 12 个月的宽限期。对于非上市公司而言，计算的时间不是从行权日算起，而是从股份转让时开始计算，如果不发生股份转让，就不需要缴纳个人所得税，新三板的公司也是依据非上市公司的规定。

其次是交个人所得税的比率。上市公司的股权激励计划所获得的薪酬使用的是工资薪金所得的超额累进税率（见表10-1），从5%开始，每增加一定的数额就增加一档税率，最高税率可达45%。对于非上市公司，因为是在股份转让时才需要缴纳个人所得税，所以按照财产转让来计算个人所得税，税率是20%。如果股权激励计划涉及的薪酬水平比较高，非上市公司20%的税率就更为划算。

表 10-1 个人所得税税率表

级数	含税级距	税率 (%)	速算扣除数
1	不超过 1500 元的	3	0
2	超过 1500 元至 4500 元的部分	10	105
3	超过 4500 元至 9000 元的部分	20	555
4	超过 9000 元至 35 000 元的部分	25	1005
5	超过 35 000 元至 55 000 元的部分	30	2755
6	超过 55 000 元至 80 000 元的部分	35	5505
7	超过 80 000 元的部分	45	13 505

小 结

1. 股权激励主要有两种形式：股票期权和限制性股票。用作激励的股票一般有两种来源：发行的新股和从二级市场回购的股票。
2. 以以岭药业和华为公司为例介绍了股权激励的实施过程及对公司的帮助。
3. 股权激励减少了公司的现金支付，但不会减少工资费用的总额。

由于股权激励是分期记录的,所以还是可以减缓对利润的冲击。
4. 股权激励的会计记录可能发生在行权日之前,而税法允许扣除工资费用的时间为实际行权日。

思考题

提问:在采用股权激励计划时,公司是否会有操纵利润的动机?

回答:股权激励是指公司和员工事先约定一个行权价,当员工达到了一定的业绩水平后,就可以按照事先约定的价格来购买公司的股票。这很容易让人想到企业高管有利润操纵的动机。

首先,可能为了达到业绩标准而操纵利润。因为如果不达到业绩标准,事先约定的行权价格就作废了。所以最好在股权激励等待期中把利润做高。除此之外,行权价格越低,对于被激励的高管来说越有利。但是行权价格是有规定的,对于上市公司而言,此价格是以发布股权激励计划之前的一段时间内的市场价格来确定的。那么高管就有动机在宣布股权激励计划之前把这个价格压低,有的公司可能会发布坏消息,股票市场就会做出消极的反应,有的公司会等待一个股价相对较低的时间去宣布股权激励计划,也有的公司会通过压低前期利润来压低股票价格。

其次,还有一种原因会导致利润操纵的行为。在实施股权激励计划之后,股权激励的相应成本也会体现在工资费用当中,为了减少实施股权激励计划之后记录的工资费用,抬高利润,公司也可能会产生利润操纵的动机。具体的做法可以是在两个不同的会计期间去影响工资费用的分摊,或者也有公司通过改变股票公允价值的计价方法,来实现对利润的操纵。

| 第6篇 |

弄潮资本市场，助你如虎添翼

11
企业不可承受之"重"
固定资产

固定资产是企业最简单的投资,却是企业的一项重要资产,它看起来实实在在,但也可能变成一堆废铜烂铁。本章我们来看看企业如何购买"大件",又该如何管理"大件",让它占用更少的资金,发挥更大的效益,同时降低持有的风险。

11.1 企业的投资

11.1.1 投资的类型

1. 对内投资

企业的投资分为对内投资和对外投资(见图11-1)。对内投资是指企业在自身法律边界之内的投资,也就是对自己公司内的投资,没有投到其他公司去。这样的投资通常会形成**固定资产**或**无形资产**,固定资产比较常见,比如房子、汽车、电脑、家具等;无形资产大家也不陌生,比如商标、专利、专有技术、版权、特许经营权等;还有一类大家可能不太熟悉的,比如商誉,它也是一种无形资产,在中国,土地使用权也是无形资产。

11 企业不可承受之"重":固定资产 113

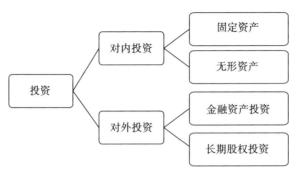

图 11-1 企业投资的类型

2. 对外投资

对外投资是指超出企业法律边界的投资,就是指投资到其他的公司了。对外投资可以包括不同的类型,比如金融资产投资,最常见的就是购买其他公司的股票、债券等,这些金融资产在会计上的主要特点就是必须按照公允价值[⊖]计价。所谓按照公允价值计价,简单地理解,就是按照金融资产当前的市场价格来计价,而其他大部分资产都是按照购买时的价格来计价的。

金融资产投资可以是股权类的投资,比如购买上市公司股票,或者购买基金、期权等金融资产。会计上我们把金融资产又分为以公允价值计量,并且公允价值变动计入当期损益的金融资产,和以公允价值计量,并且公允价值变动计入其他综合收益的金融资产,它们的共同之处就是都需要按照当前的市场价格来计价;它们的不同在于,以公允价值计量,并且公允价值变动计入当期损益的金融资产的价格波动会直接反映在利润中,而以公允价值计量,并且公允价值变动计入其他综合收益的金融资产的价格波动只影响资产的价值,却不影响利润。另一类金融资产是债权类的,比如购买其他公司发行的债券,或者政府、国家发行的债券,会计上我们称其为**以摊余成本计量**

⊖ 公允价值的具体概念将在第 13 章详细介绍。

的金融资产，这类金融资产的计量比较简单，通常按照购买时的价格来记录（分类见图 11-2）。

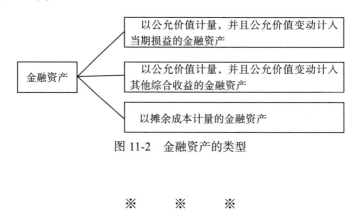

图 11-2　金融资产的类型

※　　※　　※

以上介绍的金融资产通常都是短期持有的，还有一类长期持有的投资，称为**长期股权投资**，比如对子公司的投资或者是参股的联营、合营企业。股权投资又分成两种不同的类型，分别按照控制权的大小来界定。

第一类是有控制权的长期股权投资，即通常所说的**控股**。**一般按照 50%以上的股权比例来界定**是不是拥有控制权，但这并非唯一标准，**关键看在董事会或股东大会上是否有重大事项的控制权**。比如第一大股东只持有 30% 的股份，但其他股东持有股份都很少，第二大股东持股比例也不超过 5%，这时第一大股东在董事会和股东大会上可能拥有真正的控制权。有的公司可能会在表决权方面有一些特殊的安排，比如虽然都是持有一股，但在进行表决时的投票权是不一样的，有的股东拥有比其他人更多的权利，就是所谓的**同股不同权**。这种做法在有些国家和地区是不允许的，比如阿里巴巴曾在我国香港上市，后来就因为同股不同权，不满足香港联交所的要求，于是从香港联交所退市，去美国纳斯达克上市。阿里巴巴之所以不采取同股同权，就是因为它有一个 28 人的委员会，这个委员会是由包括马云在内的创始人团队和核心管理层组成的，具有一定的超越其他股东的权利。其中最重要的权利就是他们具有选择董事会成员的权利，虽然他们不是直接指定董事会成员，但如果他们推荐的董事会成员没有得到批准，他们有权重新选择其他他们认为合适的董事会成员，直到被批准为止。所以，从本质上看，他们是拥有对董事会的控制权的。

第二类是没有控制权但能够施加重大影响的，也就是通常所说的**参股**，**一般按照 20% ~ 50% 的持股比例来界定**。参股情况下，我们将被投资企业视为投资企业的一部分，按照被投资企业的盈亏状况和持股比例来记录投资企业的收益或损失。

还有一种股权投资连重大影响也算不上，虽然也是**参股**，但通常**小于 20% 的持股比例**。这种投资只是持有了一部分股份，按现行会计准则被归入金融资产。

※　※　※

另外，还有一类比较特殊的对外投资——**兼并收购**，这是资本市场的热门话题。买一家公司和买其他任何东西一样，在完成购买的当天需要进行会计处理，叫作收购日的会计处理。具体的会计处理方法，要看收购方和被收购方之间有没有间接的股权关系。除此之外，有时还可能是**反向收购**，即大家熟悉的借壳上市，这时的会计处理会变得更加复杂。

11.1.2　流动资产和长期资产

在前面的章节中，我们讨论过很多资产项目，比如现金、应收账款、预付账款、存货，它们有一个共同的名字——流动资产。与这些相对的，接下来要讨论的都属于长期资产。那么，流动资产和长期资产的关系如何呢？

举个例子，存货属于流动资产，典型的代表就是原材料，而固定资产可能包括房子、汽车、设备等。无论是原材料还是生产设备，都是一家企业生产产品必不可少的条件。

企业的业务是在不断重复着一个从现金到现金周而复始的循环过程。企业买进原材料，很快就会将它转化成产品，再把产品卖掉，获得收款的权利，把货款回收从而变成现金。由此可见，原材料变成现金的时间较短。

而生产设备是通过磨损自己生产出产品的。在此过程中，它的一部分价值会转化为产品，把产品卖掉，回收货款变成现金。但是，生产设备是一项长期使用的资产，在每一个从现金到现金的循环中，它只是把一部分价值变成了现金，还需要经过若干个循环才能把全部价值变成现金。

所以，**能在一个循环中变成钱的资产就是流动资产，需要若干个循环才能全部变成钱的资产就是长期资产。**

11.2 固定资产

11.2.1 什么是固定资产

固定资产在日常生活中很常见，比如房屋建筑，但它可以有不同的用途，可以用作厂房，可以作为销售场所，也可以作为办公楼。无论具体用途如何，我们都称其为房屋建筑类固定资产。比如汽车、轮船、飞机，都属于运输工具类固定资产。比如机械、电子设备也是固定资产。但那些可使用寿命长，但单位价值低的物品，如 U 盘，就不能被称为固定资产。至于最低价值到底是多少，并没有标准答案，常见的是以 2000 元为标准，高于 2000 元的，叫作固定资产，否则就认为它是低值易耗品。但是这个标准不是固定的，企业可以根据自身情况来确定标准。

11 企业不可承受之"重":固定资产

※　　※　　※

固定资产占总资产的比重,行业之间差异很大(见图11-3)。比如房地产上市公司中,固定资产占总资产比重的平均水平是3%,数字较小,这说明房地产行业属于轻资产行业。房地产公司不需要亲自建造房屋,所以不需要持有建造设备,它主要从事项目的策划、销售以及后续服务等,不需要重资产投入。

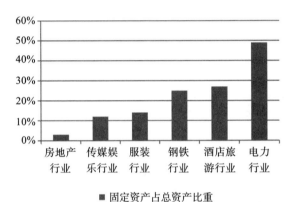

图11-3　不同行业上市公司固定资产占总资产比重的比较

传媒娱乐行业也是轻资产行业,它不需要大量的设备投入,它的设备中单价较高的主要是摄像机,但投入总额并不很大,与房地产行业相比要重一些。传媒娱乐行业上市公司中,固定资产占总资产比重的平均水平是12%,可能比我们想象的还要高一些。

与传媒娱乐行业相类似的是服装行业,它需要一定的设备投入,比如专业的缝纫机,有时还会有一些自动化程度很高的服装生产线,它们的单价相当高。服装行业上市企业中,固定资产占总资产比重的平均水平是14%,与传媒娱乐行业接近。

我们通常认为钢铁行业属于重资产行业，事实也的确如此。钢铁行业上市公司中，固定资产占总资产比重的平均水平是25%，这可能比我们想象的稍微低一些，因为钢铁行业有大量的固定资产投入，比如高炉的价值就很高。

与钢铁行业类似的是酒店旅游行业，该行业上市公司固定资产占总资产比重的平均水平是27%。酒店旅游行业的固定资产投入主要是酒店大楼、客房，旅游公司可能还有车辆投入，甚至一些旅游景点本身也是一项固定资产投入。

其实，还有比以上所述行业资产重得多的行业，比如电力行业。我国电力行业上市公司固定资产占总资产比重的平均水平达到了49%，近一半的资产都是固定资产，可见电力企业发电需要大量的设备投入。

11.2.2 重资产对企业的影响

首先是对成本的影响。会计上用折旧来记录固定资产在使用过程中的损耗，生产设备和厂房的折旧属于生产成本，销售场所的折旧属于销售费用，办公楼的折旧属于管理费用。

折旧从性质上看属于固定成本，即总量不随产量的变化而变化：只要设备在生产能力范围之内，不管是满负荷运转、发挥50%的产能，还是停工闲置，折旧的金额都是一样的。由此可见，产量越大，每个产品分摊的成本就越低，这就是所谓的规模经济性。所有固定成本较高的行业都具有规模经济性，重资产行业可以通过扩大产量来达到降低成本的目的。

重资产的另外一个影响就是会占用企业大量的资金。固定资产资金数额较大，就意味着回收期也较长，而且重资产行业的流动性较差，容易引发财务危机。

11.2.3 固定资产投资的决策机制

固定资产投资往往是金额较大、占用资金周期较长的投资项目，所以在企业内部的决策过程比较复杂。企业会在投资前期进行可行性分析，其中经济可行性是重要的组成部分。经济是否可行，其主要依据就是这个项目的**净现值**是否大于零，即收益是否大于成本。如果净现值大于零，说明收益大于成本，那么项目可行；如果净现值小于零，说明收益不能弥补成本，那么项目就不可行。

投资一个项目，它的成本当前就需要支付，而收益通常只能在未来获得。比如现在投入 1000 万元成本，在未来的 5 年中，每年可以获得 300 万元的回报，这就是一个典型的项目投资决策案例。如果仅仅用 5 年的回报总额扣除当下的成本，那么计算还比较简单，但仔细一想，其实这个问题还有更复杂的一层，就是不同时间点获得的钱，它的价值是不相等的。越早获得的钱就越值钱，比如今年收获了 100 元，如果马上拿去投资，到明年就可能获得 110 元。由此我们认为，今年的 100 元和明年的 110 元的价值是相等的，这个差额 10 元在会计中被称为**资金的时间价值**。

所以，不同时间点获得的收益，不能够简单地相加，需要折算成同一个时间点的钱才能够进行加减。把不同时间点上的钱折算成现在的钱，当前的货币价值就叫作**未来收益的现值**（见图 11-4）。

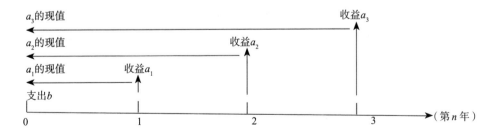

图 11-4　未来收益的现值

如果用所有未来收益的现值之和减去当前就需要支付的成本（a_1 的现值 + a_2 的现值 + a_3 的现值 − 支出 b），所得的差额就叫**净现值**。净现值大于零，就表示收益大于成本。

公司在进行投资项目决策时，需要估计该项目开始之后**增加**的收益和成本。注意"增加"二字，是指我们并不是去计算企业整体的收益和成本，而是这个项目所引起的收益和成本的变化。将每一项收益和成本的变化都计算出来之后，相减得到每一期的净收益，然后折算成当前的货币价值，加总后减去当前需要支付的成本，就可以得到净现值（举例见表 11-1）。

表 11-1　投资决策时净现值的计算举例　　　　　　　（单位：元）

项　目	第 0 期（当前）投入成本	第 1 期	第 2 期	第 3 期
增加的收入	0	700	700	700
增加的支出	500	400	400	400
净收益	−500	300	300	300
折算成当前的货币价值	−500	$300/(1+10\%) \approx 273$	$300/(1+10\%)^2 \approx 248$	$300/(1+10\%)^3 \approx 225$
净现值	−500+273+248+225=246			

注：假设折算系数为 10%。

以上逻辑看似简单，在实际操作中却很复杂。首先，新增的收益和成本都需要对每一个细节进行详细估计才能得到。其次，把未来的钱折算成现在的钱，需要使用折算系数，我们称其为**贴现率**。贴现率没有标准的答案，需要根据企业和项目的具体情况来测算和估计。一般来说，风险高的项目折算时打的折扣大，风险小的项目折算时打的折扣小。最后，所有未来的资金流都是估计值，可能会有误差，如果估计得乐观，项目就可行，估计得悲观，项目就不可行。

由于以上因素，企业在做可行性分析时，即便计算出项目的净现值大于零，也不能保证项目就一定赚钱。净现值只是辅助决策的工具，而不能成为我们判断项目是否可行的决定性依据。投资决策有科学的成分，也有相当大的艺术的成分。

11.3 将重资产变轻

对于重资产行业，可能有 1/4 以上的资产都是固定资产，甚至有的行业超过 1/2 的资金都是被固定资产占用的。我们有可能让它变轻一些吗？有没有什么办法可以减少这些资金的占用？

租赁就是一个可行的办法。因为租金不是一次性支付，而是分期支付的。不过，用租赁来减少资金占用并没有那么简单，我们具体看一看租赁过程中有哪些需要考虑的问题。

11.3.1 租赁与购买的区别

最直观的感受是，购买通常都是一次性付款，而租赁是分期付款的。但细想一下，现在买东西也可以分期付款，所以是一次性支付还是分期支付，并不是租赁和购买的本质区别。

要想了解租赁和购买的真正区别，我们就需要从会计的角度来看一看租赁的整个流程。在会计上，购买资产通常会记录在固定资产科目中，如果是用银行存款来支付的，那么同时还会减少银行存款这项资产。通常情况下，固定资产投资的金额较大，企业可能一时拿不出那么一大笔钱，或者它觉得全部用自己的钱购买不合算，所以它可能会去借钱，比如通过银行贷款来支持这个固定资产投资项目。如果是这样，我们一方面需要增加固定资产科目的数额，另一方面需要增加短期或长期借款这个负债项目的数额，也就指会计上会同时增加资产和负债这两个项目。

※　※　※

租赁的会计处理就更为复杂了，作为承租方，签订租赁合同之后，需要根据合同条款来界定租赁的类型。租赁可分成两类：一类是**经营性租赁**，另一类是**融资性租赁**（见图11-5）。

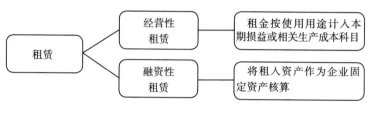

图11-5　租赁的类型

我们通常所理解的租赁是经营性租赁，就是指我们并不拥有这项资产，只是通过支付使用费来获得资产的使用权。而融资性租赁则不一样，会计上认为融资性租赁的本质就是分期付款购买一项资产，所以它其实是获得了资产的所有权，而支付的租金实际上是在偿还购买资产时所欠的债务。

那么，如何区分经营性租赁和融资性租赁呢？

一般而言，或是租期很长，比如一项资产的预计可使用寿命是10年，结果这家公司租了8年；或是金额很大，比如购买这项资产的市场价值是100万元，结果租赁花费了90万元；或是双方事先有约定租赁期满后，这项资产归承租方所有。值得注意的是，以上三个条件满足任何一个就可以认定为融资租赁，其本质就是分期付款来购买资产。因此在签订租赁合同时，需要像购买资产一样去确认一项固定资产，同时要把租赁合同约定的租金全额确认为一项负债，这项负债在会计上叫作**长期应付款**。**融资性租赁既要记录相应的固定资产，也要记录相应的负债。**

经营性租赁，公司只获得了资产的使用权，所以是不记录固定资产的，同时也不记录负债，只在支付租金时记入相应的费用中。如果租的是厂房、设备，就计入生产成本；如果租的是营业场所，就计入销售费用；如果租的是办公楼，那就计入管理费用。由上可见，经营性租赁其实是一种**表外业务，不在报表上记录相应的资产，也不在报表上记录相应的负债。**

※　　※　　※

这有一个很有趣的问题，就是企业完全可以通过合约的调整，把一个融资性租赁变成两个经营性租赁，但其经济实质并没有改变。比如航空公司可以购买飞机，也可以租用飞机。按照现行的会计准则，这项租赁既可以安排成经营性租赁，也可以安排成融资性租赁。如果这家航空公司不想记录相应的资产和负债，就可以把原来计划租10年的飞机，变成只租5年，等到租赁期满之后，再重新租一架飞机。像航空公司，只要经营就势必要租飞机或买飞机，至于租赁期到底是10年还是5年并未改变它经济行为的本质。所以本质上看，经营性租赁和融资性租赁并没有那么大的差异，而会计处理却可能差异很大。但是2019年1月1日起实施了新的《企业会计准则第21号——租赁》，在新准则下，不再有经营性租赁，只有短期租赁或小金额租赁，仍可参照原来经营性租赁的会计处理方法，其他租赁都要以融资租赁记录。只是新准则于2021年1月1日起才在所有企业全面执行。

11.3.2　租赁是否比购买更合算

租赁行为的本质是分期付款购买资产，它可以减少资金的占用，使资金的灵活性更强。同时我们也需要知道，租赁并不一定就比购买更合算。所谓合算，就是更省钱或者更赚钱。

租赁公司借钱给企业投资固定资产。既然借钱给企业，就一定会收利息，而且租赁公司收的利息一般比银行贷款要高。如果这项利息费用大于借钱赚来的收益，租赁就不合算了。如果租赁在财务上是合算的，可是固定资产已经购置进来了，我们还有办法把投入到固定资产中的钱腾出来做其他的事。这时就可以使用**售后租回**业务，也就是找一家租赁公司，把固定资产卖给它，然后再从它那里租回这项固定资产。在这一过程中，资产并没有发生任何物理上的改变，不需要把这项资产拆卸、运送给租赁公司，只是一种财务上的安排，是一种常见的把资产由重变轻的方式。

思考题

提问： 经营性租赁和融资性租赁对于企业的总资产周转率和净利润率会有什么不同的影响？

回答： 在经营性租赁的情况下，我们既不记录固定资产，也不记录负债，因此资产和负债就都会比较少。但不论是经营性租赁还是融资性租赁，都不会影响公司的收入。

$$总资产周转率 = 总收入 / 总资产$$

在经营性租赁的情况之下，因为收入没变，但是资产较少，所以总资产周转率就较高。

在利润方面，经营性租赁将租金作为费用，而融资性租赁更为复杂。它一方面要记录相应的固定资产，而固定资产折旧会减少利润；另一方面因为计入负债，所以支付租金被认为是还债的行为，既然是还债，就有一部分算作偿还本金，还有一部分算作偿还利息，利息部分属于公司的财务费用。因此，融资性租赁的利润会比较低。

净利润率 = 净利润 / 收入总额 × 100%

两种租赁方式下，收入一样，但融资性租赁的利润较低，所以净利润率较低。

融资性租赁下，总资产周转率和净利润率都会比经营性租赁的要低，所以它的报表是比较"不好看"的。

11.4 初识折旧

11.4.1 什么是折旧

固定资产的价值在使用过程中会发生减损，会计上对这个减值进行估计，并且把它记录下来，这就是**折旧**。折旧是权责发生制一个非常典型的体现，计提出来的折旧并不需要实际付钱给谁，只是会计上记录的一项成本或费用。

折旧较多的企业会出现现金流大于利润的情况，因为折旧只减少利润，但不减少现金流。所以折旧多的企业通常现金流不错，相比之下利润却不高。根据复式记账的原则，折旧一方面要体现在固定资产价值的减少上，另一方面则要体现在成本或费用上。

11.4.2 哪些固定资产要计提折旧

是不是所有的固定资产都要计提折旧呢？其实不然。企业自行建造的固定资产，比如自行建造的厂房、办公楼，或自制自用的机器、设备等，我们称其为**自建固定资产**。没有完工、尚在建设的自建固定资产，属于固定资产里的一个细分科目，叫**在建工程**。因为还没有建成，谈不上减损，所以在建工程在建设期间是不提折旧的，它只有在**完工**之后转入固定资产科目，才开始提折旧。这里的完工指的是**达到预计可使用条件**，而不是指竣工决算，因为现实条件下的种种限制可能会造成正式竣工决算迁延很长时间，有的甚至于达到几年、十几年。

不提折旧的固定资产，还包括**投资性房地产**。所谓投资性房地产，是指那些不是企业自用，也不作为产品的房屋建筑和土地使用权。比如自用的厂房、办公楼，都属于自用的房地产；比如房地产公司准备作为产品售卖的房子，属于产品；只有那些自己不用也不是产品，只是用来出租给他人获利，或者持有待售的房屋才是投资性房地产。

投资性房地产应当按照成本，即购买时的价格来进行初始计量。后续计量也应当采用成本模式，即以历史成本来计价。在市场价格可以可靠获取时，可以按照当前的市场价格来记录，会计上称为**公允价值**。之所以可按公允价值计量，是因为房地产市场是一个比较活跃的市场，很容易找到一个客观的现行市价。所谓的公允价值计价，就是指每年年底做报表时，都要根据该房屋所在地域的价格水平来估算它的市场价值，然后把资产的价值调整成按市价估算的公允价值。公允价值的上涨或者下跌，同时也会体现在利润表中，记入**公允价值变动损益**科目。这个收益可以是正的，也可以是负的。

以公允价值计量的投资性房地产在持有期间不需要计提折旧，而是在每年年末计算公允价值，将公允价值和上一年年末的账面价值之间的差额记入公允价值变动损益科目。

一般来说，除了上面两类固定资产之外的其他固定资产，都要提折旧。比如记入固定资产的生产性生物资产，像养鸡场专门用来生产鸡蛋的母鸡，会有使用寿命，也要提折旧。对于融资租入的固定资产，因为视同企业分期付款购买的，企业获得了资产的所有权，所以同样需要提折旧。

11.4.3 折旧计提的时点

如果是购进的固定资产，就从买进来的下个月开始提折旧，哪怕是本月1日买的，本月也不提折旧。如果是自建的固定资产，就于在建工程完工转入固定资产之后的下个月开始计提折旧。

当固定资产被**终止确认**，从终止确认的下个月开始停止计提折旧，当月还是需要计提。固定资产终止确认的方式可以有很多种：出售、抵债、与他人交换，甚至是报废。

如果固定资产的折旧已经全部提完，即固定资产的账面价值等于预计净残值（净残值也可以为零），也不再需要提折旧。

11.5 折旧的年限和折旧的计提方法

11.5.1 直线法

计提折旧通常有三种方法：直线法、加速法和工作量法，其中最常用的方法是**直线法**，就是按照固定资产的使用年限来平均分配折旧数额。具体的计算是用固定资产在购买时所支付的实际价款（称为**原值**），减去固定资产最终报废时所预计的**残值**，就得到了折旧的数额，再按照估计的使用年限来均摊这个折旧的数额，于是得到了每期的折旧金额。

$$每期的折旧金额 = （原值 - 残值） / 使用年限$$

以上公式中有两项需要估计：一个是最后的残值，另一个就是使用年限。比如一项 10 万元的固定资产，如果预计残值是 5000 元，估计使用的寿命是 10 年，那么：

$$总折旧额 = 100\,000 - 5000 = 95\,000（元）$$
$$每年的折旧额 = 95\,000/10 = 9500（元）$$
$$每月的折旧额 = 9500/12 = 792（元）$$

11.5.2 折旧年限

由上述公式我们可以看出，残值和预计使用年限对折旧计提的影响是很大的。税法对折旧年限有最低限度的要求，比如税法规定，房屋建筑类固定资产的折旧年限不能低于 20 年；生产经营相关的工具、器具不能低于 5 年；

飞机、火车、轮船之外的运输设备，比如汽车，折旧年限不能低于4年；电子设备，比如电脑之类，折旧年限不能低于3年。这只是一个非常粗略的原则，实际上还有很多细则，在此就不一一赘述了，有兴趣的读者可以详参税法的相关规定条款。

另外，这里的折旧年限其实只是一个最短年限，而税法对最长年限是没有规定的，实际中企业使用的具体折旧年限差异可以很大。这一点对于重资产行业的影响可能格外大，因为重资产行业折旧的数额大，所以折旧年限的确定对公司的利润会产生很大的影响。

※　　※　　※

我们先来介绍一个概念，叫**平均折旧年限**。在一家公司披露的会计报表中，与固定资产相关的项目通常有这样几个：第一个是原值，就是购置或自建固定资产时花的钱；第二个是折旧，就是当年公司所有固定资产计提的折旧总额；第三个是**累计折旧**，指若干年累计下来计提的折旧总金额。

如果我们用原值去除以折旧，也就是说用最初购买的固定资产总金额除以一年计提的折旧数额，得到的数字就是平均折旧年限。由于公司每年计提的折旧数不可能是完全相等的，所以所得的只是一个折旧年限的平均值。

实际上，公司的固定资产会有不同的类别，有房屋建筑物，也有机器设备，有运输工具，还有办公设备、电子设备等。而各个类别的固定资产，折旧年限肯定是不一样的，所以我们计算出来的平均折旧年限，反映了各类固定资产折旧情况的最后的总平均数。在固定资产结构相似的情况下，比如同一行业的公司，平均折旧年限的差异主要是由公司实际的折旧政策差异引起的。所以，这个指标可以用来**衡量同一个行业公司的折旧政策的激进程度**。

折旧年限越短，说明公司想越快把折旧提完，这样公司的成本费用就会计得较多,利润就会较少。相反,折旧年限越长,利润就会越高。所谓的**激进折旧政策**就是指折旧年限定得很长,利润就会比较好看。

※　　※　　※

以电力行业为例,该行业近50%的资产都是固定资产,是一个非常典型的重资产行业。比如闽东电力,它的固定资产原值一共是28亿元,在2016年计提了1亿元的折旧,所以如果按2016年的数据来计算的话,它的平均折旧年限是28年。同样是水力发电公司的三峡水利,它的固定资产原值是37亿元,当年计提的折旧是1.3亿元,这样算下来,平均折旧年限也是28年。乐山电力的平均折旧年限是27年,而闽江水电的固定资产原值一共是20亿元,2016年计提的折旧是1亿元,它的平均折旧年限是20年,明显要比刚才的27年或28年短。桂东电力的固定资产原值是50亿元,2016年计提的折旧是1.5亿元,它的平均折旧年限则是33年。这5家虽然都是以水力发电为主的电力公司,但它们平均折旧年限的差异还是很大的(见图11-6)。

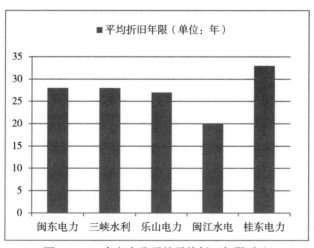

图11-6　5家电力公司的平均折旧年限对比

桂东电力一年的利润是 2.4 亿元，折旧是 1.5 亿元；闽江水电一年的利润是 1.6 亿元，折旧是 1 亿元；三峡水利一年的利润是 2.2 亿元，折旧是 1.3 亿元。可以看到，折旧对利润的影响非常大，折旧波动 10%～20%，利润可能就会增长或下降 10% 左右。

11.5.3　加速折旧法和工作量法

直线法并非唯一的折旧方法，企业还可以采用**加速折旧法**，就是在固定资产刚开始使用时计提较多的折旧，之后再逐渐减少。因为这种方法与直线法相比，会在开始使用的年份记录较多的成本费用而减少利润，在后续记录的利润逐渐增加，相当于把利润推迟记录了，也就推迟了所得税的缴纳，故而税法上是不允许采用的。

另一种方法叫**工作量法**，也就是用每年完成的工作量占总工作量的比重来计提折旧。比如高速公路公司就会采用工作量法计提折旧。假设一段高速公路的造价是 20 亿元，预计使用寿命内的总车流量有 1000 万辆。如果当年行驶的车流量是 80 万辆，那么：

当年计提折旧的比例 = 80/1000 = 8%

当年计提的折旧数额 = 20×8%=1.6（亿元）

工作量法表面上看起来是最能真实记录固定资产的损耗程度的，但这可能是一个误区，因为这个结论依赖于一个条件，即对于总工作量的估计要比较准确。如果总工作量估计出现了较大的偏差，那么这种方法并不接近于真实的固定资产损耗过程。特别是如果市场环境发生了较大变化而导致原来估计的总工作量出现了较大改变时，这种偏差就会更大。

假设一条高速公路预计的总车流量是 1000 万辆，但后来因为开通了高铁，导致这条公路的车流量减少了一半，这时如果不调整折旧计提的方法，就相当于每年少提了一半的折旧。本来车辆减少，高速公路的收入就会减少，但是因为折旧也少了，所以高铁对高速公路利润的冲击反而就被掩盖了。

折旧提得合理与否，完全取决于估计的准确性，如果估计不可靠，很难说哪种折旧方法更好。

11.6 固定资产持有期间的问题

11.6.1 固定资产减值

我们对固定资产的使用可能长达几年、十几年甚至几十年，在持有固定资产期间，除了计提折旧，还会遇到一些其他的问题。之前我们学习过，应收账款可能需要计提坏账准备，存货也可能需要计提跌价损失准备，这些都属于**资产的减值**，固定资产也会有减值的风险。

减值和折旧是两个不同的概念。折旧是在固定资产正常使用的情况下，因为物理原因而产生的各种损耗。而减值则是除了折旧之外的价值降低，造成减值的原因可能是技术进步导致的固定资产提前更新的需要，也可能是固定资产丢失或者意外毁损。与应收账款和存货的减值一样，企业每年年末在做报表时，都需要对每一个或者每一组固定资产进行减值测试。如果认为发生了减值，就要减少固定资产的价值，同时还要在利润表上记录资产减值损失。所以，**固定资产的减值既会减少资产价值，又会降低利润水平**。

有的企业会通过先过度计提应收账款的坏账或者存货跌价准备然后再转回的方式来调节利润，目的是让利润在不同年度之间进行重新分配。会计准则有明确的规定，**长期资产的减值准备一旦计提就不得转回**。固定资产属于长期资产，所以它的减值准备也不允许转回。会计准则对不同资产减值转回的规定不一样，主要是因为应收账款有可能出现预计无法收回，但后来又收回来的情况，存货现行价格也有可能发生现在下跌但后来又涨回来的情况。

而对于固定资产这样的长期资产，它的减值可能是因为技术落后或者丢失损坏了，因技术落后而减值的固定资产很难再恢复价值，固定资产这种大型资产一旦丢失也很难再找回，而且出于对企业利用会计准则调控利润的顾虑，会计准则要求长期资产减值计提之后不能转回。

但在会计准则中还有一句话叫作"出售和转让的情况除外"。就是说**如果固定资产出售或者转让的价格超过了计提减值之后的固定资产的价值，那么事实上就相当于这个减值又被转回来了**。比如有一项固定资产，账面原值是100万元，计提了20万元的减值准备，后来又按照100万元的价款卖掉了。可以看到，在计提减值的时候，公司的利润会减少20万元，固定资产的账面价值就变成80万元了，账面价值为80万元的资产按100万元卖掉，就会产生20万元的账面利润。

计提减值的年度对利润的影响：计提的减值准备 – 20万元。

出售资产的年度对利润的影响：售价100万元 – 账面价值80万元 = 20万元。

这么看来，我们也不能排除一些企业在出售资产之前先过度计提减值来调节利润的可能性。

11.6.2　固定资产的改造、修理

在固定资产持有期间，我们很可能会对其进行改造，比如增加一个部件来实现更多的功能，这类改造往往是对固定资产功能的一种扩展，所以改造的支出在符合条件时应该记入固定资产的价值中。如果是对经营性租入的固定资产进行改造，那么改造的这部分会形成一项资产，但由于经营性固定资产并非企业所持有，改造部分不能够单独记为一项固定资产，所以通常将它记入**长期待摊费用**，然后再分期摊销。长期待摊费用也是一种长期资产。

固定资产在后续使用过程中还可能会损坏，但只要没有到报废的程度，

就可以修理、维护、保养。比如汽车就需要定期维护，有时候还需要修理。像这一类修理、维护、保养并没有增加固定资产的功能，只是延长了它的使用寿命而已，所以这些支出不记入固定资产的价值，而是列作费用。

11.6.3 固定资产的处置

1. 售卖

通常对处置的理解就是售卖，卖固定资产都会取得一笔收益，有时这笔收益可能还很大。售卖固定资产不一定是在报废时，也可以在报废之前，但没有一家企业的业务是去卖掉自己的固定资产，因为卖不了几天，公司就要关门了。所以，出售固定资产并不属于公司的营业活动，处置固定资产所产生的收入也不算营业收入，我们称其为**营业外收入**。而这个所谓的营业外收入不仅与营业活动无关，还具有不可持续性，因为固定资产只能卖一次。

2. 出租

出租固定资产和出售固定资产，会计处理不一样。比如公司可以把出租闲置房屋作为一项营业活动，无论是不是企业的主营业务，都可以作为营业活动的一部分，而且出租是可以持续的，所以将固定资产出租产生的租金收入就属于营业收入。

由此可见，固定资产不同的处置方式所产生的收入类别是不一样的。

3. 资产抵债

企业还可以用固定资产去抵债。比如一家公司，借了银行100万元，无力偿还，双方就协商用公司所有的一栋房产来抵债。这相当于把这栋房子给卖了，然后再拿卖的钱去还银行贷款，这种类型的交易我们称为**债务重组**。债务重组中可能出现一些额外的重组利得，比如欠银行贷款100万元，但是房子的估价只有80万元，这就相当于仅用80万元的资产偿还了100万元的负债，公司赚了 20 万元，我们就将这 20 万元记入营业外收入中。有赚就可能会有赔，公司拿房子抵债也可能会出现亏损，比如拿 150 万元估值的房子去还 100 万元的债。但现实中一般不会出现这种情况，因为不能还债的公司通常也不会有特别值钱的资产，而且走到资产重组这一步，通常也意味着公司已经无力偿债，债权人最终是要承受一定损失的。

4. 资产交换

固定资产还有一种处置方式，即拿自己的资产去和别人的资产交换，就好像原始时代的以物易物，这样的交易我们称为**非货币性资产交换**。对于这类交易，我们首先需要判断是否能够合理地确定参与置换资产的公允价值，也就是说如果现在就把标的资产拿到市场上售卖能卖得多少钱。如果我们最终能得到较为客观的公允价值，那么就**以换出资产的公允价值来确定换入资产的入账价值**。比如一家公司用自有的一栋房子和另外一家公司的生产线进行置换，这个房子的账面价值是 1500 万元，现在估值 2000 万元。因为现在房子和生产线是一个等价交换，所以我们就认为是用 2000 万元的价格买了生产线。所以买进来的这条生产线就按 2000 万元来入账。同时我们认为原来 1500 万元的房子现在按 2000 万元卖掉了，中间的差额 500 万元应作为公司的收益（见图 11-7）。

图 11-7　资产交换

当然，非货币性资产交换是一件比较复杂的事情，比如在资产交换的同时可能还支付了一部分的现金，再比如交换时不能够合理地确定标的资产的公允价值等，如果出现了这些情况，会计上的处理就更复杂。读者如果对这些复杂的交换情况感兴趣，可以参看会计准则中关于非货币性资产交换准则的具体说明。

.... 小　结 ....

1. 企业的投资包括对内投资和对外投资。对内投资是指对公司内部的投资，通常会形成固定资产或无形资产；对外投资是指投资给其他的公司，包括股权投资和债权投资。

2. 固定资产是指那些使用寿命长、单位价值高的物品。固定资产占总资产的比重，各行业之间差异很大，有的行业资产轻，有的行业资产重。

3. 固定资产投资的基本原则是净现值大于零，即收益大于成本。但净现值只是辅助决策的工具，不能成为判断项目是否可行的决定性依据。因为投资决策有科学的成分，也有相当大的艺术的成分。

4. 租赁是使资产变轻的一种方法，它又分为经营性租赁和融资性租赁。租赁行为的本质是分期付款购买资产，从而减少资金的占用，但如果租赁公司收取的利息高于企业用这笔钱可以赚取的收益，那么租赁就不合算了。

5. 折旧是指会计上对固定资产价值在使用过程中减损的估计。折旧需要按月计提，在增加的次月开始计提，在处理的次月停止计提，但并非所有的固定资产都需要计提折旧，比如在建工程和投资性房地产。

6. 折旧的方法有三种：直线法、加速折旧法和工作量法。折旧提得合理与否，完全取决于估计的准确性，如果估计不可靠，很难说哪种折旧方法更好。

7. 固定资产同应收账款、存货一样，都可能发生减值，但固定资产的减值一旦计提就不得转回。
8. 固定资产的处置通常包括出售、出租、抵债和资产交换。

······················· 思考题 ·······················

提问： 分析重资产行业时，在固定资产方面需要重点关注哪些问题？

回答： 可主要关注以下这些问题。

首先是固定资产的取得方式。取得固定资产可以购买，也可以租赁，租赁又可以使用融资性租赁和经营性租赁。购买和融资性租赁在会计上的处理是相似的，但经营性租赁不同，经营性租赁不记录相应的资产，也不记录相应的负债，通常产生的利润要比融资性租赁高。这就意味着采用不同的方式取得固定资产时，财务数据会有不同的表现。

对于大量采用经营性租赁获得固定资产的企业，如果将它和同行的其他企业相比较，就需要考虑到这些差异。

其次是固定资产计提折旧的年限，如果平均折旧年限在两个同样是重资产行业的公司中存在较大的差异，就意味着两家公司的折旧政策有明显的差异。而重资产行业中，折旧的计提会直接对利润产生很大的影响，那么比较两家公司的利润水平就需要特别小心。

最后需要关注的是固定资产的折旧方法是否相同。这里不仅指折旧方法本身是直线法、加速法还是工作量法，还需要考虑在同样使用直线法时，预计的使用年限是否一样，在同样使用工作量法时，预计的总生产量是否差不多。如果这些估计存在着很大的差异，即便是相同的折旧方法，仍然会产生很大的数字差异，这也会使利润数据变得不可比。

12

我的不是我的,你的才是我的

无形资产

知识就是生产力,那些十分重要的知识产权很可能在我们的无形资产中无影无踪,我们投入的那些研发、广告、培训费用究竟去了哪里?来看看无形资产背后的有趣故事。

12.1 认识无形资产

12.1.1 什么是无形资产

顾名思义,**无形资产**就是企业所拥有的那些看不见、摸不着却会给企业带来利益资源流入的资产。这些权利一般都是基于合同或者法律存在的,比如根据法律的规定,企业申请获得一项专利,那么在一定时期内,企业就可以拥有对这个技术的独占权;或者基于合同约定,企业获得的版权、专利、专有技术、特许经营权、商标使用权等(见图12-1)。

商誉也是无形资产,不过它比较特殊,只有在收购其他企业时才会产生,是企业实际支付的收购价格超过被收购企业评估价值的部分,我们会在第15章中详细介绍。

在中国,还有一种特殊的无形资产——土地使用权。土地本来应该算是一种固定资产,但在中国没有任何组织或个人能够获得土地的所有权,最多只能拥有土地的使用权。当我们拥有的不是土地本身，而是在一定时间内对土地的使用权利时，它就不属于固定资产，而变成了一种无形资产。

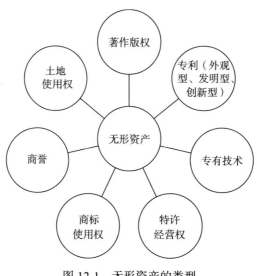

图12-1　无形资产的类型

12.1.2　无形资产的行业特征

一些会计项目会具有一定的行业特征，比如应收账款、应付账款、研发支出、管理费用、固定资产，无形资产也是如此。无形资产具有怎样的行业特征呢？

无形资产较多的行业，我们很容易想到高科技行业，它们通常有较多的研发支出和专业技术。传媒、出版行业有较多与著作版权相关的无形资产，软件行业则有较多与软件著作权相关的无形资产。

比如，长城动漫属于传媒行业，它的主营业务是动漫制作，其无形资产占总资产的比重达到了15%。15%可能看起来并没有多大，我们在上一章固定资产中介绍过，固定资产占总资产的比重可能达到近50%。但是固定资产通常需要花费大量的资金购买，而无形资产则属于软资产，通常不会有巨额的购置资金成本。能够达到总资产的15%，就已经是一个相当高的水平了（见图12-2）。

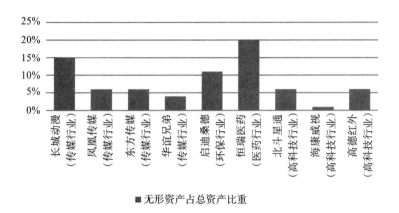

图12-2　不同行业公司无形资产占总资产比重的对比

再比如，启迪桑德，一家环保行业公司，它拥有较多的PPP、BOT项目带来的特许经营/使用权，其无形资产占总资产的比重为11%，也比较高。

在讨论研发支出时，我们介绍过有一些制药企业以自主研发为主，会有自主研制的专利药。如恒瑞医药，其无形资产占总资产的比重为20%。

有时，我们会发现一些高科技企业的无形资产并没有想象中那么多。

比如北斗星通，一家做卫星导航的企业，它虽然有较多的技术投入，但是无形资产占总资产的比重只有6%，这相对于很多其他行业的公司比例较高，但与我们在上文中提到的那几家公司相比，比例还是比较低。

再比如海康威视也是一家技术投入较大的企业，但其无形资产占总资产的比重只有1%左右。我们在研发支出部分提到的高德红外，主要做导弹、红外导航等方面的技术研发，它拥有很多自主研发技术，但无形资产占总资产的比重只有6%。

同样是传媒行业，相比长城动漫无形资产高达 15% 的占比，凤凰传媒、东方传媒的无形资产占总资产比重只有 6% 左右。而华谊兄弟这家电影行业公司，虽拥有众多电影的创作权，但其无形资产占总资产的比重只有 4%。

以上这种情况其实并不难理解，因为研发支出并不会完全转化成无形资产（见 6.3 管理费用中对于研发支出的介绍）。研究部分的支出是记录在管理费用中的，只有满足条件的开发支出才能记入无形资产，所以研发投入多并不意味着无形资产就多。

那么，为何同一行业中的无形资产水平也会有那么大的差异呢？这就需要我们进一步探究无形资产的产生过程了。

12.2 无形资产的取得

与固定资产类似，无形资产也有很多种取得方式，最常见的两种方式是**自行研发**和**外购**。当然，企业也可以通过收购另一家企业来获得其无形资产，或者接受他人的无形资产投资入股。

12.2.1 外购无形资产

外购包括各种形式的购入，最简单的是直接购买他人的无形资产。购买无形资产与购买固定资产、原材料类似，根据复式记账原则，我们一方面记录无形资产，另一方面记录另一项科目。如果是用现金支付，就记录现金的减少；如果是借钱购买，就记录借款类负债科目的增加，具体看我们以何种方式支付。

固定资产可以通过租赁的方式来获取，无形资产也可以采取类似的方式，只不过其名称不叫租赁，称作通过支付授权使用费来获得无形资产的使用权，比如获得专利授权、版权授权，或者获得某种特许经营权等。这种方式比固定资产租赁简单得多，它没有经营性和融资性的区分。在获得使用权时，不需要记录无形资产和负债，只在支付授权使用费时，将其作为费用记录即可。

对于企业通过收购其他企业获得被收购企业的固定资产和无形资产，我们将在第15章中详细介绍。

自然人或者企业将其持有的固定资产或无形资产作价投资入股，这种情况非常常见。这相当于公司用自己的股份购买对方的固定资产或无形资产，从会计上看，投资入股和直接购买并没有区别，只是投资入股情况下，在记录固定资产和无形资产的同时，不记现金的减少或借款的增加，而是记录股东权益的增加。

12.2.2 自建无形资产

除了外购无形资产之外，企业更多时候会选择自建无形资产。比如通过研发活动来创造专利权或专有技术，通过广告活动来创造品牌或商标价值，通过创作活动来创造著作权、版权等。

在创建无形资产的过程中，其实不会有任何无形资产在会计上被记录，相应的支出都会被记录在费用中。我们不妨来分析一下这个会计处理现象。

首先来看研发活动，它最突出的特点就是具有相当大的不确定性，即投入的研发支出和获得的经济利益并没有必然的联系。举个例子，镭和青霉素的发现都是获得诺贝尔奖的巨大科学成就，但是它们的发现过程却颇为不同。青霉素的发现就像"天上掉馅饼"，运气的成分很大。它的发现者弗莱明是一位英国的细菌学家（见图12-3），他1921年在做日常细菌培养工作时正患着严重的感冒，一时心血来潮，他在细菌的一个培养基上滴取了一滴自己的鼻腔黏液。结果两周之后他发现了一个非常有趣的现象，滴了他鼻涕的那个细菌培养基中已经没有细菌了。这个事情非常奇怪，世界上细菌无处不在，特别是鼻涕中，怎么可能没有细菌了呢？也许普通人知道后会当作偶然，很快就抛诸脑后了，可作为一名科学家，弗莱明非常敏锐，他没有轻易放过这个现象，紧接着就去做了一个对比实验。他将细菌培养基密封起来，和滴上鼻腔黏液的以及直接晾在空气中什么都不放的情况进行对比。最终确定了是那个鼻涕中含有的某种东西杀死了细菌，这个东西就是我们今天知道的青霉素。

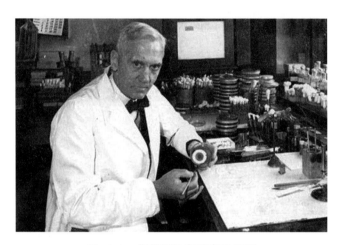

图 12-3　弗莱明和青霉素的发现

弗莱明并没有要一心一意去发现青霉素，整个过程有点"无心插柳柳成荫"。但镭的发现就完全不一样了。

居里夫人（见图 12-4）预测到了镭的存在，但一直没有找到这种物质。为了找到镭，她和丈夫居里一起在自家后院做了大量实验。实验本身非常简单，就是在后院支起木头架子，上面放着很多碗，里面存放了他们认为可能含有镭的溶液，他们通过晾晒、蒸发来提高镭的纯度，最终确认了这种物质。整个过程虽然不复杂，但是非常枯燥，而他们却把这样一件无聊的事做了整整 5 年。第 5 年快结束时，正值新年，他们应邀参加了皇家科学院的新年联欢会，从会场回来后，居里夫妇就直接飞奔到后院，要去看一看他们的宝贝镭，可非常遗憾的是，那个碗里空空的什么都没有。看到这样悲惨的结果，居里说：也许中间哪里出了差错，我们可以再重新来一遍。这毫无疑问体现了一位科学家坚韧不拔的精神，但是居里夫人这时却没有说什么，正是因为居里夫人没有轻易地认为需要重新再来，才使得镭的发现至少被提前了 5 年。那天晚上，居里夫人在给孩子讲故事的时候，突然停了下来，然后说了一句："也许它就在那。"然后，她就飞奔下楼跑到实验室（这时那些碗已经被移到实验室里了）。在黑暗的实验室中，她看到那个碗中有圈很亮的、闪光的东西，那就是镭！居里夫人想的没错，镭其实一直都在，只是因为量太少，白天很难凭肉眼直接观测到，而在漆黑的实验室中，镭被发现了。为了发现镭，居里夫妇做了 5 年枯燥乏味的实验，而且因为当时不知道镭具有危害身体的放射性，所以没有做任何防护措施，他们两个人的身体在这 5 年的实验中都受到了很大的影响。

图 12-4　居里夫人与镭的发现

从以上两个例子可以看出，研发投入的多少与研发结果之间真没有必然的联系。

此外，很多研发在技术上相当成功，但在商业上可能遭遇彻底的失败。比如杜邦公司曾经研发过一项人造皮革技术，几乎在所有性能上都可以秒杀天然皮革。但是有一点不同，就是这个人造皮革不具有天然皮革的延展性，这很难说是一个优点还是缺点。最初，杜邦公司把这项技术用于生产皮鞋，结果惨败而归。有人分析，因为用天然皮革做的鞋有延展性，所以买新鞋时需要稍紧一些，而人造皮革不具有延展性，于是需要买比选择天然皮革大一码的鞋，可能大多数人不希望自己脚大，就不喜欢买这种人造皮革鞋。后来杜邦公司没办法，只好把这项技术卖给了另外一家公司，那家公司用这项技术来做沙发，沙发不需要延展性，这恰恰给了人造皮革优势，就是不容易变形，可以历久弥新，结果那家公司用这项技术赚了很多的钱。所以，**技术上的成功和商业上的成功不能画等号！**

研发是一个具有高度不确定性的活动，而会计是一个谨慎而保守的职业，当会计面对一笔不确定性很高的支出时，通常把它记录在费用中，而不确认为资产。钱花出去就没有了，并不会给未来带来什么。

"研发"包括研究和开发两个环节，研究是技术上的，而开发则是利用已有的技术，对某个项目或者产品做出的投入，比如产品的设计、模具这类支出。我国现行的会计准则规定，**开发支出在满足一定的条件时，可以资本化记入无形资产。**

12.2.3　创建品牌或商标

在创建品牌或商标的过程中，广告是其中一项非常重要的投入。但没有哪家公司会在做广告时记入无形资产，而是记入销售费用，因为做了广告也未必能产生品牌价值，更不知道做多少广告能产生多少品牌价值。

12.2.4　商誉

所谓的商誉，就是企业无法归入有形资产和可识别的无形资产的那部分价值。**无法识别的无形资产**，就是那些除专利权、专有技术、商标、版权之外的无法客观地从企业整体价值中剥离出来的那部分无形资产。比如先进的企业文化、管理制度、人才储备，甚至是地缘优势、稀缺资源优势这种难以量化的却又的确能为企业带来经济利益的资源。

商誉往往来自一些没有办法明确描述的东西，比如团队能力、营销网络、与政府的关系等，这些东西没有法律约束，也没有合同约定，到底是不是存在，有时也很难确认，更不要说对它进行客观的、有说服力的估值了，所以会计上是不确认为资产的。商誉是不会被记录在无形资产中的，只有在一家企业收购另一家企业时，当它为了拥有这些商誉而支付了额外的收购价款，我们就认为商誉从一家企业转让到了另一家企业，并且有一个交易存在，这时才会记录商誉。由此我们又可以了解到，**一家企业自有的商誉肯定是不会记录的。**

12.3 无形资产的一些特殊问题

12.3.1 隐性的无形资产

自建的无形资产通常不会被记录，但它们确实存在，这就引出了无形资产的一个特殊问题：很多无形资产不在报表中体现，却真实存在，有时对企业的经营能力影响甚大，比如有的企业依赖某个关键技术而生存，有的企业依赖某个或某几个著作版权而生存，有的企业最为至关重要的是它的品牌。有评论称，茅台的品牌价值高达115亿美元，而这个数字在全球品牌排行榜中只是刚刚上榜的水平，但它在茅台的报表上是绝对没有的。其实，很多有价值的资产根本就没有出现在报表中，而且这些无形资产的价值评估历来都是一个会计计量难题，**我们能够在报表上看到的无形资产，基本都是企业买来的。**

12.3.2 无形资产的摊销

与固定资产计提折旧类似，无形资产也要进行摊销，即在会计上登记无形资产价值的减损，而不需要实际支出现金。摊销会造成公司利润的减少，但不会导致现金的流出，因此可能会使得公司的现金流比利润看上去更好些。

无形资产看不见、摸不着，它的减损不是像固定资产那样来自于物理上的损耗，而是因为大部分无形资产是一种权利，依赖合同或法律存续，所以在法律意义上都有一定的存续期限，随着期限届满，价值就会逐渐降低。

固定资产中按公允价值计价的投资性房地产不需要考虑折旧，在无形资产中，归属于投资性房地产的土地使用权，也按公允价值计价，也不需要摊销。除此之外，还有一类不摊销的无形资产——商誉，因为它的使用期限很难估计。

无形资产的摊销方法与固定资产的折旧类似。最常见的是直线法，也是按照该项权利预计可使用年限来平均摊销无形资产的价值。除此之外还有产量法等，在此不一一介绍了，可以参见 11.5 固定资产的折旧方法。

12.3.3 无形资产减值

无形资产计提减值的原因、方法也与固定资产类似，比如因为技术进步导致原有的技术价值大幅度下跌，或者某项专利技术已经被人模仿等。对于那些不进行摊销的无形资产同样要进行减值测试，这包括投资性房地产中的土地使用权和商誉。因为土地使用权本身采用了公允价值计价，所以其价值减损不是记录在减值中，而是记录在公允价值的变化中，但是商誉的减值是直接体现在资产减值中的。

会计准则规定，长期资产的减值一旦计提就不得转回，长期资产包括无形资产，所以无形资产的减值也不得转回。不过，当无形资产出售时，它其实也达到了减值转回的效果，这也和固定资产类似。

12.3.4 无形资产的转出

无形资产的转出，包括出售无形资产和将无形资产作价入股。表面上看，无形资产的转出与固定资产类似，但企业自创的无形资产大部分不在报表上记录，而报表上记录的无形资产基本都是买来的，这样的一个特殊性就使得无形资产的转出变得比较复杂。

如果要说报表上对企业自创的无形资产没有记录，其实不够准确。因为如果企业用自创的技术申请专利或者用自有品牌注册商标，那么申请专利时的申请费、注册商标时的注册费是可以作为无形资产记录的，报表上就会有相应的无形资产。但这个无形资产的价值非常小，仅仅是申请费或者注册费，与它真实的价值相去甚远。至于那些根本就没有记录的无形资产，它们仍然存在，甚至可能价值很大，企业仍然可以通过转让这些无形资产获得巨额的账面收益。

无形资产转出最简单的方法，就是授权给他人使用来获得授权使用费，这就像我们把固定资产出租收取租金一样，这个收入应当属于企业的营业收入；企业也可以直接出售无形资产，这时获得的收入就是营业外收入了；企业还可以把无形资产作价入股其他企业来获得对方的股份，这也是转出的一种方式。

无形资产转出的方式看上去平淡无奇，与固定资产类似，但因为**无形资产的估值比较困难**，甚至不体现在报表上，所以有很多隐藏的问题。比如有一家上市公司，它的母公司是个集团公司，在这家公司上市之后，集团公司注册了 14 个新的商标。因为这 14 个商标都是新注册的，所以并没有知名度，也就没有什么价值。但这家集团公司把这 14 个商标授权给上市公司使用，每年向上市公司收取 9318 万元的商标权使用费。这样收取了几年之后，又一次性把这 14 个商标卖给了这家上市公司，获得了几亿元的收入。能够以 14 个实际没有多少价值的商标为标的收取高额的商标权使用费，并且能卖出几亿元的价格，这与无形资产的估值困难是有关系的。因为这 14 个商标经过注册，所以在账面上可以记录和体现，只不过其真实价值和账面价值差异巨大，而且估值困难，所以使得这样的交易真实地发生了。

另外一个例子，有一家公司曾通过拍卖的方式获得了一个药品的专利权，价值是 3.16 亿元。这家公司将 3.16 亿元支付给药品专利权持有的公司，然后又通过对方公司把这 3.16 亿元转入个人手中。这里的无形资产转让本质上是一个有着其他目的的交易，实际上是为了将 3.16 亿元转让给个人而安排的交易。之所以能够这样操作，也是因为专利权本身的价值难以准确评估。

大家在观察无形资产的交易时需要多加分析，以了解企业的无形资产交易是真实业务还是有不可告人的秘密。

小　结

1. 无形资产就是企业所拥有的那些看不见、摸不着却会给企业带来利益资源流入的资产，包括企业获得的专利、特许经营权、商标使用权、商誉、土地使用权等。
2. 无形资产和企业的研发支出相关，但即使同一行业，无形资产占总资产的比重也差别很大，因为研发支出大部分都费用化了，只有很少一部分开发支出可以符合资产确认条件，记入无形资产。
3. 无形资产的产生包括外购、自建两种方式。外购的固定资产通常比较好记录，而自建的无形资产通常不记录在报表中，无形资产的账面价值可能与其真实价值差别巨大。
4. 无形资产的摊销和减值与固定资产类似，但由于其估值的难度很大，所以其账面价值并不能完全真实地反映其实际价值。企业也可能借用这一特点，通过无形资产交易来达到一些特定的目的。

······ 思考题 ······

提问： 为什么同样是传媒行业的公司，或者同样有较多研发投入的公司，无形资产占总资产的比重却可能有很大的差异？

回答： 比如同样是高科技公司，如果公司大量地投入研究活动，而这些投入在会计上并不确认为无形资产，那么公司的无形资产就不会很多。但如果这家公司是购买他人的技术，或者通过收购的方式获取他人的技术，或者以接受他人技术入股的方式来获取技术，那么无形资产就会被记录在报表上，价值有可能较大。

甚至还有一种情况。如果这家公司将研发部门单独成立一家子公司，这时研发公司就是一个独立法人，母公司要从研发公司购买研究成果，就相当于外购技术，外购的技术就会被记录在无形资产中。

同样的道理，传媒公司中，如果是自己拍摄影片或者制作内容卖给他人，这些内容就属于公司的产品，而不是无形资产。但如果购买他人的版权播放，这时就变成无形资产了。

正因为企业自创和外购的无形资产，会计记录完全不一样，所以即使同样是高科技公司，或者同样是传媒行业的公司，无形资产也可能表现出完全不同的状况。

13
六月的天气，孩子的脸
金融资产

很多企业在主业之外都会投资金融产品，这些金融产品有着不一样的记录方法，它们的价格起伏不定，而这些变化对财务数据产生怎样的影响呢？本章我们来了解纷繁复杂的金融资产。

从本章开始的后面三章，金融资产、股权投资、兼并收购的内容难度较大，属于高级财务会计的范畴，如果其中有理解困难的部分，可以先跳过，不影响后续内容的学习。

13.1　认识金融资产

企业的投资并不局限于对固定资产和无形资产的投资，这两者属于公司的对内投资部分，企业还可以有对外的投资，且这些投资更复杂。它们可以是长期的，也可以是短期的；可以是债权，也可以是股权（见图13-1）。金融资产投资就是一种对外的投资，它属于金融工具的一部分，也是会计处理中较复杂的问题。由于当前金融工具种类繁多，构造又极为复杂，而且价格波动很大，本章的学习只能局限于一些最简单、最常见的金融资产的基本概念。

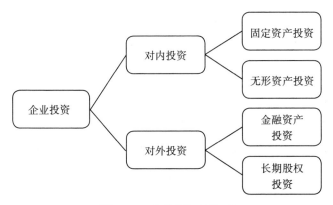

图 13-1 企业投资的类型

13.1.1 金融工具的类型

常见的金融工具有股权类的，如股票，可以是上市公司股票，也可以是非上市公司股票，可以是普通股，也可以是优先股。普通股就是我们在股票市场上可以购买的股票，而优先股是指那些享有获得股息权利但没有表决权的特殊股票，它与普通股是两种不同类别的股票。股票可以由企业通过证券公司开户直接购买，也可以通过基金、资管计划或者信托产品这些方式来购买。

金融工具还可以是债权类的，比如公司可以购买企业或者政府公开或定向发行的债券。

还有很多更复杂的其他类型的金融工具，比如远期、期货、期权等金融衍生工具，以及企业发行的可转换债券，企业也可以进行套期保值从而购买各种类型的金融工具等。随着金融经济的发展，新类型的金融工具层出不穷，所以无法一一列举，在此就不详细展开了。

另外，还有一些很常见却也属于金融工具的项目。比如一些应收款、应付款，甚至包括现金、银行存款这样的项目，只要它符合金融工具的定义，即受到合同的约束、涉及未来的权利和义务，在现行的会计准则中都可能被算作金融工具。当然，一般情况下的现金、银行存款、应收款、应付款是不算作金融工具的，只作为资产或负债，在此我们不讨论那些复杂情况了，大家只要知道有这样的可能即可。

我国在 2017 年对金融工具进行了修订，新准则于 2018 年 1 月 1 日实施。按照新会计准则，金融资产被划分为三类：**第一类是以摊余成本计量的金融资产；第二类是以公允价值计量，并且公允价值变动计入其他综合收益的金融资产；第三类是以公允价值计量，并且公允价值变动计入当期损益的金融资产**。乍一听会觉得有点复杂，在我们仔细揣摩这三个类别的具体含义之前，我们先来解释一下其中涉及的几个概念。

13.1.2　与金融资产相关的三个概念

1. 摊余成本

摊余成本，顾名思义就是剩下的那些成本，比如还没有支付的债券本金和利息就可以算作摊余成本。

2. 公允价值

公允价值，简单理解就是当前的市场价格。现实中确认公允价值的过程非常复杂，因为有时金融工具并不存在一个公开的活跃市场，这种情况下就需要借助其他的技术手段了。

3. 其他综合收益

其他综合收益本身就是一个会计科目，属于股东权益类。我们常说企业有三张财务报表，即资产负债表、利润表和现金流量表，其中利润表最容易理解，它用来描述公司的收入、成本、费用，然后计算得到公司的利润（见表 13-1）。

表 13-1 利润表简易样式

利润表（××××年） （单位：万元）

收入	100
减：成本	50
费用	20
利润	30

我们会在第 19 章详细介绍现金流量表。资产负债表分成左右两边（见表 13-2），右边描述的是企业的资金来自何处，它包括负债和股东权益两个部分。负债是指债权人投入的资金，债权人可以是银行，比如公司向银行借款；也可以是其他类型，比如公司的供应商允许公司赊购，来向公司提供资金，形成应付账款；也可以是客户，他们通过预付款的方式向公司提供资金，叫预收账款。除此之外，公司还可以欠员工的钱，即应付职工薪酬；欠税务局的钱，即应交税费，这些都属于负债。股东权益则表示股东投入的资金，形成了股东在公司享有的权益。

表 13-2 资产负债表简易样式

资产负债表（××××年××月××日） （单位：万元）

资产		负债及所有者（股东）权益	
流动资产		负债	
货币资金	70	短期借款	50
应收账款	40	应付账款	150
存货	20	应付职工薪酬	20
其他流动资产	40		
非流动资产		所有者（股东）权益	
固定资产	100	股本	80
无形资产	50	其他综合收益	20
合计	320	合计	320

资产负债表的左边表示的是企业用债权人和股东投入的钱去买了什么，可以购买存货，也可以建造固定资产、投入研发无形资产，还可以通过赊销、预付的方式形成应收账款、预付账款等，这就是资产部分。

公司获取的所有的钱（资产负债表的右边）应该等于它用掉的钱加上留存的钱（资产负债表的左边），由此可见，资产负债表左边和右边一定是相等的，这个关系是一定要保证成立的**会计恒等式**。

$$资产 = 负债 + 所有者（股东）权益$$

企业赚的钱通常应该记录在利润表中，但也有一些收益会计准则不允许记录。按照会计程序，在计算出企业所赚的利润后，应该考虑分配给股东，没有分的剩余部分留存在公司内部，相当于股东追加了对公司的投资。这些没有被分配出去的利润，会计上称为**未分配利润**，它们接下来会被转入**股东权益**中。所以，那些没有记录在利润表中的盈亏，不会体现在利润里，也不可能被股东分掉，它们会和未分配利润一起进入股东权益中。很显然，这部分盈亏不应该放在未分配利润中，我们为此创造了一个新的会计科目叫**其他综合收益**，来反映这部分盈亏情况。所以，其他综合收益本身就是属于股东权益的一个会计科目。

13.2 金融资产的三种类别

13.2.1 获得金融资产时

我们学习过，金融资产被划分为三类：第一类是以摊余成本计量的金融资产；第二类是以公允价值计量，并且公允价值变动计入其他综合收益的金融资产；第三类是以公允价值计量，并且公允价值变动计入当期损益的金融资产。接下来我们分别了解三类金融资产各自的特点。

1. 以摊余成本计量的金融资产

第一类是以摊余成本计量的金融资产，它的划分需要满足两个条件：一是以收取合同约定的现金流为目标；二是该现金流仅限于合同约定的本金和利息。由此可以看出，股票肯定不属于这个类别，因为股票没有合同约定的现金流，我们购买股票通常不需要还本付息，也不要求强制分红，所以股票不会有合同约定的本金和利息。但这并不意味着债券就一定属于按照摊余成本计量的金融资产，因为在债券的持有过程中，可能会有不同的目的，只有当持有债券就是为了一直持有至到期，中途不准备出售，这时持有的债券才能归入该类别。如果持有债券既有可能中途出售，也有可能一直持有至到期，这样的债券投资就不能按照摊余成本来计量，而应该按公允价值来计量。

※　　※　　※

按公允价值计量的金融资产要求的业务模式既可以是收取合同约定的现金流，又可以是以出售为目的。合同约定的现金流还是仅限于上面提到的本金和利息。

以公允价值计量的金融资产和以摊余成本计量的金融资产，它们之间的主要区别就在于那些可能以出售为目标的金融资产能否列入以摊余成本计量的类别中去。以公允价值计量的金融资产，既可能是债券，也可能是股票。

2. 以公允价值计量的金融资产

再来讨论一下第二和第三类金融资产，它们都是以公允价值来计量的，区别就在于公允价值的变动记录在不同的会计科目中。也就是说，这两类金融资产的会计处理在资产方面一样，但第二类将公允价值变动计入其他综合收益，这是一个资产负债表项目，属于股东权益中的一个具体科目。所以，第二类公允价值的变动不影响利润,而第三类则会进入当期损益,直接影响当期的利润。

至于我们持有的股票或债券应该记入第二类还是第三类金融资产,则要看持有它的最终目的是不是交易。如果是以交易为目的持有该项金融资产,就必须记在第三类中,也就是说公允价值变动是计入利润的;不是以交易为目的而持有的金融资产就应记在第二类中,即公允价值的变动不计入利润。而所谓的**以交易为最终目的**指的是,企业持有这份金融资产的目的就是在短期之内出售获利,只要价格合适,企业随时准备出售。

另外还有一个规定,如果企业持有的是衍生金融工具,则必须归入第三类。所谓的衍生金融工具是指除了股票、债券这类基础金融工具之外的那些金融产品,比如远期、期权、期货等。

金融资产应归属于第二类还是第三类,**最初持有时就应确定,并且确定之后不得再变更**,除非后来这项金融资产的相关条款或性质发生了实质性改变。

13.2.2 金融资产持有期间

以上谈到的会计处理是指开始持有金融资产的时点应该做的会计记录,在持有金融资产的过程中还会有两个问题,一个是股息红利,另一个是减值。

1. 股息红利

无论是购买债券收到的利息,还是购买股票分到的公司股利,在会计上的记录都很简单,即直接记入当期利润。

2. 减值

很多资产都会进行减值测试,比如应收账款计提坏账,存货计提存货跌价准备,固定资产、无形资产计提减值,金融资产也会有减值的问题。如果金融资产已经是按照公允价值进行计量的，而且也只准备短期持有，随时可能出售，那么公允价值的变动就已经反映出资产价值的改变了，这种情况下就没有再计提减值的必要了。特别是当公允价值的变动已经计入当期损益里，就更没有计提减值的必要了，所以第三类金融资产完全不需要提减值。第一类金融资产是以摊余成本来计量的，而摊余成本归根结底还是历史成本，所以它是需要计提减值的，特别是对于债券类投资，很有可能列在第一个类别中。

减值的原因可能来自两个方面：一个是债券市场价格的波动，另一个就是债务人违约。如果是股权性质的金融资产被列在第二类金融资产中，其减值只会来源于价格的波动，而不会有违约的问题，它的价格波动已经体现在公允价值中，就没有必要再去计提减值了。但如果第二类金融资产是一个债权性质的投资，比如债券，那么处理就会不一样。因为债权性质投资的减值可能来自于债务人的违约，其公允价值只是反映了部分的价格波动，债务人违约的这部分风险并不会体现在公允价值的变动中，还是需要通过减值来反映，所以需要计提减值。

综上，我们将本节讨论的三种金融资产的确认和持有期间的问题汇总至表 13-3 中，方便对比学习。

表 13-3　三类金融资产的会计处理汇总

	初始分类	股息红利	减值
1. 以摊余成本计量的金融资产	准备一直持有至到期的债券	直接计入当期利润	需要计提减值
2. 以公允价值计量，并且公允价值变动计入其他综合收益的金融资产	不以交易为目的而持有的金融资产		债权类投资需要计提减值，股权类投资不需要计提减值
3. 以公允价值计量，并且公允价值变动计入当期损益的金融资产	以交易为目的持有的金融资产、衍生金融工具		不需要计提减值

13.3 金融资产对财务数据的影响

13.3.1 以摊余成本计量的金融资产会计处理

我们先来讨论第一类以摊余成本计量的金融资产,它的计量对财务数据是如何影响的。该类别的金融资产只可能是债权性质的投资。比如,公司购买了票面金额为 100 万元的一份债券,债券期限为 3 年,承诺 3 年中每年年末支付购买方 10 万元的现金,到期再偿还 100 万元的本金。假设这份债券发行时市场的一般利率⊖为 8%,债券的市场售价为 105 万元。

该债权的市场价格之所以会比票面金额高,是因为利息是按一年 10% 的利息率来支付的,比市场利率 8% 要高。我们接下来看看会计记录是如何进行的(见表 13-4)。

表 13-4　债券投资的计量方法举例　　　　　　　（单位:万元）

	应收利息 ①	利息收入 ② = 期初④×8%	债券本金调整 ③ = ① − ②	摊余成本 ④ = 期初④ − ③
买入债券				105
第 1 年年末	10	8.4	1.6	103.4
第 2 年年末	10	8.3	1.7	101.7
第 3 年年末	10	8.3	1.7*	100

注:* 代表 101.7–100 的调整额 1.7 万元。

公司花 105 万元买入这份债券时,记录了 105 万元的金融资产。

第 1 年年末,公司收到债券发行方支付的 10 万元现金。发行债券时,市场利率为 8%,用 105 万元的债券本金乘以 8% 的利率,计算出实际年利息为 8.4 万元。这是指公司收到的 10 万元现金中,只有 8.4 万元是利息收入,该利息收入将计入第 1 年的利润中。剩余的 1.6 万元则是发行方偿还给购买方

⊖ 我们称这个市场一般利率为实际利率。

的本金，于是购买债券的本金就从 105 万元减少到 103.4 万元，第 1 年年末的金融资产价值就要调整为 103.4 万元。

到了第 2 年年末，公司又收到 10 万元现金，因为年初时本金已经减少到 103.4 万元，用 103.4 万元本金乘以实际利率 8%，就可以计算出第 2 年的实际利息是 8.3 万元。收到的 10 万元现金中剩余的 1.7 万元，同样视作债券发行方偿还给购买方的本金，这时金融资产的价值就再减少 1.7 万元，为 101.7 万元。

这里的 103.4 万元和 101.7 万元叫作摊余成本，这个计算摊余成本的方法，我们称作**实际利率法**，就是企业按照债权发行时的市场实际利率水平 8% 来计算摊余成本和实际计入损益的利息金额，而不是以债券的票面利率来计算。所以，会计上记录的利息收入并不是企业实际收到的现金，因为还要扣除债券发行人偿还给购买方的本金，剩余部分才是利息收入。正因为企业每期都收回了一些本金，所以金融资产的摊余成本会逐年减少。

13.3.2 以公允价值计量的金融资产会计处理

第二类和第三类金融资产都是以公允价值计量的。如果公司买入了一家上市公司的股票，并且随时准备出售，那么这个股票投资就应划分为第三类金融资产。举个例子，计算过程如表 13-5 所示。

表 13-5 第三类金融资产的计量方法举例 （单位：元）

	收盘价/出售价	公允价值变动损益	投资收益	利润	金融资产每股价值
买入股票					10
第 1 年年末	12	+2	0	+2	12
第 2 年年末	9	−3	+0.2	−2.8	9
第 3 年出售	11	0	+2	+2	0

注：该表中的数字代表每股的计价和收益。

如果买入的股票价格是每股 10 元，购买时应记录金融资产每股 10 元。

到第 1 年年末，如果继续持有这只股票，就应该查看当天的收盘价。如果收盘价涨到每股 12 元，就需要将金融资产的价值调整到每股 12 元，同时将股票上涨的 2 元作为公允价值变动产生的收益，记录在利润表中，增加当年的利润。

到第 2 年年末，如果股票还没卖，并且当天的收盘价跌到了每股 9 元，就需要将金融资产的价值调整到每股 9 元，因为这是新的公允价值。同时还要按照新的公允价值 9 元和上一个公允价值 12 元的差额 3 元，记录每股公允价值变动产生的损失，也是记入利润表中，减少当年的利润。

到第 3 年的某一天，如果我们将这只股票卖出，出售价格为每股 11 元，这时就需要按照出售价格 11 元和上一个公允价值 9 元的差额，来记录每股 2 元的投资收益。这里的 2 元因为已经实现了，所以不再计入公允价值变动产生的收益里了。

如果第 2 年被投资公司发放了每股 2 角的股利，那么第 2 年年末，公司应再记录一个每股 2 角的投资收益。

如果上面的例子中，我们购买的股票最初被归为第二类金融资产，那么每一年的公允价值变动就不记入利润表，而是作为其他综合收益记录在资产负债表的股东权益部分。

※　　※　　※

根据以上介绍，按照公允价值计量，金融资产可能会造成企业利润的大幅度波动。比如上面举例的股票，以 10 元买进，11 元卖出，每股获利 1 元。但因为是按照公允价值计量，需要在第 1 年记录每股 2 元的收益，第 2 年记录每股 3 元的损失（不考虑 0.2 元的分红），第 3 年出售股票时又记录每股 2

元的收益，虽然3年的加总收益仍然是1元，但这个利润在3年中的波动性大大增加。你也许会认为，利润的波动只存在于第三类金融资产核算中，在第二类金融资产中不会有这个问题。其实不然，我们不妨举一个真实的例子。

兰生股份是一家上市公司，它在很早的时候就开始持有海通证券1亿股的原始股，成本价为每股2元。在2007年之前的会计准则中，金融资产是按照历史成本计量的，所以它一直按照每股2元的成本来记录所持有的海通证券股份。从2007年开始实施以公允价值计量的金融资产会计准则，2007年12月31日，应该是它首次需要将历史成本调整成公允价值的时间，这天海通证券的股票收盘价大约为54元，而兰生股份将这部分投资归在第二类金融资产中，所以就需要记录每股52元的其他综合收益。由于兰生股份持有1亿股海通证券，这时股东权益猛增了52亿元。股东最关心的是投资的回报，衡量回报高低的指标股东回报率是用公司的利润除以股东的投资额计算得到的。该指标会因为股东权益的大幅增加而一落千丈。虽然利润并未产生大幅度的波动，但这种计量方法还是对财务数据带来了剧烈波动的影响。

※　　※　　※

很多上市公司都会进行股票投资，一些公司的交易量还很大，这样就势必会产生大量的金融资产，这部分金融资产对公司利润和股东权益的影响也就越来越不容忽视。金融行业的企业持有的金融资产远多于一般行业，而且还会持有非常复杂的金融资产，所以金融资产的会计处理对于金融企业影响巨大。还有一些需要使用资源类产品的企业，比如航空公司使用航油，钢铁企业使用铁矿石，铜冶炼企业使用铜矿材料等，这些企业因大量涉足大宗商品，为预防其远期价格波动的风险，它们可能会进行套期保值。在这种情况下，这些企业的金融资产也会对其产生非常大的影响，而这些问题比较复杂，在此就不展开讨论了。

小　结

1. 金融资产投资是企业一种对外的投资，它属于金融工具的一部分。常见的金融工具有股票、债券、远期、期货、期权等，只要符合金融工具的定义，甚至应收款、应付款也可能被算作金融工具。
2. 2018年1月1日起实施的新会计准则把金融资产划分为三类：第一类是以摊余成本计量的金融资产；第二类是以公允价值计量，并且公允价值变动计入其他综合收益的金融资产；第三类是以公允价值计量，并且公允价值变动计入当期损益的金融资产。
3. 金融资产归属于哪种类型，应在最初持有时确定，并且确定之后不得再变更。
4. 第一类金融资产在价值下跌时需要计提减值；第三类金融资产完全不需要计提减值；第二类金融资产价值下跌，如果是债权类，则需要计提减值，如果是股权类，则不需要计提减值。
5. 以公允价值计量的金融资产价格变动，可能对利润和股东权益产生较大的影响。

思考题

提问： 如果公司购买了一份面额为100万元的国债，准备一直持有至到期，这份国债的年利率是5%，但发行时的市场利率是8%，那么，公司第1年收到的国债利息5万元还达不到公司实际的利息收入，在此情况下应如何记录利息收入呢？

回答： 公司每次收到的债券发行方支付的现金，仍然要按照实际利率在本金和利息之间进行分摊（计算表格见表 13-6）。

第 1 年收到 5 万元现金，而购买债券时的市场利率是 8%，说明债券一定会以低于票面面值的金额出售，如按 88 元出售。那么，第 1 年的利息收入就应该是 88 万元乘以 8%，即 7 万元，如果只收到 5 万元现金，就相当于发行方欠了公司 2 万元的利息，这 2 万元的利息应该增补本金，所以本金要增加到 90 万元。以此类推，第 2 年年末的本金还要继续增加。

表 13-6　某公司国债投资的计量　　　　（单位：万元）

	应收利息 ①	利息收入 ② = 期初④ × 8%	债券本金调整 ③ = ① – ②	摊余成本 ④ = 期初④ – ③
买入国债				88
第 1 年年末	5	7	–2	90

就算实际收到的利息金额比计算出应收的利息收入要低，还是需要按照实际计算的利息来记录利息收入。

14
股权投资要讲感情
股权投资

企业经常会建立子公司，也会与他人组建合资企业，这样的投资往往是长期的合作，这些合作有的友谊长存，有的反目成仇。本章我们将学习股权投资的各种形式及其对财务数据的影响。

14.1 认识长期股权投资

14.1.1 长期股权投资的概念

长期股权投资就是那些**准备长期持有的对外权益投资**，这是长期股权投资和列入金融资产的股票投资间最大的区别。列入金融资产的那些股票要么是持有待售，要么是持有以获取稳定的现金流。只有那些不准备随时出售的投资，才算得上是长期股权投资。

一般而言，持有金融资产承担的是价格变动的风险，如果持有的是债券，承担的主要是信用风险，而长期股权投资主要承担的是被投资企业的经营风险。

14.1.2 长期股权投资的分类

按照与被投资企业的关系，长期持有的股权可以分为三类，分别是**有控**

制权的投资、有重大影响的投资、没有控制权又不具有重大影响的投资。

有控制权的投资意味着被投资方是投资方的**子公司**；有重大影响的投资则意味着被投资方是投资方的**联营企业**；如果和其他企业一起共同对被投资企业实施控制，我们就称被投资方是投资方的**合营企业**。会计上对于不同类别的股权投资有不同的记录方法（见表14-1）。

表 14-1 长期股权投资的分类

分　类	判断的一般依据	被投资企业与投资方的关系	会计计量方式
有控制权的投资	持股超过 50%，或为投资方最大股东，远超过第二股东的持股，或对被投资企业拥有重要的决策权力	子公司	成本法，同时需编制合并报表
有重大影响的投资	在董事会拥有席位，或可向被投资方派遣关键管理人员、向被投资方提供关键技术、参与被投资方的政策制定或一些重要交易的决策	联营企业	权益法
没有控制权又不具有重大影响的投资	不属于以上两种情况	合营企业	纳入金融资产核算

※　　※　　※

我们先来认识下与此相关的几个概念，先说说**控制权**。通常持股超过50%就代表拥有控制权；或者虽然持股比例没有达到50%，但是投资方系最大的股东，而且其他的股东持股比例都较低，比如投资方持股30%，但是第二大股东只持股10%，这种情况下投资方也可能拥有控制权。以上两种是指较为常见的情况，但不是绝对的。严格说来，判断投资方是否拥有控制权，主要依据公司章程的规定。比如章程规定重大决策提案要2/3以上的股东同意才能获得通过，那么即使持股50%也不一定拥有控制权。或者章程规定了一些股东拥有特殊的权利，比如阿里巴巴的章程就规定了一个由管理层组成的28人委员会，这个28人的委员会拥有一些超过它持股比例的额外权利，他们可以提名董事，而且在他们所提名的董事没有获得通过的情况下，可以继续提名其他的董事，直到被通过为止。在这样的条款下，即便是第一大股东，也不能说拥有控制权。再或者章程规定两个股东分别对某些事项拥有决策权，比如A股东在产品研发阶段拥有决策权，B股东在产品销售阶段拥有决策权，这时即使A股东持股60%，也不能说就拥有控制权。由此可见，判断是否拥有控制权其实是一个很复杂的问题。

再来讨论**重大影响**。这个的要求要比控制权低很多，所谓重大影响是指凭借在董事会拥有的席位通过参与表决的方式来实现。除了在董事会拥有席位之外，如果能向被投资方派遣关键管理人员、向被投资方提供关键技术、参与被投资方的政策制定或一些重要交易的决策，都可以看作对被投资方拥有重大影响。

※　　※　　※

如果投资方拥有控制权，就需要用成本法（将在14.3节中将详细介绍）来记录这项投资，此外还要编制一份合并报表（将在14.3节中详细介绍）。如果对被投资企业没有控制权，但是能够施加重大影响，或者能和其他企业一起对被投资企业实施共同控制，就需要按照权益法来记录这项投资。如果对被投资企业既不拥有共同控制权，也不能够实施重大影响，那么就不属于长期股权投资的核算范围，而是作为金融资产进行核算。

这里还需要区分被投资企业股票的公允价值是不是容易获得。对于上市公司而言，公允价值就是它的市场价格。如果公司持有的股票不排除有随时出售的可能，就应当算作一项金融资产。如果公司持有的股票是非上市公司的，虽然仍然要纳入金融资产的范围内核算，但因为公允价值难以取得，按照金融资产核算的要求可以不调整为公允价值，实际上记录的还是初始的投资成本。

14.2 成本法和权益法

14.2.1 成本法

成本法下，投资的账面价值总是等于最初的投资成本，被投资企业的盈利或亏损不会反映在投资方的报表上，**只有当被投资企业分红的时候，才会作为投资方的投资收益进行核算**。

成本法计算的长期股权投资可能存在减值问题。每年年末企业都需要对长期股权投资进行减值测试，如果认为确系发生了减值，就要计提减值准备，冲减长期股权投资的账面价值，同时也会记录相应的资产减值损失，从而减少当年的利润。这与固定资产和无形资产的减值一样，长期股权投资也是一种长期资产，同样适用**减值一旦计提就不能转回**的规定。

如果是将已经计提减值的长期股权投资卖掉，就相当于把计提的减值转回来了。举个例子，有一家上市公司，它有一项账面价值为2720万元的长期股权投资，它将其全额计提了减值准备，账面价值就减至0，之后再以2720万元的价格卖掉。如果将账面价值为2720万的投资以2720万元的价格出售，本来是不会产生账面利润的，但因为这家公司在第一年先计提了2720万元的**减值**，卖掉这项长期投资就会产生2720万元的投资收益。第二年2720万元的投资收益其实是由第一年计提的2720万元减值所带来的。第一年的利润减少了2720万元，才导致第二年确认了2720万元的投资收益。所以，这仍然**是一种利润在不同年度之间进行转移的操纵方式**。

14.2.2 权益法

在权益法之下,长期股权投资的价值就不再是一成不变的了,而是要根据被投资企业的经营状况来逐年调整。比如投资方持有被投资企业 15% 的股权,如果被投资企业当年盈利 1 亿元,那么作为投资方就应该记录 15%,即 1500 万元的投资收益,同时长期股权投资的价值也应该增加 1500 万元,相当于投资方对被投资企业增资了 1500 万元。但如果被投资企业将 1 亿元利润中的 5000 万元作为股利发放,投资方拥有 15% 的股权,就可以分得 750 万元的利润,相当于将 750 万元的投资从刚才 1500 万元的增资中拿回来了,长期股权投资的价值就应该在刚才增资 1500 万元的基础上再减少 750 万元。但是,**分红是不影响长期股权投资的投资收益的**。

14.2.3 成本法与权益法的差异

通过以上举例,我们可以很明显地感受到成本法与权益法的区别(见表 14-2)。

表 14-2　成本法与权益法的区别

	每年年末	分红	减值
成本法	不操作	按比例计入投资收益	冲减长期股权投资的账面价值,一经计提不得转回
权益法	用被投资企业的利润乘以持股比例,作为投资收益,同时调整长期股权投资账面价值	不计入投资收益,而是调整长期股权投资账面价值	原理同成本法,但计提减值可能性较小

具体来说,这两种方法**在利润方面的差异主要在于被投资企业的利润金额是否会影响投资方的盈利和亏损**。在成本法下,投资收益只与被投资企业的分红有关,与被投资企业的盈利状况没有关系,这就好像是在投资方与被投资方之间建立一道防火墙,把它们之间的利润关联给隔离了。权益法就不

一样了，在权益法下，被投资企业的盈利乘以投资方的持股比例，直接记录为投资方的投资收益，被投资企业的分红反而不作为投资收益，投资方和被投资企业之间的利润是有关联关系的。

在长期股权投资的账面价值方面，成本法和权益法也有很大的区别。成本法下，长期股权投资的价值始终等于初始投资的成本，唯一会影响账面价值的只有减值。而在权益法下，每年长期股权投资的价值都需要根据被投资企业没有分配的那部分利润进行调整，即用留存在被投资方的那部分利润⊖乘以持股比例，来调整长期股权投资的价值。权益法计量的长期股权投资也需要考虑减值问题，在减值方面成本法和权益法的原理是相同的，只是权益法下，我们已经根据被投资企业的盈亏情况调整了投资的价值，所以需要进一步计提减值的可能性相对较小。

这时有人可能会想到一个问题，就是如果被投资企业一直亏损，甚至累计亏损的金额超过了原始的投资，该如何处理？比如投资方最初投入1000万元，占有被投资方10%的股份，如果被投资方每年都亏损5000万元，投资方持有10%的权益，每年就要跟着亏损500万元。两年下来，长期股权投资1000万元的账面价值就减成0了。第三年如果这个被投资企业仍继续亏损，那长期股权投资岂不是要变成负数了吗？我国会计准则规定，**长期股权投资的价值最多减至0，之后就不再减少了。**

由于成本法与权益法在会计处理上的差异，有的公司会利用这一点来选择投资时的持股比例。比如上海汽车就曾将其持有的通用汽车的股权比例从19%增加到20%，因为20%通常作为能否对被投资企业施加重大影响的一个量化指标。在当时的会计准则中，20%以下的持股比例需要按照成本法记录（按照当前的新会计准则，20%以下的持股按照金融资产记录）。但由于通用汽车不是上市公司，公允价值难以取得，所以19%的权益投资可以按照初始

⊖ 即被投资方本年净利润总额减掉现金分配出去的那部分利润之后的余额。

投资成本来记录，通用汽车的盈利就不会反映在投资方上海汽车的财务报表中。这时如果增持 1% 的股份，达到 20%，就可以把核算方法由成本法变成权益法，当通用汽车盈利 1 亿元时，上海汽车就可以记录 2000 万元的投资收益，它的利润也因此增加了 2000 万元。

当然，反向操作也有发生，即原来持股 20%，现在减持 1% 变成 19%。在旧准则下这样做，就可以把会计核算方法从权益法变成成本法；在新准则下这样做，也可以把权益法核算的长期股权投资变成金融资产。无论是哪种情况，被投资企业亏损，投资方都不会体现在报表中。

14.3 合并报表

14.3.1 什么是合并报表

当投资方对被投资企业拥有控制权时，投资方除了要编制自己的财务报表，还需要站在集团公司的角度编制一张**合并报表**。这时的个体报表还是需要按照成本法来做。

我们先来了解一下合并报表的基本原理。举个例子（见表 14-3），A 公司拥有 B 公司 80% 的股份，并且根据章程规定，没有会导致 A 公司无法实现控制权的条款。这时 A 公司作为集团母公司，就要把 B 公司纳入合并报表。假设 A 公司的资产负债表中，资产总计是 1000 万元，其中包含了 A 公司对 B 公司的股权投资 200 万元。A 公司的负债是 400 万元，股东权益是 600 万元。而被投资企业 B 公司的资产一共是 500 万元，负债和股东权益各 250 万元。

根据上面的信息，合并之后的资产金额应该等于 1300 万元（= 集团内各部分资产之和 1500 万元 – 集团内部投资 200 万元）。之所以要剔除对被投资企业的投资，是因为合并报表相当于把投资方和被投资方作为一家公司来做报表，这种情况之下，内部持股就要被抵消掉。实际上不仅仅是两者之间的投资要抵消，它们之间发生的所有交易都要抵消。如果母公司⊖的总资产是1000万元，剔除对子公司⊜的投资200万元之后剩下800万元。子公司的总资产是500万元，加总得到1300万元。合并报表上的负债就是母公司的负债400万元，再加上子公司的负债250万元，总计650万元。合并之后的股东权益就等于上述合并出来的资产减去负债，即1300 – 650 = 650万元，可以看出，这个数字就是母公司的股东权益600万元，再加上50万元的**少数股东权益**。那么，子公司250万元的股东权益去哪儿了呢？其实按持股比例计算的母公司享有子公司的权益份额200万元（= 被投资方权益总额250万元 × 持股比例80%），和母公司200万元的长期股权投资抵消了。剩下的50万元由除母公司之外的少数股东所持有。所以，最后的合并报表上的股东权益就是母公司股东权益600万元，加上50万元的少数股东权益，一共是650万元。

表 14-3 合并资产负债表 （单位：万元）

	A 公司（母公司）	B 公司（子公司）	合并报表
资产总计	1000	500	1300 （=1000+500–200）
其中，对 B 公司的投资	200 （占其80%）		
负债总计	400	250	650
股东权益总计	600	250	650 （=600+250–250×80%） 其中，少数股东权益为50

在利润表方面（见表14-4），如果母公司的收入是1000万元，成本费用一共是800万元，那么经营利润就是200万元。加上子公司给母公司的分红80万元，共有280万元的利润。而子公司的收入是500万元，成本费用一共

⊖ 即例子里面的 A 公司，投资方。
⊜ 即例子里面的 B 公司，被投资方。

是 400 万元，所以利润一共是 100 万元。合并之后的收入就是母子公司收入之和，即 1500 万元，成本费用也是母子公司之和，即 1200 万元。但是利润中来自子公司分红的那个 80 万元和子公司利润的 80%，也就是 80 万元相互抵消掉了。子公司剩下的 20 万元利润是归属于其他少数股东所有的，所以是**少数股东损益**。这样，最终的利润就是母公司的 280 万元，再加上少数股东损益 20 万元，一共是 300 万元，其中的 280 万元是**归属于母公司股东的利润**，20 万元是少数股东损益。

表 14-4　合并利润表　　　　　　　　　　（单位：万元）

	A 公司（母公司）	B 公司（子公司）	合并报表
收入	1000	500	1500
成本费用	800	400	1200
经营利润	200	100	300
分红	80 （来自子公司 B 的分红）	100 （其中 80% 分给了 A 公司）	
净利润	280		300 （=280+100−80） 其中，少数股东损益为 20

※　　　※　　　※

综上，合并报表中的资产负债表，就是母公司和子公司资产负债表对应的项目之和，而且只要形成控制关系，无论持股比例是多少，都是直接相加，只需要抵消母公司对子公司的投资这一项资产和子公司归属于母公司的所有者权益部分。子公司剩下的那部分没有被抵消的股东权益，就成为合并报表上所列示的少数股东权益。简而言之，**合并报表的股东权益就等于母公司的**

股东权益，再加上少数股东权益。

同样，合并利润表中的收入和成本费用也是母公司和子公司利润表对应的项目之和，无论持股比例多少，也都是把它们百分之百地加总，只需要剔除由于母公司从子公司分得现金股利而产生的投资收益，子公司的利润中同样要剔除这一部分。**合并利润表最终体现为归属于母公司的净利润，再加上少数股东损益**。

以上只是合并报表的基本原理，其实际操作过程更为复杂，主要是因为母公司和子公司之间的所有交易都要抵消，而且抵消还需包括它们对所得税的影响。

14.3.2　个体报表与合并报表的关系

如果大家看过上市公司的年报，会发现年报中一般会有两个会计核算主体的报表，一个是母公司报表（即投资方的**个体报表**），另一个是合并报表。我们很容易就会认为，个体报表是指母公司自身的报表，不包括子公司，而合并报表是母公司及其子公司加在一起的报表，所以母公司报表与合并报表的核算主体是不一样的，数字自然也就不一样。这种认识其实是错误的。

母公司报表中也会包含被投资企业，只不过是按成本法核算被投资企业。在母公司报表中，不会体现被投资企业的资产、负债，但会把它们之间的差，即被投资企业的股东权益乘以投资方的持股比例作为长期股权投资体现出来。同样，母公司报表上也不体现被投资企业的收入与成本费用，但会把子公司对母公司的分红作为投资收益体现出来，而子公司时母公司的分红往往与子公司的利润，即子公司收入与成本费用的差有关。所以，**母公司报表与合并报表的核算主体是一样的，都是母公司和被投资企业加在一起**。

母公司报表可被视为一个简化版的合并报表，它简化到了用一个长期股权投资就代替了被投资企业的整张资产负债表，用一个投资收益就代替了被投资企业的整张利润表和利润分配。所以，**母公司报表是以投资活动的方式来表现被投资企业，而合并报表则是以经营活动的方式来表现被投资企业。**

从数值上看，合并报表的资产和负债都是母公司和被投资企业资产、负债的加总，但是股东权益只包含了母公司的股东权益和被投资企业股东权益中不属于母公司的那一部分，即少数股东权益。合并报表的收入和成本费用都是母公司和被投资企业收入、成本费用的加总，但是利润只包含了母公司的利润和被投资企业利润中不属于母公司的那一部分，即少数股东损益。所以，除非存在极端的情况，通常合并报表的股东权益增加没有资产增加得那么多，而它的利润增加也没有收入增加得多，**合并报表的利润率往往低于母公司报表的利润率，但资产周转率在二者之间却没有特定的数量大小关系。**

小 结

1. 长期股权投资就是那些企业准备长期持有的对外权益投资。按照与被投资企业的关系，长期持有的股权可以分为三类，分别是有控制权的投资、有重大影响的投资、没有控制权又不具有重大影响的投资。

2. 如果投资方拥有控制权，就以成本法来记录投资，另外还要编制合并报表；如果投资方对被投资企业没有控制权，但能施加重大影响或与其他企业共同控制，就以权益法来记录投资；如果投资方对被投资企业既不拥有共同控制权，也不能实施重大影响，那么就不属于长期股权投资的核算范畴，而作为金融资产进行核算。

3. 长期股权投资的核算方法分为成本法和权益法。它们最大的区别是，被投资企业的盈亏是否影响投资方的报表。成本法下，被投资企业的盈亏不影响投资方的利润；权益法下，被投资企业的盈亏会直接反映在投资方的报表上。企业在确定持股比例时，也需要考虑不同的持股比例对应的会计处理方法及其产生的财务影响。

4. 编制合并报表时，无论持股比例多少，资产、负债、收入、成本费用都是母公司和被投资企业百分之百的加总。合并资产负债表需要抵消母公司对子公司的投资和子公司中归属于母公司的所有者权益；合并利润表需要剔除母公司从子公司分得的投资收益和子公司利润分配中给母公司的部分。

5. 母公司的个体报表和合并报表的核算主体、核算范围一致，都是母公司和被投资企业的加总，只不过二者表现被投资企业的方式不一样。母公司报表是以投资活动的方式来表现被投资企业，而合并报表则是以经营活动方式来表现被投资企业。

······ **思考题** ······

提问：在确定股权投资的持股比例时，应该如何考虑会计处理方法产生的影响？

回答：在确定股权投资比例时，需要考虑很多因素，比如会计处理方法、持股目的、资金实力、持股期限等。

如果持股比例低于20%，应按照金融资产来记录投资，如果持有的是上市公司的股权，那么每年都要对资产的价值按照公允价值进行调整，在这种情况下，随时出售是唯一的持股目的，所以每年的利润也会跟着公允价值而变化。但如果只是把出售当作一种选择的话，利润就不必跟随公允价值进行调整，如果持有的是非上市公司的股权，虽然是按照金融资产来列示的，但是资产的价值可以不按照公允价值来调整，结果就是资产的价值保持为最初的投资成本，那么利润自然也就不随公允价值调整了。

如果持股比例大于20%但小于50%，同时又没有什么特殊的控制权安排，通常属于对被投资企业能够施加重大影响的投资，这时用权益法来核算。权益法下，被投资企业的盈亏会直接反映在投资方的利润中，投资的价值也要随着被投资企业的盈利和它的利润分配情况来逐年调整。

如果持股比例超过了50%，并且没有特殊的控制权安排，我们就认为对被投资企业是拥有控制权的。一方面需要用成本法编制个体报表，另一方面需要编制合并报表。这时个体报表上的投资按照最初的成本来列示，利润只反映了被投资企业的分红情况，但是合并报表上需要把被投资企业的经营状况全面、直接地反映出来。

综上，如果持有的是非上市公司的股份，只有在20%～50%这个区间的投资，投资价值会每年随着被投资企业的盈利和利润分配情况调整。而其他持股比例下，投资都是按照初始的成本来列示的。从利润情况看，也是只有在20%～50%这个区间的投资，投资收益由被投资企业的盈亏状况来决定。而其他区间的投资，投资收益都是由被投资企业的分红状况来决定的。在合并报表上，被投资企业的盈亏情况会以经营的方式全面地反映出来。

所以，如果被投资企业经营状况不错，而且其他条件许可，我们可以考虑持有20%～50%这个比例区间的股权。如果希望掌握控制权，还可以持股50%以上。同时也需要注意，公司章程里要避免影响第一大股东控制权的那些相应的条款。如果被投资企业经营状况不好，或者投资方自身财力有限，就可以考虑持股20%以下。

15
带上你的嫁妆跟我走
兼并收购

兼并收购从来都是资本市场上最热门的话题,企业会购买资产、服务,也可能购买另一家企业。这样的"整体"购买可以获得对方的资产、技术、渠道、人员等,也可能存在巨大的财务风险和整合风险。本章我们来看看兼并收购这桩"婚事"背后都有什么故事。

15.1 认识兼并收购

15.1.1 什么是兼并收购

兼并收购其实是指两件事,即企业兼并和企业收购。兼并是指原本相互独立的两家或多家企业合并成一家企业的市场行为。一般来说,兼并会存在一家优势企业,它买下了其他的企业。而收购是指一家企业买了另外一家企业的股权或资产,从而获得了对被收购方股权或资产的控制权。

这两件事有时很难区分,它们都可以视作一家企业买了另外一家企业或者几家企业,并且获得了控制权。那么,它们的主要区别是什么呢?兼并之后,占优势的企业会继续存续,而其他企业则会被合并。而收购发生之后,收购方和被收购方都会继续存在,只是被收购方的控制权由收购方掌握了。现实中,兼并收购还有另外一种情况,就是收购方和被收购方都不继续存在,双方重新注册成立一家新公司，把收购方和被收购方的资产合并到新的公司里（见图15-1）。

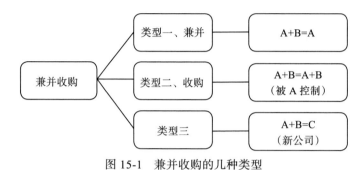

图 15-1　兼并收购的几种类型

15.1.2　反向收购

还有一种常见的收购方式，叫**反向收购**，它是指一家上市公司收购了一家非上市公司，之后非上市公司却掌握了上市公司的控制权的并购现象。从形式上看，上市公司是母公司和收购方，但实际上非上市公司才是真正的收购方。反向收购经常和借壳上市联系在一起，如果反向收购后，非上市公司的资产、负债、业务人员等都注入到上市公司中，甚至上市公司原来的业务被剥离出去了，实际上这就是用原来上市公司的壳去装了非上市公司的内容，结果就是这家非上市公司成了收购之后的上市公司。

在中国，企业上市是一个非常复杂的过程。首先需要满足证监会对业绩、规模等方面的一系列要求，其次还需要排队、审核。在这样严苛的条件下就会有一些不满足上市条件的公司，通过反向收购来获得上市公司的身份。在反向收购的过程中，被收购的非上市公司不能像上市过程那样通过发行股票筹集资金，但可以在收购完成之后再发行股票去筹集资金。由于这些公司没有经历上市这种严格的审核过程，所以经常会有一些资质较差的公司利用这种方式来获得上市资格。所以也有人说，反向收购是一种走捷径、走后门的上市方式。

反向收购并非一定都是不好的，曾经有很多中国企业因为没有办法满足中国证监会的上市要求而去海外上市，其中就包括京东、新浪这样的公司。它们之所以去海外上市，就是因为到目前为止，**中国的上市条件中要求公司必须有连续三年以上的盈利**，而互联网公司往往很难满足，而海外很多资本市场，像美国就没有这种盈利的要求。不过，中国证监会对于中国企业去海外上市也是有业绩和规模限制的，而且这个门槛其实比在国内上市更高。所以这些企业也不能直接去海外上市，它们一般都在开曼群岛或者百慕大这样的地区注册一家公司，然后以这家公司作为上市主体，并通过股权来控制在中国的经营主体，这样上市的主体就不是一家中国企业了，也就不需要满足中国证监会的要求了。⊖但是不管怎么说，这些公司还是经过了美国或者其他国家证监会的审核流程，也需要经过上市过程中的各种信息披露和审核过程，所以它们从质量上来说还是有保证的。

除此之外还有相当一部分海外的上市公司是通过反向收购的方式来进行的，它们不是走的上市流程，而是借壳上市。这样就既规避了中方，也规避了外方的上市审核程序。其中就有相当一部分公司后来爆出了丑闻，前几年的浑水公司就揭露了一批中国概念股作假的事件。

最近几年，在中国申请上市的周期变得越来越长，寻求在中国股票市场上借壳上市的公司数量也大幅度增加，这就使得壳资源变得非常缺，壳的价格也扶摇直上。

15.1.3 企业并购的过程

兼并收购的过程非常复杂。前期先要进行尽职调查，要对收购目标进行全面了解，特别要关注其中的财务风险。之后双方还要进行谈判，谈判的过

⊖ 这种股权模式也被称为 VIE 模式。

程也非常复杂，经常要反复多轮，直到最后签约。再进行交割产权过户，最后还有一个漫长的整合过程。正因为收购之后要面对的是业务和人员的重整，所以整合过程也漫长而艰难。

当被收购方是一家上市公司时，收购的过程就会更加复杂，还要进行一些额外的程序，主要包括发布要约公告。根据相关规定，在持股比例达到5%时要发布一次要约公告，这个要约公告发布的目的是要让被收购方和其他公众知晓，包括让监管部门知道该要约的收购意向。当持股比例达到30%时还要再次发布要约公告，而且这时一旦发布了要约公告，在要约有效期之内都不得撤回该收购。如果被收购方不愿意被收购，这项收购就会演变成**敌意并购**，过程将更加复杂而漫长，被收购方可能会采取各种措施来抵制收购方的收购行为，这时的兼并收购就会有很大的失败风险。

15.2 兼并收购的决策机制

15.2.1 美国的五次并购热潮

兼并收购始终是资本市场最热门的话题，中国企业现在也在大量地进行海外并购。历史上曾经发生过多次的兼并收购热潮，比如在美国历史上就曾经发生过五次并购热潮（见图15-2）。

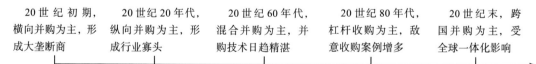

图15-2 美国历史上的五次并购热潮

第一次并购热潮发生在20世纪初期，那时的并购是以**横向并购**为主，也就是同行业企业之间的并购。结果在一些产业形成了大垄断商，比如美国钢铁公司就是通过收购卡内基钢铁公司等785家独立竞争对手最终形成的。它的产量一度占到美国钢铁行业总产量的 75% 之多。还有像杜邦、通用电气、柯达等公司，它们的垄断地位也都是在这个阶段形成的。

第二次并购热潮发生在 20 世纪 20 年代，这个阶段的并购以**纵向并购**为主，也就是上下游产业链的整合。并购的结果是，在原来垄断巨头的基础上进一步形成寡头，比如通用电气就是在这个阶段形成垄断地位的，它的业务主要围绕汽车，还涉及好几个相关的其他行业。

第三次并购热潮发生在 20 世纪 60 年代，这个阶段以**混合并购**为主，也就是横向和纵向整合同时发生。在这个阶段，由于商学院发展起来了，资本市场进一步繁荣，并购的技术水平也有了明显的提升，出现了很多蛇吞象的案例。

第四次并购热潮发生在 20 世纪 80 年代，这个阶段以**杠杆收购**为主，也就是借助财务杠杆来实现收购，而且敌意并购的案例很多。

第五次并购热潮发生在 20 世纪末，这个阶段的并购则以**跨国并购**为主，主要受到全球经济一体化的影响。

15.2.2　企业的并购动机

在中国，并购一直受到广泛的关注，特别是近几年越来越受追捧，在这热火朝天的一波波并购浪潮之下，我们更需要去思考企业并购的动机。

从投资的角度看，兼并收购是一种持股比例增加到能够控制被投资企业时发生的股权投资行为。从另一个角度也可以说，兼并收购是以购买公司而不是购买一项项资产的方式去进行的投资。前面的角度是对兼并收购形式的一种描述，而后面的角度更触及它的实质。

在第 11 章中，我们学习了固定资产的投资决策，一项投资只有在收益大于成本时才可行。在项目投资中，我们将这个原则称作净现值大于零的原则。我们现在需要讨论的是，当净现值大于零时，一项投资存在两种选择，既可以通过并购进行投资，也可以通过直接购买一项项资产进行投资。

通过并购投资一个项目，最直接的好处就是可以快速地开始一项业务，甚至是进入一个行业，同时还可以消灭一个竞争对手。特别地，如果被收购方拥有一些我们很难用钱买到或者自建的东西，这种好处就更加明显。比如我们需要的不仅仅是那些机器设备和土地，还要经验、技术、品牌、渠道等这样一些无形的却又能创造价值的东西。但是通过并购的方式投资一个项目，也增加了投资的风险。

并购是购买一家企业，它与购买资产有两点区别。首先，买下企业不仅意味着买了这家企业的资产，同时也继承了它的负债。很容易想象，作为主并方，并购时肯定担心资产价值被高估，负债价值被低估。所谓担心高估是指，我们知道这些东西最多值多少钱，但需要把减少它价值的因素找出来。在这种情况之下，就需要将每一项资产一一核查，看是否有减值的因素。而担心低估则是指，我们知道这些东西最少值多少钱，但它可能达到的上限是我们不清楚的，这样就只能将我们所知道的每项负债一一核查，而即便这样也不能让我们发现那些我们原本不知道的负债。所以，**低估的风险永远都比高估的风险难以控制**。因此，并购的财务风险主要集中在负债上。

负债的风险又主要集中在那些没有在报表中列示的负债，即**表外负债**。比如，企业在收购后可能会遇到富余人员安置的问题，收购方未来需要支付安置费，这可能是一笔巨大的资金支出，但是安置费不会在收购之前作为负债列示在报表上，所以它就是一种表外负债。再比如，企业如果采用经营性租赁的方式租入一项资产，由于不需要记录相应的资产，未来应支付的租金也不会被记录在负债中，这种情况同样会引发表外负债的产生。现实中，表外负债的情况是非常复杂的，甚至有的企业会通过一定的运作方式来有意隐瞒负债，把它放在报表之外。

其次，买公司不仅购买了对方的资产、继承了对方的负债，还买下了对方的员工。当我们买下公司后，一些能为公司创造价值的人很可能会离开，结果就是我们花了更多的钱去买了一堆资产，而企业最重要的人才资源却没能留住。相反，如果我们买下了一家管理混乱、人才匮乏的公司，然后清理掉那些不能为公司创造价值的员工，就相当于用很便宜的价格买下了那些资产。所以，并购的真实动机可能与我们想象的正好相反，**恰恰是那些管理混乱的公司更容易成为被收购的目标**，人的因素往往使并购成为一个非常复杂的问题。

并购的成功与否不是看能否成功地进行产权的交割，而要看并购之后的企业业绩。淘汰原企业不能创造价值的员工，重新塑造企业的管理制度与文化，这一过程我们称之为**整合**。整合的过程通常会涉及人员、制度、文化、组织流程等各个方面，很可能要花很多年的时间才能够完成，而且很多并购的失败也都是出在整合的问题上。虽然并购受到热捧，常常给人一种时髦、高大上甚至神秘的感觉，但并购也是有利有弊的，其中的风险相当巨大，它不仅体现在并购的过程中，而且可能延续到并购之后的若干年。

15.3 购受日的会计问题

并购的会计问题主要是购受日的会计处理问题。企业买任何东西都需要在交易发生时进行会计记录，买公司也不例外。购受日就是并购交易发生的那个时间点，需要进行相应的会计处理，就是指要将买入的东西和我们付出的钱或者其他代价记录下来。

15.3.1 AT&T公司的收购案例

我们从一个案例开始说起。这个案例发生在近30年前，它的主角是一家闻名全球的公司——AT&T⊖。当时，AT&T准备通过并购进军计算机业务领

⊖ AT&T（美国电话电报公司，American Telephone & Telegraph，但近年来已不用全名），是一家美国电信公司，美国第二大移动运营商，创建于1877年，曾长期垄断美国长途和本地电话市场。AT&T在近120年中，曾经过多次分拆和重组。

域，它选定了一家叫 NCR 的公司作为收购目标，但 NCR 并不同意被 AT&T 收购，于是这场收购就演变成了敌意并购。敌意并购过程中，被收购目标会想方设法地阻止并购的发生，常用的方法就是把收购方想要的那个东西给毁掉。比如，收购方看中的是销售渠道，就放弃销售渠道；收购方看重的是技术，就把技术卖掉。宁为玉碎，不为瓦全，可以说这是一种自毁前程的做法。

AT&T 的案例之所以能在这么多年之后仍然被人记住，是因为 NCR 的反收购手段非常独特，它利用了一个会计手段来进行反收购，而且很成功。在美国，购买日的会计处理有两种基本方法，一种叫**购买法**，另一种叫**权益联合法**（其具体含义之后会详细介绍）。使用权益联合法容易产生漂亮的财务数据，所以 AT&T 决定使用这个方法来核算这项并购交易。但采用权益联合法需要满足很多条件，于是 NCR 就做了很多事情，让这项交易不能够满足权益联合法的使用条件，给 AT&T 的收购决策设置了很多障碍。在遭遇了这些反收购措施之后，AT&T 并没有轻易放弃收购，甚至也没有放弃使用权益联合法的想法，它找到监管机构——美国证监会去沟通。经过了很长时间的反复沟通，监管机构表示如果 AT&T 能够说服 NCR 收回那些抵触做法的话，就允许 AT&T 用权益联合法来核算这项收购活动。AT&T 只好找 NCR 谈条件，希望 NCR 能够配合它。走到这一步，NCR 的回答很简单——拿钱来换，无奈之下，AT&T 额外支付了约 5 亿美元完成了这项收购。这个收购事情也使得权益联合法成为最贵的一个会计方法。

那么，权益联合法到底有哪些好处呢？我们先来介绍一下目前我国使用的会计准则，然后再结合会计准则来解释权益联合法和购买法，看看权益联合法为什么会这么有吸引力。

15.3.2 购买法和权益联合法

我国会计准则规定，如果合并方与被合并方在合并前受同一家公司的控制，那么就属于**同一控制之下的企业合并**，这时应采用权益联合法。如果收购方与被收购方并没有同受一个最终控制方⊖控制，那么就属于**非同一控制之下的企业合并**，这时应采用购买法。

这两种方法是如何记录的呢？

1. 资产负债表的记录

假设一家公司收购了另一家公司，购受日为某年6月30日，收购当天被收购企业的账面资产是200万元，账面负债是100万元，股东权益的账面价值就是100万元。收购企业在收购前对被收购企业资产、负债进行了评估，资产的评估价值为230万元，增值的30万元主要是因为存货和固定资产的评估增值。负债的评估没有增值也没有减值，因此股东权益的评估价值也增加了30万元，即为130万元（见表15-1）。现在，收购方用150万元购买了被收购方百分之百的股权，收购过程中还花费了30万元的法律顾问费、审计费等费用。在购受日当天，收购方要把被收购企业的资产、负债记录到自己的报表上。

表15-1 被收购企业在购受日的价值情况　　　　　（单位：万元）

	被收购企业的账面价值	被收购企业的公允价值
资产	200	230
负债	100	100
所有者权益	100	130

在非同一控制的情况下，收购方应将被收购方的资产和负债都按照评估价值，也就是公允价值合并进收购方的报表中。在上例中，收购方要增加230万元的资产和100万元的负债，那么股东权益就要增加130万元。现在的收购价格是150万元加上支付的各种费用30万元，因为这些费用在购买法

⊖ 购并双方若仅仅同属国有企业，不算作同一控制下的企业合并。

下都算作收购成本,所以总成本是 180 万元。180 万元的收购成本与被收购方股东权益的评估值 130 万元之间,存在着 50 万元的差额,这个差额其实不是用来购买被收购方资产的,我们将它记录为商誉。我们在无形资产那章介绍过,商誉是在一家企业收购另一家企业时产生的。按照现行的会计准则,商誉不需要进行摊销,但需要在每年年末进行减值测试,一旦发现减值就要计提减值准备。这就是购买法的基本原理。

如果是在同一控制的情况下,那会计处理就比较简单了,只需要把被收购方的资产和负债,按照其账面价值合并至收购方的报表即可。在上述例子中,如果收购方与被收购方处于同一控制之下,那么收购方的资产就只增加 200 万元(被收购方资产的账面价值),负债增加 100 万元(被收购方负债的账面价值),这样股东权益就增加 100 万元。至于收购过程中发生的法律顾问费等额外的费用,则计入当年的费用。收购价格 150 万元和股东权益账面价值 100 万元之间的 50 万元差额,不确认为商誉,而是计在股东权益中。这就是权益联合法的基本原理。

2. 利润表的记录

以上介绍是两种方法在资产负债表上的记录差异,接下来我们看利润表的记录。

在非同一控制的情况下,购受日不需要合并利润,因为此时合并的企业还没有产生利润,需要等到年底再编制,而且合并利润表中应该只包含购受日之后被收购企业的盈利。假设被收购企业在购受日之后产生的利润是 15 万元,全年的利润是 30 万元。在非同一控制情况下,合并利润表只反映被收购方购受日之后所创造的 15 万元利润。如果是同一控制下的企业合并,在购受日就需要编制合并利润表。因为这种情况下,我们并不认为是一家公司收购了另外一家公司,而是受同一控制人控制的两家企业自愿合并成一家企业去共享所有的一切，就好像两个人结婚一样，他们既共享婚后的财产，也共享婚前的财产。因此，在购受日合并的利润，就是从年初到购受日的被合并企业的利润；到年底编制合并报表时，利润表实际上包含了整个合并企业全年的利润。

3. 权益联合法的"优势"

至此，我们就可以看到权益联合法的"魅力"所在了。权益联合法在资产负债表上不体现被收购方资产和负债的评估增值和减值，也不需要将实际支付的收购价格以资产或费用的形式体现出来，唯一体现为费用的是收购过程中的额外费用。像房地产、高科技企业这类公司，这一点对它们的合并非常重要。

比如房地产公司，它的存货——房子的市场价格远远高于建造成本，而账面价值是以建造成本来计算的。如果我们把房子按照它的评估价值合并进来，那么资产价值其实已经体现了房子的增值，日后把房子卖掉时，就不可能再记录更多的利润了。如果把房子按照其账面价值合并进来，日后卖掉房子就可以记录更加丰厚的利润。

比如高科技企业一般都是轻资产企业，它们收购的价格往往比资产负债表的评估价值高出很多。如果采用购买法，高出的这部分价值应确认为商誉，今后可能会因减值而影响利润；而在权益联合法下，高出的部分只调整股东权益，不会增加资产，也不会记录在费用中。在利润表方面，权益联合法可以将购受日之前的利润也纳入合并报表中，而购买法只能将购受日之后的利润合并进来。这就是为什么采用权益联合法编制的报表比较漂亮，也因为以上原因，权益联合法受到了诸多批评，被认为不能体现并购的真实成本，所以后来美国的会计准则废除了权益联合法。

中国原来是不允许使用权益联合法的，但2007年以后，我国的会计准则增加了同一控制下的企业合并，并且在这种情况之下允许使用权益联合法。

最后需要补充说明一下反向收购的特殊性。在非上市公司反向收购上市公司时，被收购方上市公司是法律上的母公司，借壳上市的非上市公司是法律上的子公司，但由于会计遵循实质重于形式的原则，所以要求按照实际情况来确定收购方和被收购方。会计上认为，非上市公司才是真正的收购方，在合并报表上，需要按非上市公司支付的收购成本和上市公司可辨认净资产公允价值的差来计算商誉。借壳上市中，因为非上市公司支付的收购价格包含了壳的价值，所以收购价格往往会远高于上市公司股东权益的评估价值，这样就会产生一个巨额的反向购买商誉，而该商誉在日后很有可能会出现巨大的资产减值。

小 结

1. 兼并收购指企业兼并和企业收购，是两件事。兼并指原本相互独立的两家或多家企业合并成一家企业的市场行为，而收购是指一家企业购买了另一家企业的股权或资产，从而获得了对被收购方股权或资产的控制权。

2. 反向收购是指一家上市公司收购了一家非上市公司，之后非上市公司却掌握了上市公司的控制权的并购现象。反向收购经常和借壳上市联系在一起。

3. 并购是以购买企业的方式进行的一项投资。并购决策首先要保证项目的净现值大于零，其次需要确定并购的方式。并购不仅可能让企业快速进入某一业务领域，还可以消灭竞争对手，但它会大大增加企业的风险。风险一方面来自被收购目标的表外负债，另一方面来自对被收购目标的整合。

4. 并购中购受日的会计处理包括两种基本方法：购买法和权益联合

法。我国会计准则规定，同一控制下的企业合并采用权益联合法，非同一控制下的企业合并采用购买法。

5. 购买法将被收购方的资产、负债按照评估价值记录到收购方的报表中，收购价格高于评估价值的部分记录为商誉。购受日不编制合并利润表，而在年末编制。合并利润表只包含被收购方在购受日之后的那部分利润。权益联合法将被收购方的资产、负债按照账面价值记录到收购方的报表中，一般情况下没有商誉，收购价格高于账面价值的部分调整股东权益。购受日应编制合并利润表。年末编制的合并利润表应包含被收购方全年的利润。

思考题

提问： 假设 B 公司股东权益的账面价值是 100 万元，评估价格是 150 万元。A 公司先以 200 万元来收购 B 公司，然后又将 B 公司以 200 万元的价格卖给自己的兄弟公司 C 公司。那么，会计上出现的结果与 C 公司直接购买 B 公司是否有区别？

回答： 首先，我们来看 A 公司收购 B 公司。这项收购应该按照非同一控制下的企业合并来进行会计处理，B 公司的股东权益应按照评估价值合并进 A 公司的报表。但 B 公司自己的报表，还是保持原来账面价值的记录。本次合并之后，B 公司就和 A、C 两家公司成为同一控制之下的企业。当 C 公司再收购 B 公司时，就变成了同一控制下的企业合并。C 公司应按照同一控制下企业合并的会计处理的原则来对 B 公司进行合并，即把 B 公司的股东权益按照账面价值合并进来。因此，C 公司报表上记录的 B 公司的股东权益为 100 万元。如果是 C 公司直接购买 B 公司，二者为非同一控制之下的企业合并，C 公司就要按收购价格将 B 公司的股东权益合并进来，即记录 B 公司 200 万元的股东权益。由于这个收购价格高于 B 公司股东权益的评估价格，在 A 公司的资产中会增加 50 万元的商誉。

这个例子我们可以这样理解，C 公司通过 A 公司的介入，将非同一控制之下的企业合并变成了同一控制下的企业合并。

16
"有借有还，再借不难"与"空手套白狼"
融资之道

能不能及时筹集到资金，是制约企业发展的一个重要因素。企业可以通过各种渠道筹集资金，特别是在各种金融工具层出不穷的今天。本章主要介绍融资的决策依据、常见的融资渠道以及它们对财务数据的影响。

16.1 融资决策的基本依据

我们经常听到"投融资"这个词，企业通过投资产生利润，同样需要通过融资获得资金，本章所讨论的就是企业的融资行为。企业基本的融资没有投资那么复杂，但随着各种创新融资方式的使用，融资正变得越来越复杂。广义的融资包含用企业内部的自有资金来支持投资或运营需要，但通常我们所说的融资都是指从企业外部融通资金。融资有两种基本来源：股权融资和债务融资。最基本的股权融资是吸引投资者入股或公开发行股票，而最基本的债务融资就是从银行贷款或发行债券。

融资决策有很多不同的理论，但其基本依据主要就是融资成本的高低。那么，融资成本该如何衡量呢？

16.1.1 优先使用自有资金

如果企业内部有富余的资金，与其闲置不用，不如优先满足企业的融资要求。通常情况下，**企业融资应优先选择内部资金**。

现实中有一些企业，特别是中国的企业常常有融资冲动，总觉得手上的钱越多越好，这可能是因为融资的渠道有限，特别是民营企业总怕要用钱的时候没有钱，所以能融到资金就赶紧去融，也不管自己此时是否需要。但更多情况下是因为缺乏融资的成本意识，或者忽视出资人的利益，这实际上就是一种圈钱的行为。我们在此讨论是基于出资人的立场，融资的决策是为了把公司价值做大，而不是为了圈钱。

16.1.2 债务融资成本

当企业没有足够的自有资金，就必须考虑从外部获取了，一般优先考虑负债融资，因为负债融资的成本比较低。

有人可能对此并不认同，认为负债得还本付息，股票融资既不用还本也不用付息，简直是空手套白狼，而且股利的支付也不是强制性的，简直就没有什么成本。其实这个理解是错误的。**债务融资的成本比较直接，也比较容易衡量，就是它的利率**，还本付息也就是俗话说的"有借有还，再借不难"。所以在债务融资当中，无论是向银行借钱，还是去市场上发行债券，都会明确规定负债的期限、利率、还款计划等。债务存续期间如果公司发生了无法支付利息或者未按约定支付本金的情况，就构成了一项违约行为。一旦发生违约，债权人往往可以采取一些特殊的措施，比如冻结债务人的资产，来减少可能发生的损失，严重时还会导致债务人破产清算。

16.1.3 股权融资成本

股权融资的成本就比较复杂了，首先我们来解释一个概念——**机会成本**。所谓机会成本，就是因为选择一个机会而放弃了另外一个机会，同时也就损失了放弃的那个机会可能带来的收益，在其他的机会中可以获得的收益，就是我们选择现在这个机会的成本。

股东投资一家公司，自然就放弃了把这笔钱在同一时间投资到其他企业的机会，在其他企业可能获得的收益就是投资这家公司的成本。股东只要进行投资，就不可避免地存在机会成本，股东承担了成本，自然就要求回报。对于股东来说，要求的回报越高越好，是没有上限的，但最低不能低于他所承担的成本，否则股东就赔钱了。

有人可能认为，这个回报是股东要求的，因为他们投资有成本，但是公司完全可以不给，因为股权融资不还本、不付息，甚至可以不分红，公司持有股东的钱是可以没有成本的。但现在公司的架构是，股东出资，然后委托职业经理人来经营公司，股东可以通过股东大会对公司的重大决策进行表决，一些股东还可以派代表参加董事会来参与日常决策。小股东也可以有他们的代表，就是独立董事。公司的总经理、副总经理都是接受股东委托去经营公司的人。股东通过董事会来任命公司的管理层，而且这些决策还要通过股东大会的审议。我们想象一下，如果我们作为股东投资一家公司，而这家公司管理层不给我们提供任何回报，那股东会怎么样？当然是把管理层换掉！就算是小股东不能直接换掉管理层，也完全可以通过卖出股票的方式离场，也就是我们说的"用脚投票"。

所以在市场环境下，如果股东要求公司的管理层给他们回报，管理层就必须提供回报，不能给股东提供回报的管理层是没有人会聘请的。不能给股东提供回报的公司也很难再获得股东的资金。所以，**股权的成本，就是满足股东的收益要求所付出的成本**。

既然公司给股东提供回报是为了满足股东的要求，那么公司给予股东的回报就应该等于股东要求的回报，这个要求的回报又称为**预期回报**。股东要求的回报不能低于股东投资时的机会成本，即股东把钱投给其他公司可能获得的回报。这里的其他公司是指那些与我们公司风险水平相当的公司。因为收益的多少直接与风险相关，收益与风险是对等的，高收益必然承担高风险。风险最接近的公司往往是同一个行业的公司，我们通常用行业平均风险水平的预期报酬率作为参考。所以，企业用股东的钱是有成本的，可以用行业平均盈利水平来衡量这个成本。

除了行业平均盈利水平，还有一个常用来衡量股权融资成本的方法，叫资本资产定价模型，英文简称 CAPM，这是一个获得诺贝尔奖的模型。

$$R_i = R_f + \beta(R_m - R_f)$$

其中，R_i 表示预期报酬率，β 表示对该投资市场风险的度量，R_f 表示市场无风险利率，R_m 表示市场一般利率。

该模型认为股权的融资成本取决于无风险利率 R_f 和风险溢价 $\beta(R_m - R_f)$ 这两个部分。企业为股东提供回报的方式，可以不是还本付息，也不一定是分红，更重要的是股票价值的增值。比如，股东以 10 元/股的价格购买了一家公司的股票，当该股票涨到 20 元时，股东的投资回报率就达到了 100%。一般情况下，股权融资的成本都要高于债务融资的成本。这是因为如果公司经营出了问题，需要优先给债权人还债，而且一旦债务违约，债权人可以采取冻结公司资产的方式来保护自己。所以债权人承担的风险比股东小，其回报也相对低。

由上我们可以看出，用股东的钱并非"空手套白狼"，相反，**股权融资的成本要高于债务融资的成本**。

16.2　融资方式

股权融资和债务融资都有哪些具体的方式呢？其实没有标准的答案。在此我们选择一家上市公司，以它的融资方式为例来进行讨论。

华夏幸福是一家从事产业新城建设的上市公司，而且是该领域中最具代表性的一家企业。产业新城建设的业务周期非常长，需要大量的资金投入，而且资金往往要在前期投入，回收则要在很多年以后。华夏幸福原本是一家民营企业，在银行贷款方面处于不利的地位，于是这家公司灵活地利用了各种现有的融资手段。有人统计，在2012～2016年的4年间，它一共采用了22种融资方式，筹集了近3000亿元的资金，为其主业的发展提供了强有力的资金支持。这也使得公司在2017年的销售额超过了1000亿元，市值也接近1000亿元。作为这样规模的一家企业，其2015年银行贷款的金额只占了整体融资金额的27%，不到1/3的水平。

16.2.1 股权融资方式

在谈股权融资手段之前，我们首先需要清楚一点，就是华夏幸福已经最大限度地利用了它的自有资金，这主要体现在它通过住宅销售这项业务为产业新城开发业务提供了现金。因为产业新城开发业务要先从政府手中拿地，然后对土地进行初步开发、修路、做规划等，所以前期要有大量的资金投入，而回收要在若干年之后，政府可能通过支付服务费的方式将这笔钱支付给它。而住宅业务，在预售期就可以收到大量的现金，所以这两项业务在现金流上是可以很好地搭配的。对于一家上市公司，股权融资本来就是一个重要的融资渠道，但目前中国的股权融资需要满足很多规定的条件，包括业绩、时间间隔等，所以它不可能成为唯一的融资渠道。

1. 定向增发

华夏幸福采用的第一种股权融资方式是**定向增发**，它在2016年1月18日完成了一次定向增发。

公司上市第一次发行股票，我们称为IPO，之后再次发行股票有两种方式，一种是配股，另一种是增发。配股是面向老股东的，只有已经持有公司股票的人才有权利获得配售的股份。而且一般配股的价格低于市场价格，配售比例不高于现有股份数的 30%，规模是受限的。增发则是面向所有潜在的股东，老股东可以买，原来没有持股的人也可以买。无论是配股还是增发，按照中国证监会的要求，都需要满足一定的业绩条件，并且距离上一次发行不得少于一年。

华夏幸福使用的是增发中的一种特殊形式，叫定向增发，它不是面向公众发行这些股票，而是面向特定的投资者群体发行股票。这个特定群体可以是外部的机构投资者，也可以是包括公司大股东在内的其他公司定向增发的参与者，他们既可能用现金来认购股票，也可能用资产来认购股票。不过用资产认购股票的方式往往用来实现向上市公司注入新资产的目的。

华夏幸福的这一次定向增发需要用现金来认购，最终募集了大约 69 亿元的现金。

2. 战略引资

华夏幸福使用的第二种股权融资方式是**战略引资**。我们通常将持股比例较低的股权投资称为**财务性投资**，其目的是获得财务上的收益。而持股比例较高的股权投资，我们称作**战略性投资**，其目的是进入某一个行业或者业务领域。

在 2013 年 10 月，华夏幸福的孙公司九通投资就引入了一个战略投资方——天方资产。这是一家资产管理公司，它向九通投资注入了 30 亿元的资金。之后，华夏幸福的子公司金隅地产（本来就是九通投资的股东）持有了九通投资 55% 的股权，天方资产则持有它 45% 的股权。天方资产在进入之后，不仅派人进驻董事会参与经营管理，还享受九通投资的利润分红。这不仅仅是一个为了获得收益的投资，还参与了公司的决策管理，所以我们称其为战略投资。

3. 资产支持证券

华夏幸福使用的第三种股权融资方式是**资产支持证券**（英文缩写为ABS）。我们知道，公司股票其实是把公司未来的收益划分成一份份的股份来出售，购买股份的人可以享有公司未来收益的一部分。这个资产支持证券与股票非常相似，只不过它出售的不是公司收益的份额，而是某个资产未来收益的一定份额，并且把这个收益份额以证券的形式出售。

2015年11月23日，华夏幸福公司公告称，上海富诚海富通资产管理有限公司为华夏幸福物业设立了一期资产支持专项计划，以这个专项计划募集到的资金来购买华夏幸福物业所享有的物业费、债权和其他的权利，并以这些权利作为担保。这个专项计划将于上海证券交易所挂牌上市，发行总规模不超过24亿元。其中，优先级的资产支持证券面向合格的投资者发行，发行对象不超过200人，规模不超过23亿元；次级的资产支持证券由华夏幸福物业来认购。在发行期限方面，专项计划优先级资产支持证券分成五个档次，预期的期限分别是一年、两年、三年、四年和五年；次级资产支持证券期限是五年。这就是一个发行资产支持证券的实例，用华夏幸福物业一项资产的未来收益来发行证券。

4. 特定收益权转让

华夏幸福使用的第四种股权融资方式是**特定收益权转让**。这与资产支持证券类似，但是不发行证券，所以更简单直接。它通过转让资产的未来收益权，将未来的收益提前变现。

2014年6月19日，华夏幸福的一些子公司，包括大厂华夏、大厂京御地产、京御幸福、京御地产、香河京御、固安京御幸福，分别与信风投资管理有限公司签署了《特定资产收益权转让协议》，约定转让方向信丰投资转让特定的资产收益权，特定资产为转让方与付款人已经签订的《商品房买卖合同》项下除首付款之外的购房款项，转让价款分别为 6300 万元、1300 万元、5200 万元、8400 万元、2200 万元和 8600 万元。这笔交易的实质是华夏幸福将它售房除首付款之外的那些后续房款转让给某投资方，提前收到了几亿元的资金。

5. 夹层式资管计划

华夏幸福使用的第五种股权融资方式是**夹层式资管计划**。这是通过一个资管计划向投资者融资。资管计划类似于基金，购买者把钱投给一家资管机构，由这家资管机构进行投资。

2015 年，华夏幸福和它两家下属公司京御地产、华夏新城分别与大成创新、湘财证券两家资管公司签署了相关的文件，向华夏新城增资 4 亿元。大成创新有权自这个出资日起满 12 个月后，和京御地产签署《股权受让合同》来退出华夏新城。因为这是通过一个资管机构来进行的融资，所以我们称作夹层式融资。

华夏幸福在 2015 年一年内，就与歌斐资产、平安大华、恒天财富等资管机构进行了 15 次夹层式资管计划融资。

16.2.2 债务融资方式

企业最基本的债务融资是银行贷款和发行债券，但华夏幸福作为一家业务周期长、资金短缺的民营企业，获取银行贷款的能力有限，发行债券又有较高的门槛和烦琐的手续，同时规模也会受到限制，所以不能仅依靠贷款和发行债券来满足资金的需求。

华夏幸福的银行贷款是通过它的实际控制人将股权进行质押或通过关联企业提供担保来获得的。华夏幸福也发行了债券，2016 年 3 月 29 日，华夏幸福第二期公司债券发行完毕，发行规模为 30 亿元，期限是 5 年，票面利率

是5.19%。在第3年年末附公司上调票面利率选择权和投资者回售选择权。⊖

除此之外，华夏幸福还使用了大量其他的债务融资手段。

1. 银行承兑

华夏幸福使用的第一种债务融资方式是**银行承兑**。我们在介绍票据时介绍过，票据可以由企业承兑，也可以由银行承兑，银行承兑票据本质上相当于企业在采购时，由银行提供资金支持。

2015年3月11日，华夏幸福下属的一家公司三浦威特就和沧州银行股份有限公司固安支行签署了《银行承兑协议》，票面金额一共2亿元。

2. 短期融资券

华夏幸福使用的第二种债务融资方式是**短期融资券**。和银行承兑一样，短期融资券可以说是一种短期的债券，也是一种短期的融资手段。

2015年5月26日，华夏幸福的控股子公司九通基业投资有限公司向中国银行间市场交易商协会申请注册发行不超过人民币28亿元的短期融资券，发行期限为1年。

银行承兑和短期融资券都属于短期融资手段。

3. 委托贷款

华夏幸福使用的第三种债务融资方式是**委托贷款**，它是一种长期融资手段，属于贷款，只不过不是银行贷款，直白点说就是私人借款。但在中国，企业是不能直接向私人借款的，所以要通过银行这个中介来让这个借款合法化。比如，A把钱给B有两种方法，一种是A委托银行去放贷款，银行找到B，并收取中间业务费和账户管理费，A拿到高于银行的利息，B拿到钱。另一种是A和B委托银行作为中介人来使借贷合法化，银行收取手续费，A拿

⊖ 意即第3年年末，公司有上调票面利率的选择权；投资者也可以选择继续持有债券，或是把债券按事先约定的价格卖回给公司，也是一种选择权。

到协定利息，B 拿到钱。

2015 年 11 月，大厂孔雀城和金元百利上海银行股份有限公司北京分行签署了《人民币单位委托贷款借款合同》，借款金额 7 亿元。这就是一个典型的委托贷款。

4. 银团贷款

华夏幸福使用的第四种债务融资方式是**银团贷款**。银团贷款也是向银行借款，只不过不是向一家银行借款，而是由一家或几家银行牵头，多家银行和非银行金融机构参与，组成一个银行集团，并采用同一个贷款协议，按照商定的期限和条件向同一个借款人提供融资。采用这种贷款方式，说明参与其中的银行对企业很有信心。银团贷款在海外融资市场比较常见，但这在中国属于先例。

2014 年 10 月，华夏幸福间接控股的子公司三浦威特从固安县农信社、廊坊城郊农信社、永清县农信社、大城县农信社以及三河市农信社组成的社团贷款人处贷款 1 亿元，期限为 1 年，借款利率为 8.5%。

5. 信托借款

华夏幸福使用的第五种债务融资方式是**信托借款**。信托借款很简单，就是从信托公司获取贷款。信托融资的成本通常很高，但是门槛比较低，选择面广，数额大，一直是地产公司常用的一种融资手段。

2015 年 4 月，华夏幸福的下属公司大厂华夏向大业信托有限责任公司借款 25 亿元。2012 年，华夏幸福的信托贷款甚至占全部融资额的 73%，2013 和 2014 年也分别占到 43%、44%，到 2015 年，其信托融资的总规模达到 190 亿元，占全部融资额的 40%，比例在这几年中不断下降。由此可以看出，华夏幸福在早期时公司基础相对薄弱，更加依托于高成本、低门槛的信托融资，随着规模的增大、品牌知名度的提升，其融资渠道也逐渐拓展，高成本的信托融资比例就逐渐下降了。

6. 关联方借款

华夏幸福使用的第六种债务融资方式是**关联方借款**。这还是借款，只不过借款对象是自己的关联方。

华夏幸福有几个银行系统的关联方，为它开辟了一条便利的融资渠道。比如2014年，华夏幸福两个间接控股的子公司三浦威特和大厂鼎鸿分别向廊坊银行营业部借款5800万元和3400万元，借款期限都是1年，借款利率都是9%，而廊坊银行正是华夏幸福的关联方。同样的借款还有很多，比如2015年9月9日，三浦威特向廊坊城郊联社借款1亿元，借款期限也是1年，借款利率是6.955%，而廊坊城郊联社同样是华夏幸福的关联方。

7. 股权收益权转让

华夏幸福使用的第七种债务融资方式是**股权收益权转让**。股权收益权转让是抵押贷款的一种，这与特定收益权转让类似，只不过在特定收益权转让中转让的是资产的未来收益权，在股权收益权转让中转让的是一个公司的股权。

2015年7月16日，建设银行廊坊分行以5.5亿元的价格受让了九通投资持有的三浦威特30.9%的股权收益权。九通投资拟于该股权收益权转让期届满24个月后，向建设银行廊坊分行回购标的股权的股权收益权，因为有后面这个回购条款，所以这是一个预期收益权的抵押贷款。

8. 应收账款收益权转让

华夏幸福使用的第八种债务融资方式是**应收账款收益权转让**。应收账款收益权转让是收益权转让中的一种，本质上也是一种抵押贷款。

华夏幸福做过两种应收账款收益权的转让，第一种是《商品房买卖合同》下可收取的预付购房款。这个比较容易理解，2016年3月9日，华夏幸福和平安信托签署《应收账款买卖协议》，由平安信托设立信托计划，以信托计划项下的信托资金为限，购买华夏幸福享有的标的应收款项当中的初始应收账款，以应收账款现金流回款余额为限，循环购买公司享有的标的应收账款。这个交易是指平安信托不仅购买现有的应收账款，以后增加的应收账款部分还会继续买，这其实是以应收账款进行抵押来获得借款。

第二种应收账款收益权的转让比较特殊，是将其享有的对地方政府的应收账款收益权进行转让。2015年7月30日，华夏幸福的子公司九通投资将它合法持有的大厂鼎鸿对大厂回族自治县财政局享有的应收账款8亿元，以及嘉兴鼎泰对长三角嘉善科技商业服务区管理委员会享有的应收账款7亿元，共计15亿元的应收账款收益权转让给汇添富资本。九通投资拟于目标应收账款收益权转让期满12个月后，向汇添富资本回购目标应收账款收益权。这项交易名义上是转让，实际上还会再买回来，其实是一种抵押。

了解华夏幸福模式的人就知道，这些应收账款主要是地方政府应该支付给华夏幸福的招商落地投资额45%的产业发展服务费用。华夏幸福的产业新城开发是先从政府租地，然后进行新城开发，帮助地方政府招商。招商获得的投资款的45%，地方政府承诺作为产业发展服务费未来支付给华夏幸福，约定最长支付期为5年。但这些应收账款的回款是存在风险的，因为地方政府能否在招商之后的若干年内付款存在不确定性，所以这一类融资在华夏幸福的融资中规模较小。

9. 特殊信托计划

华夏幸福使用的第九种债务融资方式是**特殊信托计划**，即通过设立一个特殊信托计划的方式把债权抵押出去获得资金。

2015年5月26日，华夏幸福的两家下属公司三浦威特对廊坊华夏享有3亿元的债权，三浦威特以这3亿元的债权作为基础资产，委托西藏信托设立信托计划，信托项目存续期预计为 12 个月，西藏信托同意的受让标的债权转让对价为 3 亿元。三浦威特承诺于信托终止日前的任一核算日，按照《债权转让协议》约定支付标的的债权回购款项。表面上看，三浦威特将 3 亿元的债权卖给了西藏信托，但实际上还要在规定的期限再回购，所以其本质上仍然是抵押贷款。

10. 债务重组

华夏幸福使用的第十种债务融资方式是**债务重组**。这里的债务重组不是我们之前所说的因为债务人还不起债，而与债权人达成协议以获得一些宽松的还款条件。这是指在债务快要到期时，将债务转让给其他公司来延长还款日期，也就是说又借入了一笔新的资金。

2014 年 8 月 28 日，恒丰银行对华夏幸福的子公司三浦威特的 8 亿元债权即将到期，经过协商，恒丰银行决定将这个标的的债权转让给长城资产管理公司。三浦威特接受了这一债务重组安排，债务重组的期限是 30 个月。这实际上是把三浦威特欠恒丰银行的贷款延长了 30 个月，而且未来三浦威特不是还款给恒丰银行，而是还给长城资产管理公司。

11. 债权转让

华夏幸福使用的第十一种债务融资方式是**债权转让**。前一项债务重组是指银行把对企业的债权进行转让，其实企业也可以转让其对其他企业的债权。应收账款收益权转让就是一种债权转让，只不过公司还可以把其他的债权也转让出去。

2014 年 3 月 8 日，华夏幸福旗下的京御地产欠同属华夏幸福的另一家公司大厂华夏 19.78 亿元，大厂华夏以其中到期的 18.85 亿元债权作价 15 亿元卖给了信达资产。这其中的 3.85 亿元差价就相当于大厂华夏提前收回现金的成本。在此过程中，大厂华夏提前收回了现金，而京御地产只是换了一个还款人,并且还款期限延长了,这相当于是对京御地产融资期限的延长。

12. 售后回租式融资租赁

华夏幸福使用的第十二种债务融资方式是**售后回租式融资租赁**。融资租赁本质上是一种分期付款的购买行为,售后租回其实就是一种融资方式。

2014年3月,大厂回族自治县鼎鸿投资开发有限公司以它所拥有的大厂潮白河工业园区地下管网为标的,以售后租回的方式,向中国外贸金融租赁有限公司融资3亿元,年租息率为7.0725%,为期2年。这个交易过程是,华夏幸福把工业园区的地下管线卖给融资租赁公司,再由融资租赁公司把管线回租给华夏幸福,华夏幸福每年所付的租金就是3亿元乘以7.0725%。

13. 夹层融资

华夏幸福使用的第十三种债务融资方式是**夹层融资**。夹层融资就是**明股暗债**,表面上看起来是股权转让,但是实际约定未来要回购,并且以差价来作为利息或支付约定的利息。因为它介于股债之间,所以叫夹层。

2013年11月,由华澳信托募资10亿元投入华夏幸福旗下的北京丰科建,向北京丰科建增资7.6亿元,提供信托贷款2.4亿元。交易完成后,华澳信托对北京丰科建持股66.67%,九通投资持股下降至33.33%。在这项交易之后,因为华夏幸福成了小股东,所以不再将北京丰科建纳入合并报表,北京丰科建的负债也就不体现在华夏幸福的合并报表中。

※　　※　　※

以上这些只是当前实践中常用的一些融资方式(整理见表16-1),各种创新融资方式层出不穷,我们在此无法一一列举,大家可以通过分析常见融资手段的方法去探究新型融资手段的本质。

表 16-1 常见融资方式一览表

融资方式		说明
股权融资方式	定向增发	面向特定的投资群体发行股票,这个投资群体可以是外部机构投资者,也可以是包括公司大股东在内的其他公司
	战略引资	引入战略投资者,该投资者的持股比例较高,其目的是进入某一行业或领域
	资产支持证券	将某项资产未来收益的一定份额,以证券的形式出售
	特定收益权转让	将资产的未来收益权转让给某一投资者,把这部分未来收益提前变现
	夹层式资管计划	类似于基金,通过一家资管机构进行融资。购买者将资金交给资管机构,资管机构再进行投资
短期债务融资方式	银行承兑	由银行发出承兑汇票,相当于为企业采购提供资金支持
	短期融资券	实质是一种短期的债券
长期债务融资方式	委托贷款	一种私人性质的长期借款,通过银行使得借贷合法化
	银团贷款	由一家或者几家银行牵头,多家银行与非银行金融机构参与,组成一个银行集团,并采用同一个贷款协议,按照商定的期限和条件向同一个借款人提供融资的一种贷款方式
	信托借款	从信托公司来获取贷款。融资成本高,门槛低,选择面广,数额巨大
	关联方借款	向关联方借款
	股权收益权转让	抵押贷款的一种,抵押的标的是对某公司持有的股权
	应收账款收益权转让	抵押贷款的一种,抵押的标的是应收账款
	特殊信托计划	通过设立一个特殊信托计划的方式把债权抵押出去获得资金
	债务重组	同债权人达成协议以获得一些宽松的还款条件
	债权转让	销售债权资产
	售后回租式融资租赁	一种分期付款的购买行为
	夹层融资	表面上看起来是股权转让,但是实际约定未来要回购,并且以差价作为利息或支付约定的利息

※　　※　　※

随着投融资业务的介绍，至此我们已经将五大业务模块——采购与付款、生产、销售与收款、薪酬激励、投融资全部介绍完毕，接下来将要从企业的三张报表看企业的全貌。

································ 小　结 ································

1. 企业最基本的融资渠道包括自有资金、债务融资和股权融资。从融资成本看，应优先使用内部的闲置资金，其次是债务融资，最后才是股权融资。债务融资的成本是它的利率，股权融资的成本比较复杂，可以用行业平均盈利水平来衡量。
2. 本章以华夏幸福为例，介绍了常见的股权融资和债权融资方式，如定向增发、战略引资、资产支持证券、短期融资券、委托贷款、股权收益权转让等。

································ 思考题 ································

提问：在企业创造价值的过程中，投融资活动的作用和经营活动的作用有什么差异？

回答：我们讨论的采购、生产、销售和薪酬，都属于经营活动。企业创造价值首先靠的是经营活动。我们对企业估值，也是以估计经营活动创造的价值为主。

投资活动也可以创造价值。我们讲过的投资有两类，一类是金融资产投资，这样的投资可以让我们赚钱，但这个钱是来自于其他企业的，比如我们购买股票，是分享了发行股票公司所创造价值的一部分。另一类是固定资产投资。对于固定资产这类投资，我们只有在认为这个项目具有创造价值的能力时，才会进行，所以这种投资也是创造价值的，只是其创造的价值是通过增加公司未来的收入来体现的。

所以，无论是对金融资产还是对固定资产这类资产的投资，都是与经营活动密不可分的。经营活动是创造价值的根本投资活动，要么从其他企业创造的价值中分一杯羹，要么通过未来的经营活动创造价值。

融资活动本身是不创造价值的，它决定了把企业创造的价值分给谁。如果是通过债务融资，就是让债权人分享企业创造的价值；如果是通过股权融资，就是让股东分享企业创造的价值。

| 第7篇 |

鸟瞰财务报表，掌控企业大局

17

为你的家底拍张照
资产负债表

从本章起,我们将开始通过企业的三张报表俯瞰企业的全貌,这三张报表整合了之前所讨论的五大业务板块。本章我们首先了解企业的资产负债表,即在特定的时点给企业拍张照,记录其所拥有的资产和对于债权人、股权人的义务。

资产负债表(简易样式见表17-1)分成左右两个部分:左边只有一类,就是资产;右边有两类:负债及所有者权益。

表 17-1 资产负债表简易样式

资产负债表(××××年××月××日) (单位:万元)

资产		负债及所有者(股东)权益	
流动资产		负债	
货币资金	70	短期借款	50
应收账款	40	应付账款	150
存货	20	应付职工薪酬	20
其他流动资产	40		
非流动资产		所有者(股东)权益	
固定资产	100	股本	80
无形资产	50	其他综合收益	20
合计	320	合计	320

17.1 认识资产

17.1.1 什么是资产

在 6.2 销售费用中,我们介绍过资产与费用的关系:如果企业花出去的钱换来了一个对以后有用的东西,这个东西就是资产;如果钱花完后没有给未来留下什么,就是费用。所以,资产是用钱换来的,即在运营过程中把投入企业的资金花掉,其中那部分对未来有用的东西就形成了资产。资产不是一成不变的,随着企业正常的运营,这些资产还会再继续变回钱,就是我们所说的"所有的企业都可以抽象成一个不断重复的从现金到现金的过程"。

在一个完整的经营活动中,我们首先进行采购业务,通过付现金或者产生应付账款、预付账款的方式来购买原材料;然后进行生产业务,将买进来的原材料变成在产品和产成品;最后进行销售,把生产出来的产成品卖掉,在现在或者未来将款项收回。这就是一个从现金到现金的循环(见图 17-1)。

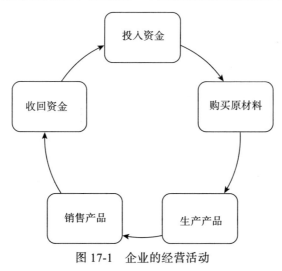

图 17-1 企业的经营活动

投资活动也一样,我们通过投资获得了金融资产、股权投资、固定资产、无形资产等各种各样的资产。金融资产和股权投资是单独的资金流转过程，它们可以通过出售又变成钱。固定资产和无形资产则是将自己的价值附加在产品中，随着产品的销售和回款变成钱。

17.1.2　流动资产与非流动资产

资产都是用钱换来的，大部分资产最终会再变回钱。不同资产变成钱的速度不一样，比如，存货变现的速度一定比应收账款慢，因为存货首先需要出售变成应收账款，然后才能通过回款变成钱。有些资产在一个现金循环中就变成了钱，比如，原材料可以很快变成产成品，产成品又会很快被卖掉变成应收账款，把货款收回就变成了钱。但还有些资产需要通过若干个循环才能把自己全部变成钱，比如机器设备，每参与生产过程一次就把自己的一部分价值转移到产品身上，然后随着产品的销售和回款，把这一部分价值变成钱，但要把它全变成钱就需要很多个循环。

我们将那些一个循环就可以变成钱的资产称为**流动资产**，而将那些需要若干个循环才能变成钱的资产，称为**非流动资产**。

17.1.3　资产在资产负债表中的排列

资产负债表（见表17-1）左边的资产分成了上下两个部分：上面是流动资产，下面是非流动资产。虽然不是十分严谨，但我们大致可以理解为：**流动资产主要表现经营活动，而非流动资产主要表现投资活动**。

在流动资产内部，资产是按照变成现金速度的快慢来排列的。比如，现金（在报表中反映为货币资金）排在最前面，因为它不用变；应收账款只需要完成收款这一个业务步骤就能变成钱，所以它紧跟在现金的后面；存货就不一样了，我们要先把存货卖出去，变成应收账款，然后才能变成钱，多了一个业务步骤，所以排在应收账款的后面。

可见，财务报表中始终贯穿着企业的经济活动，二者从来都是密切联系的，**但财务报表不是按照企业的业务和流程来列示的，而是按照会计科目的性质排列组合的**，这就给我们理解财务报表带来了一些障碍。

17.2 资产一览

资产中的具体内容，我们在前面的章节已经了解了一大部分，现在我们来看一个实际的例子——贵州茅台的资产负债表（表17-2 为其资产负债表的左边资产部分）。我们对于其中涉及的银行保险这类金融行业的会计科目，就不多做讨论了，也会略去一些复杂而不重要的会计科目。

表 17-2　合并资产负债表（资产部分）

2016 年 12 月 31 日

编制单位：贵州茅台酒股份有限公司　　　　　　　　单位：元　币种：人民币

项　目	附　注	期末余额	期初余额
流动资产：			
货币资金	1	66 854 962 118.22	36 800 749 895.06
结算备付金			
拆出资金	2	390 000 000.00	
以公允价值计量且其变动计入当期损益的金融资产			
衍生金融资产			
应收票据	3	817 627 172.00	8 578 935 406.82
应收账款	4		230 768.89
预付款项	5	1 046 100 696.92	1 477 734 859.90
应收保费			
应收分保账款			
应收分保合同准备金			
应收利息	6	140 904 856.88	85 347 051.47

（续）

项　目	附　注	期末余额	期初余额
应收股利			
其他应收款	7	77 227 565.37	48 219 018.75
买入返售金融资产			
存货	8	20 622 251 825.55	18 013 297 022.70
划分为持有待售的资产			
一年内到期的非流动资产			
其他流动资产	9	231 474 570.63	
流动资产合计		90 180 548 805.57	65 004 514 023.59
非流动资产：			
发放贷款和垫款	10	60 833 517.03	19 500 000.00
可供出售金融资产	11	29 000 000.00	29 000 000.00
持有至到期投资			
长期应收款			
长期股权投资			
投资性房地产			
固定资产	12	14 453 177 439.34	11 415 953 189.72
在建工程	13	2 745 579 995.68	4 895 150 716.51
工程物资	14		260 855.92
固定资产清理	15		682 594.04
生产性生物资产			
油气资产			
无形资产	16	3 531 740 625.60	3 582 462 431.04
开发支出			
商誉			
长期待摊费用	17	188 118 776.51	198 603 537.81
递延所得税资产	18	1 745 539 120.68	1 155 336 074.14
其他非流动资产			

(续)

项　目	附　注	期末余额	期初余额
非流动资产合计		22 753 989 474.84	21 296 949 399.18
资产总计		112 934 538 280.41	86 301 463 422.77

17.2.1　流动资产

1. 货币资金

在表 17-2 中，我们首先看到的是货币资金，就是我们说的钱或现金。无论是存放在公司保险柜里的现金，还是存放在银行的现金，都属于公司的货币资金。此外，银行承兑汇票、银行承兑汇票的保证金以及因为对外拆借资金所产生的存放在中央银行的法定存款保证金，都属于货币资金的范畴。

2. 以公允价值计量且其变动计入当期损益的金融资产

这是在金融资产章节中介绍过的划分为第三类的金融资产，不过贵州茅台没有这类金融资产。

3. 应收票据、应收账款和预付账款

接下来的三项是应收票据、应收账款和预付账款。应收票据和应收账款都是在销售业务中产生的，在先发货、后付款情况之下，这是两种不同的结算模式，前者是客户通过企业承兑或者银行承兑的票据手段承诺未来付款，后者是客户口头承诺付款。而预付账款则是由先付款、再拿货的这种采购业务产生的，是供应商欠企业的货款。

此处的应收款列示的是净额，即扣除了坏账准备的金额。

4. 应收股利、应收利息

应收股利和应收利息，大家可能比较陌生，但从字面上不难理解，应收

利息肯定与企业的利息收入有关。企业在银行有存款，就应该获得利息收入，但银行不会每天都发放利息，而是定期结算，会计在月底做报表时，就会将应收但还没有结算的利息记录为利息收入，同时记录相应的应收利息。因为贵州茅台有拆出资金⊖的行为，所以这里的应收利息也可能是借款方还没有支付给贵州茅台的那些利息。

应收股利肯定是与股权投资有关的。被投资企业向公司分红，公司根据持股比例的不同记录在不同的项目中。如果持股比例低于20%或者对被投资企业具有控制权，那么分红就直接记入投资方的投资收益。如果是能够施加重大影响的投资，因为被投资企业所有的盈利都已经记录成投资收益了，所以分红时就不再记入投资收益，而是将它从因被投资企业盈利而增加的长期股权投资的价值中扣除。现实中，分红是一个复杂的过程，它的一般程序是被投资企业先制订利润分配方案，确定何时分红以及分红的金额。该方案一旦制订，投资方就可以进行相应的会计处理了，只是这时钱还没有拿到，所以按照复式记账原则，除了要记投资收益之外，还要记录在应收股利中，等拿到钱时再把应收股利转成现金。

5. 其他应收款

接下来是其他应收款。其他应收款是企业之间临时周转的很快会被偿还的资金，或者是企业为员工垫付的各种款项，比如员工出差借的备用金、企业为员工垫付的医药费等。这些费用在没有报销之前都应记录在其他应收款中，等报销之后才记录到相应的费用项目里。

贵州茅台的其他应收款有一笔是为它的控股子公司垫付的装修费的预付款，这就属于企业间的周转资金。另外还有四笔是进口设备保证金、土地出让保证金、广告预付款等预付的款项，本来应该记入预付账款中，但因为这

⊖ 拆出资金是指一家企业（金融）拆借给境内、境外其他金融机构的款项。

些预付款项还没有取得对方的发票，暂时无法入账，于是先以员工借用备用金的方式体现在其他应付款中了。

6. 存货

存货主要指各种原材料、在产品和产成品。贵州茅台的存货中还有一类，就是自制的半成品。半成品不同于在产品，在产品是正处于生产过程中但没有完成的产品，不会被单独出售或使用，但自制半成品完全可以单独出售或使用。此处的存货是已经扣除了存货跌价准备之后的净额。

7. 其他流动资产

其他流动资产是一个不太重要的项目。贵州茅台的这个项目主要包括到期还没有抵扣完的那些增值税的进项税，因为这些进项税可以在未来期间继续抵扣，从而减少公司未来税收的现金流出，所以它也是一种资产。

17.2.2 非流动资产

1. 发放贷款和垫款

非流动资产第一项是发放贷款和垫款。因为贵州茅台有对外拆借资金的行为，所以这些拆借资金一部分在流动资产中，还有一部分在非流动资产中，这说明它的对外拆借有长期的，也有短期的。

2. 可供出售金融资产和持有至到期投资

可供出售金融资产和持有至到期投资都属于金融资产，按照 2018 年 1 月 1 日开始执行的新会计准则，它们的名字改为**按摊余成本计量的金融资产和按公允价值计量且其变动计入其他综合收益的金融资产**，也就是我们在金融资产章节所介绍的划为第一类和第二类的金融资产。

3. 长期应收款

长期应收款、长期股权投资和投资性房地产，这几个项目贵州茅台都没有。

如果公司将自有资产通过融资租赁的方式租出去，就相当于一种分期收款的出售行为，需要将它未来应收的所有租金在办理出租业务的时点就记入长期应收款中。

4. 长期股权投资

我们在第 14 章中介绍过长期股权投资。由于表 17-2 是贵州茅台的合并报表，所以不会再包括贵州茅台投资控股的那些长期股权投资了，只有能够施加重大影响的投资才会在这张报表上存在。这张财务报表中没有长期股权投资，这表明贵州茅台没有能够产生重大影响的长期股权投资。

5. 投资性房地产

投资性房地产是企业持有但不会自用的房地产和土地。这些房地产是以公允价值来计量的，而其他大多数资产都是按历史成本来计价的。

6. 固定资产、在建工程、工程物资、固定资产清理、生产性生物资产

固定资产部分包括好几个项目。首先是已经完工的固定资产；其次是在建设中的固定资产，即在建工程；还有建设中的一些建筑材料和价值比较高的周转件——工程物资；还有生产性生物资产，比如专门用来产蛋的母鸡、结果实的树木等；最后是固定资产清理，指的是准备处置的固定资产。

这些固定资产都以扣除折旧之后的余额来列示。报表附注中会说明折旧的具体情况。

7. 无形资产、开发支出、商誉

无形资产部分还单独列示了开发支出和商誉这两项无形资产的情况。在

研发活动中，开发支出是可以记录在无形资产中的，而研究支出则必须记录在管理费用里。根据报表，贵州茅台既没有开发支出，也没有商誉，说明它既没有产品开发的研发活动，也没有兼并收购的行为。

8. 长期待摊费用

长期待摊费用是那些最初作为资产计量，后来随着时间的流逝和企业正常的经营逐渐变成费用的项目。现行会计准则只要求把那些摊销期限一年及以上的待摊费用放在这个科目中。

9. 递延所得税资产

递延所得税资产，因为和五大业务无关，所以之前并未介绍过。它是由于税法和会计准则的要求不同而导致的会计记账和实际应缴所得税之间的差异，所以需要做调整处理，是一个调整项目。既然是调账，调整的方向就不确定，我们接下来介绍负债时还会提到递延所得税负债项目。由于这个项目在报表中并不重要，会计处理还相当复杂，所以本书就不详细介绍了。

17.3 资产的分析

17.3.1 资产的结构

我们以每项资产占总资产的比重来考察资产结构，下面以三家公司为例来讲解资产的结构问题，三家公司分别是贵州茅台、宝钢股份和中文传媒。

1. 贵州茅台的资产结构

贵州茅台是酿酒行业的龙头企业，也是资本市场非常有特点的一家公司。它的资产结构是什么样的呢？

它占比最大的资产是货币资金，占了总资产的 59%。其次是应收款和存货，其中应收款包括应收票据和应收账款两个项目。应收款和存货的合计数占总资产的 19%。这 19% 中，绝大部分是存货，占总资产的比重为 18%，而应收款方面全部都是应收票据，没有应收账款。最后就是固定资产，它占总资产的 10%。

很显然，贵州茅台是一家绝对不缺钱的公司。存货虽看起来不少，可它们非常值钱，而且会越来越值钱，基本上不存在卖不出去的问题。同时，经销商在买酒时都得付现金，甚至要预交定金，该企业在行业中的地位可见一斑。作为生产型企业，10% 的固定资产应该算是比较少的。

2. 宝钢股份的资产结构

钢铁行业近两年很不景气，那么宝钢股份作为这个行业中的龙头企业，它的资产结构又如何呢？

宝钢股份排名第一位的是固定资产，占总资产的 44%，重资产的特点十分明显。排在第二位的是应收款和存货，其中应收款同样包括了应收票据和应收账款，三项合计占总资产的 21%，主要是存货，该行业的竞争十分激烈。最后是货币资金，占总资产的 9%。

就钢铁行业而言，宝钢股份的资产情况已经算是很健康了，但其行业本身的特点仍然在这些数据中有很明显的表现。

3. 中文传媒的资产结构

中文传媒是一家传媒行业的企业，其主要业务涉及出版、媒体、娱乐、游戏等方面。它属于一个新兴行业，而且是典型的轻资产行业。这家公司排名第一位的资产是货币资金和金融资产，它们合计占总资产的 39%。可以看出这家公司也是不缺钱的。紧随其后的是商誉，占总资产的 13%。商誉是只有在并购时才会产生的一种无形资产，这就表明这家公司曾经进行过并购活动，这也是传媒行业目前比较常见的一种现象。应收款项和存货合计占总资产的 13%，但其中存货所占的比重非常小，因为这个行业基本上没有存货，这也是符合行业特点的。

从这个资产结构可以感受到，传媒行业是一个轻资产行业，而且目前属于上升期，竞争并不太激烈。

※　※　※

综上可知，**资产结构与行业特征以及行业竞争格局有着密切的关系**。以上三家公司虽然资产结构差异很大，但它们金额最大的三项资产占总资产的比重都超过了60%，其中最高的贵州茅台，前三项资产的比重甚至达到了88%。所以，资产负债表虽然项目繁多，但真正需要我们关注的项目非常有限，**大多数企业只需要关注3～5项资产就足够了**。

17.3.2 资产的周转情况

我们在第3章介绍了周转率的概念，也在存货等章节展示了资产周转率的计算，这是对资产分析非常重要的一方面。我们一般用收入除以某项资产的价值得到这项资产的周转率，只是在存货上，我们更习惯于用成本去除以存货的价值来计算存货的周转率。

$$周转率 = \frac{总收入}{资产账面价值}$$

$$周转周期 = \frac{365天或12个月}{周转率}$$

1. 贵州茅台的周转情况

贵州茅台的采购环节，其预付账款和应付账款基本上能相互抵消，说明它的采购过程基本上都是一手交钱、一手交货的。我们根据周转率的公式，分别计算出它的原材料周转率、在产品周转率、产成品周转率为14次/年、

5次/年和21次/年，周转期为27天、73天、17天。这代表它采购进来的原材料平均27天之后就投入了生产，生产环节的平均周期是73天，生产出的产品平均17天就被卖掉了。这些数据的加总表示，贵州茅台在收到客户的预付款后，从采购原材料，经过酿造生产出产品，再把产品卖掉，这个过程平均需要117天。

在销售回款环节，公司的应收款项远远低于它的预收款项水平，这说明大多数客户通过预付款项来购买贵州茅台的产品，所以贵州茅台并不需要用自有资金投入生产经营环节，只要用客户预付的款项去采购原材料、组织生产、进行销售就可以了。

2. 宝钢股份的周转情况

宝钢股份在采购付款方面，其应付票据加上应付款项，再减去预付账款之后的余额，就体现了宝钢股份可以占用供应商的资金净额，用收入除以这个数字，就可以得到应付款项的周转率是7次/年，这说明宝钢股份可以占用它供应商资金平均天数为52天。经计算可以得出其原材料周转率、在产品周转率、产成品周转率分别为21次/年、21次/年、11次/年，周转期分别为17天、17天、33天。这代表它购进的原材料平均17天可投入生产，生产平均耗时17天，生产出的产品平均33天之后才能被卖出。

最后，其应收款项与预收款项的金额是大致相当的，说明宝钢股份几乎是用一手交钱、一手交货的方式来进行销售的。在钢铁行业竞争如此激烈的今天，还能坚持这样的销售方式，就说明了公司非常关注风险的控制。

总体而言，宝钢股份的采购、生产、销售、收款这个经营周期的总体耗时是以上几个时间之和，即17+17+33－52＝15天，可以说效率非常之高。

3. 中文传媒的周转情况

最后我们看中文传媒。首先看它的采购付款情况，其应付款项减去预付款项之后的净额非常小，周转率是 45 次/年，这表明采购环节平均占用供应商资金 8 天。而它的原材料也非常少，这与公司业务性质一致，我们就不再去计算原材料的周转率了。它在产品的周转率是 87 次/年，表明它的平均产品制造周期是 4 天。考虑到它的产品大都是虚拟产品，所以这个数字也符合它的业务性质。产成品的周转率是 15 次/年，表明产品的平均销售周期是 24 天。

其预收款项超过了应收款项，说明公司是预收了账款之后再提供产品的。作为一家传媒企业，中文传媒的业务特点就决定了它的经营周期比较短。它没有什么采购问题，产品制造周期平均只有 4 天，主要是销售花了一些时间，平均 24 天能收回款项。又因为是预收款，采购时还能占用供应商 8 天的资金，所以公司的业务运营周期只有 20（= 4 + 24 - 8）天。

总体来说，以上三家公司的**资产周转率都体现了业务的基本特点和公司所在行业的竞争情况**。

······················· 思考题 ·······················

提问：结合以上知识，如果你是一位投资者，会如何阅读公司资产负债表中关于资产的部分？

回答：首先应该了解资产的结构，看看各项资产占总资产的比重，就可以知道哪些资产是这个企业中最重要的资产。后续的分析重点就是这些最重要的资产。

其次，从企业经营活动的各项具体业务环节来分析资产的周转率。具体来说，就是从采购的付款到原材料的准备，再到生产，然后到销售，最后收回款项，这整个过程。采购的付款周期主要体现在预付账款的周转率上，同时还需要结合负债中的应付账款来综合考虑。原材料的准备周期体现在原材料的周转率上，生产周期体现在在产品的周转率上，而销售周期则体现在产成品的周转率上。最后的收款周期体现在应收款的周转率上，这一点也需要结合负债中的预收账款来同时考虑。

接下来是对一些具体项目做重点了解，比如，应收账款的账龄构成，存货中原材料、在产品、产成品的具体组成，固定资产折旧计提方法，无形资产的具体内容等。

另外还应该了解一下各种资产的减值情况，比如，应收账款的坏账准备、存货跌价准备、固定资产的减值、无形资产的减值，分别是如何提的。了解这些信息一方面可以让我们知道企业资产的具体情况，另一方面可以帮助我们判断资产减值的计提是否合理。如果我们发现大量的应收账款都是2年、3年甚至更长时间的，而应收账款的坏账准备计提又很少，就说明应收账款的计提可能存在问题。存货方面，如果产成品的库存大幅度增加，就需要结合这个企业产品的市场状况来判断是否是销售中遇到了问题。固定资产方面，如果折旧的计提年限相对较长，可能意味着折旧提得太少，这会直接影响到企业的利润水平。无形资产方面，主要看看它是以土地使用权为主还是以知识产权为主，无形资产的情况和公司的业务性质是否匹配，是否存在没有在报表上体现的无形资产，等等。

了解这些信息是需要花点功夫的，如果是上市公司还比较容易，这些信息在公司公开披露的年报中的财务报表附注部分都会有详细的说明；如果是非上市公司就比较麻烦了，需要从财务部门去了解这些情况。

17.4 负债一览

接下来我们将目光转向资产负债表的右边,去看看我们花掉的钱都是从哪里来的,首先就是对债权人的负债。负债也分为两个部分:流动负债和非流动负债。它们的区别很简单:流动负债是一年之内到期的负债,非流动负债是一年以后需要偿还的负债。我们同样以贵州茅台为例,来了解负债的项目(贵州茅台的负债项目见表 17-3)。

表 17-3 贵州茅台资产负债表的负债部分(2016 年 12 月 31 日)

2016 年 12 月 31 日

编制单位:贵州茅台酒股份有限公司　　　　　　单位:元　币种:人民币

项　目	附　注	期末余额	期初余额
流动负债:			
短期借款			
向中央银行借款			
吸收存款及同业存放	19	10 778 818 332.13	5 962 622 299.13
拆入资金			
以公允价值计量且其变动计入当期损益的金融负债			
衍生金融负债			
应付票据			
应付账款	20	1 040 608 203.18	880 976 072.09
预收款项	21	17 541 082 237.01	8 261 582 073.04
卖出回购金融资产款			
应付手续费及佣金			
应付职工薪酬	22	1 628 507 252.03	975 477 747.06
应交税费	23	4 272 289 194.57	2 515 516 156.83
应付利息	24	34 481 635.33	27 409 447.40
应付股利			

（续）

其他应付款	25	1 724 638 571.44	1 423 139 205.93
应付分保账款			
保险合同准备金			
代理买卖证券款			
代理承销证券款			
划分为持有待售的负债			
一年内到期的非流动负债			
其他流动负债			
流动负债合计		37 020 425 425.69	20 051 723 001.48
非流动负债：			
长期借款			
应付债券			
其中：优先股			
永续债			
长期应付款			
长期应付职工薪酬			
专项应付款	26	15 570 000.00	15 570 000.00
预计负债			
递延收益			
递延所得税负债			
其他非流动负债			
非流动负债合计		15 570 000.00	15 570 000.00
负债合计		37 035 995 425.69	20 067 293 001.48

17.4.1 流动负债

1. 短期借款

流动负债部分的第一个项目叫短期借款，是指企业从银行或其他的金融机构获得的一年期以内的借款,这是企业最常见的流动负债,也是大多数公司最常见的融资手段。但是贵州茅台的报表上没有这个项目,这比较少见。我们在17.3.1资产的结构中分析过,贵州茅台的资产中有59%是现金,所以这家公司不太缺钱,但这还不是唯一的原因。

2. 吸收存款及同业存放

在短期借款下面,我们注意到有一个一般企业不太常见的项目,叫作吸收存款及同业存放。这个项目通常只有银行类的金融机构才会有,而贵州茅台这个项目的金额还非常大,高达108亿元。从贵州茅台的报表附注中可以了解到,这个部分是由贵州茅台控股的子公司贵州茅台财务公司吸收关联企业的存款而产生的。在资产部分,我们曾了解到贵州茅台有对外拆放资金的行为,这就可以理解为贵州茅台进行资金集中管理的一种方式,即通过设立财务公司,把所有关联企业的富余资金都存入财务公司,形成了关联企业在财务公司的存款,也就有了财务公司对外的负债。当这些关联企业需要资金时,财务公司就以贷款的方式来满足它们的资金需要,无论是存款还是贷款,财务公司都会支付或者收取相应的利息。

那么,为什么贵州茅台没有银行借款呢?而且资产中显示其也没有长期股权投资,这些关联企业和贵州茅台的关系是什么呢?

虽然公司年报中没有详细列示这些企业和贵州茅台的关系,但是从关联交易的披露中,我们可以大致判断这些关联企业都是贵州茅台集团的下属企业,它们与贵州茅台股份是一种兄弟关系,并没有直接的股权关系。而贵州茅台的资金管理方式是这些关联企业先从银行获得贷款,然后再存入财务公司,由财务公司统一安排各个公司的资金需求。

3. 应付票据、应付账款、预收账款

应付票据和应付账款都是在采购业务中,由于企业先拿了货,但是款项还没有支付所产生的，不过应付票据是以商业承兑或者银行承兑的方式来承诺付款的，而应付账款则完全是一种口头的承诺。预收账款是因为在销售业务中存在先收款、再发货的情况，这样，公司就形成了对客户的负债，即欠了客户商品。

4. 应付职工薪酬

应付职工薪酬，我们曾在第9章专门介绍过。因为公司往往在下个月支付上个月的员工工资，所以每月月底做报表时就需要确认对职工的欠款。

5. 应交税费

应交税费和应付职工薪酬类似，企业的生产经营活动需要交税，但一般都是下个月交上个月的税，所以每月月底做报表时同样需要确认对税务局的欠款。

6. 应付利息、应付股利

应付利息、应付股利两个项目和应收利息、应收股利是相呼应的。应付利息是借款产生的利息支出，由于利息大都是定期结算，而会计部门每个月都需要编制报表，当利息已经发生、钱还未付时，就称为应付利息。同理，公司决定发放现金股利，但是钱还未支付时，就产生了应付股利。一般情况下，企业发放现金股利需要先由董事会形成议案，然后通过股东大会的审议才能执行，所以议案的形成和最终股利的发放之间会有一个时间间隔，会计在形成议案时就要确认负债，发放股利时再减少这项负债。

7. 其他应付款

我们在资产部分介绍了其他应收款，它包括企业之间临时周转拆借的资金。在这种情况下，借出资金的一方就记其他应收款，而借入资金的一方就记其他应付款。

17.4.2 非流动负债

1. 长期借款

非流动负债的第一个项目是长期借款,这个很容易理解,就是超过一年期的借款。

2. 应付债券

接下来是应付债券,只有发行债券的公司才会有这个项目。

3. 长期应付款

长期应付款是指企业承诺支付给某个人或者某个企业的资金。比如签订了一个租赁协议租入一项资产,企业是仅仅获得该项资产的使用权还是拥有所有权,需要根据租赁协议的具体条款看租赁期限、租赁金额以及租期届满时资产归谁所有,来判断这个租赁本质上是不是一个购买行为。

如果租赁期限几乎等于这项资产的寿命期,或者租金几乎等于购买资产的花费,或者双方约定租赁期满之后资产归承租人所有,那么会计上就认为该租赁的本质是分期付款的购买行为,这就需要在资产中记录这项资产,同时也要把未来需要支付的租金在签订租赁协议时就确认为负债,而这项负债就是长期应付款。这种称为融资性租赁,与它相对的是经营性租赁。

4. 递延收益

递延收益的应用非常有限,这是在企业获得与资产相关的政府补助时产生的。所谓的与资产相关的政府补助,就是指这项补助是政府资助企业购置某项资产的。如果企业获得了这种类型的补助,就减少了在这项资产中的投入,所以应减少资产的成本,或者允许记入递延收益中,递延收益以后再逐渐分摊记入到利润表中。

※ ※ ※

贵州茅台在以上这些负债项目的金额通通为零，想到它有近60%的资产都是货币资金，这样的状况也不太难理解。但贵州茅台的报表上有一个不常见的项目叫作**专项应付款**，是指白酒安全检测建设项目、茅台酒糟生物转化项目等，一共有三个项目。具体而言，这是企业接受国家专项用于某个项目的拨款，这部分拨款是不需要用现金偿还的，只需要在以后完成相应的项目建设即可。

17.5 负债的分析

我们已经介绍了如何对资产进行分析，如分析其资产结构、资产周转率，下面我们来介绍负债的分析方法。

说起负债，我们最关心的就是公司是否有足够的偿债能力。既然负债分为流动负债和非流动负债，那么偿债能力也分为短期偿债能力和长期偿债能力两个方面。

17.5.1 短期偿债能力

所谓短期偿债能力就是偿还流动负债的能力。

先来看流动负债中比较典型的应付账款。很显然，用手头的现金偿还应付账款是最合理的，但如果现金不够，就应该尽快收回他人所欠的应收款用于还债，如果还不够，就应该卖掉存货，收回资金偿债。无论是现金、应收款，还是存货，都属于用流动资产项目来偿还流动负债。我们假设所有流动资产都可以在瞬间全部变成现金，那么用流动资产除以流动负债即得到**流动比率**。它是衡量短期偿债能力的指标，用来评判流动资产变现后是否足够偿还流动负债。

$$流动比率 = \frac{流动资产}{流动负债}$$

如果流动比率正好等于1，从表面上看，公司的偿债能力刚好满足债务的要求，但这么理解是有问题的。因为流动比率为1就意味着所有的流动资产变现之后正好够偿还流动负债，偿还流动负债后企业没有富余的钱，也没有原材料了，正常的生产经营活动就无法再维持。而且应收账款不一定能马上收回，存货也不一定能按原价马上卖出，所以流动比率等于1对于企业来说是不够的。

一般教材会介绍流动比率等于2比较安全，但现实中，企业的流动比率往往介于1和2之间。原因就在于中国的大部分企业偿还短期借款的资金来源是新的短期借款，而不是流动资产，也就是说大部分企业是通过借新债还旧债的方式来偿还短期借款的。因为有短期借款的自我循环，所以流动资产只需要偿还除了短期借款之外的其他的流动负债。一般情况下，这个模式没有什么大问题，但如果某一个行业整体出现了问题，银行停止了对这个行业整体的贷款，短期借款就不能够继续自我循环了，这时就需要用流动资产偿还所有的流动负债，就很可能出现资金周转的困难。

所以，认为所有流动资产都能立刻变现的假设太乐观了。

流动资产中最难变现的是存货，如果保守一点，我们可以假设所有存货都不能变现。将存货从流动资产中扣除，剩下的部分再除以流动负债，得到的指标称为**速动比率**，这是一个相对保守的衡量短期偿债能力的指标。偿债能力的分析还包括偿还利息能力的分析，这个内容留待利润表部分学习。

$$速动比率 = \frac{流动资产 - 存货}{流动负债}$$

17.5.2 长期偿债能力

资产负债率也是一个常用的衡量偿债能力的指标，通常用于衡量长期偿债能力,它是由负债总额除以资产总额得到的,表示我们借的债越多,就越有可能无法偿还,这个比率还有另外一个名字——**财务杠杆**。

$$资产负债率 = \frac{负债}{资产} \times 100\%$$

上市公司资产负债率的平均水平为42%~45%。这个数据也可以理解成一般行业资产负债率的正常水平,但重资产行业的负债率通常比较高,因为重资产行业需要的资金较多,而它又有很多的资产可以拿去获得抵押贷款。反之,轻资产行业的负债率通常比较低,一方面是因为轻资产行业需要的资金较少,另一方面是因为它们没有那么多资产可以拿去抵押。

17.6 所有者权益

所有者权益部分列示的是公司的所有者(即股东)投入公司的资金,接下来我们结合贵州茅台的例子(见表17-4)来了解所有者权益。

表17-4 贵州茅台资产负债表的所有者权益部分

2016年12月31日

编制单位:贵州茅台酒股份有限公司　　　　　　　　　单位:元　币种:人民币

项目	附注	期初余额	期末余额
股本	27	1 256 197 800.00	1 256 197 800.00
其他权益工具			
其中:优先股			
永续债			
资本公积	28	1 374 964 415.72	1 374 964,415.72
减:库存股			
其他综合收益	29	−11 240 841.56	−13 034 075.47
专项储备			

(续)

项 目	附 注	期初余额	期末余额
盈余公积	30	7 135 649 963.12	6 210 524 497.54
一般风险准备	31	420 758 409.36	218 361 303.43
未分配利润	32	62 717 808 036.61	54 878 964 497.77
归属于母公司所有者权益合计		72 894 137 783.25	63 925 978 438.99
少数股东权益		3 004 405 071.47	2 308 191 982.30
所有者权益合计		75 898 542 854.72	66 234 170 421.29
负债和所有者权益总计		112 934 538 280.41	86 301 463 422.77

17.6.1 所有者权益一览

1. 实收资本（股本）

股东向公司投资有两种方式：一种是把公司外部的钱投入公司中；另一种是公司赚了钱，股东没有拿走，继续留存在公司，这也是一种对公司的投资。前一种在股份有限公司中叫**股本**，在有限责任公司中叫**实收资本**。

每个企业都有**注册资本**，在旧公司法下公司注册时必须按照注册资本出资到位，还要进行验资并提供验资报告，这时财务报表上的实收资本就一定等于注册资本。但自2014年3月1日起，公司注册资本实行**认缴制**。在注册公司时，工商部门只需登记公司股东认缴的注册资本总额，而不需要登记实收资本，也不需要提供验资的证明文件。实缴的注册资本在公司注册时甚至可以是零，可能在很长时间内才能认缴到位。在这样的制度之下，实收资本是实际认缴到位的资本，而不必等于注册资本。

2. 资本公积

股本后面的项目叫**资本公积**，是指超过注册资本的那部分出资额。虽然股东不必在公司成立时就将所有的注册资本都认缴到位，但有的股东在公司成立时不仅将注册资本全部认缴到位，甚至还可能超过注册资本。这种情况似乎不常见，但上市公司肯定会出现超过注册资本出资的情况。比如，一家上市公司发行1亿股股票，每股面值1元，这意味着它每股对应着1元的注册资本，一共就是1亿元的注册资本。但股票肯定不是按照1元的价格发行，如果发行价格是10元，这样的1亿股就能筹集10亿元的资金。不过这10亿元中只有1亿元是股本，剩下的9亿元都是资本公积（见图17-2）。

图 17-2　股票超过面值发行

对于非上市公司而言，公司创立之后的每一轮融资都会释放一部分的股权，在这个过程中就会产生资本公积。比如，有一个创业者最初投入90万元成立了一家公司，在第一轮融资时，投资人投入1000万元，占投资后公司股份的10%。根据这项安排，我们就可以把股本增加到100万元，其中90万元属于创业者，10万元属于投资人。而投资人投入公司的1000万元中，除了上面的10万元进入股本之外，剩下的990万元都进了资本公积。进入资本公积的990万元中的90%，也就是891万元，是在投资之后归属于创业者的10%的部分，也就是99万元归属于新进入的投资人（见图17-3）。由此看来，投资人投入公司的1000万元立刻就少了891万元。之所以投资人愿意这样做，是因为他对公司未来的前景十分看好，愿意用更多的资金来换取这10%的股份。在这个例子中，实际是投资人给了创业者891万元，但创业者没有将这些钱抽回，而是留存在公司里作为追加投资了。

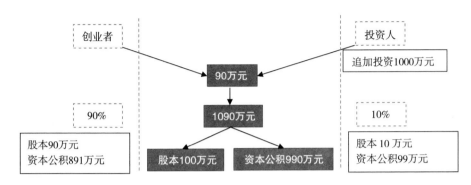

图 17-3　投资人投入金额超过所占股本

还有另一种安排方法，就是投资人给创业者 891 万元现金，创业者把这笔钱从公司账上抽离出来自用，但在这种情况下，公司的资金是不会增加的，只是创业者自己收回了那一部分投资，一般创业企业都不会轻易采用这种方式来出让股份。

由以上分析可知，股本是一个非常重要的项目，当公司有多个股东时，他们之间股权比例的划分不是以出资额来决定，而是以他们在股本中所占的比重来决定。不仅股本内部的结构非常重要，股本的总额也非常重要。因为在有限责任公司中，注册资本是一家企业对外承担法律责任的上限。比如一家公司发生破产，它是以公司现有资产清算之后的价值来偿还负债，不足以偿还的那部分，不能要求公司股东用私有财产来为公司偿债。但是，如果股东的认缴资本是 1000 万元，而只到位了 500 万元，这时公司破产了，出现了 800 万元的债务，而且公司资产清算之后只能偿还其中的 200 万元，还有 600 万元偿还不了，股东就需要将未认缴到位的 500 万元注册资本认缴到位，用于偿还该负债。从这个角度看，注册资本越少，股东的法律责任也就越小。但注册资本并不是越少越好，如果注册资本太少，会让客户、供应商觉得公司实力不够，这需要权衡考虑。

3. 盈余公积、未分配利润

实收资本和资本公积记录的是股东投入公司的资金，如果公司的盈利继续留存在公司，没有通过股利的形式分出去，也是股东对公司投资。但《公司法》规定，一家公司若盈利，不能将其全部都分配给股东，至少应留下10%作为**盈余公积**，其余的90%股东可以自行分配。如果股东从可供分配的盈利中分掉了一部分，没有分掉的那部分就继续留在公司，进入**未分配利润**项目中。

比如一家公司盈利1000万元，按照《公司法》的规定，至少应留下100万元记入盈余公积，剩下的900万元股东可以自由决定如何分配。如果股东决定分掉其中300万元，留下600万元，那么600万元就是未分配利润。如果接下来的一年公司又盈利了1000万元，则又要提取10%，也就是100万元作为盈余公积，那么剩下的900万元股东完全可以决定将它全部都分掉。不仅如此，还可以把去年没有分掉的那600万元也分掉，前提是公司有足够的现金（见图17-4）。可以这样理解，盈余公积是法律不允许公司分配的利润，而未分配利润是公司自己决定不分配的利润。

盈余公积不是毫无止境地一直提取下去，只要盈余公积总额达到注册资本的50%，就可以不再强制提取了。

4. 其他综合收益

其他综合收益，我们在第13章中介绍过，所谓的第二类金融资产，就是按照公允价值来调整资产的价值，但是公允价值的变动并不记入利润表，而是记录在资产负债表中，也就是所有者权益的其他综合收益这个科目里。进入利润表的项目，最终会成为公司的利润，利润扣减按照《公司法》要求提取的盈余公积，对剩下的部分进行利润分配，未分掉的部分就进入了未分配利润，同时还会增加所有者权益。所以，那些本来应该增加利润却没有记入利润表的项目，最后也必须进入所有者权益中，才能保证报表的最终结果是正确的。所以，我们才在所有者权益中设置了其他综合收益科目，该科目用来记录那些本该记入利润表，却没有记录其中的项目。

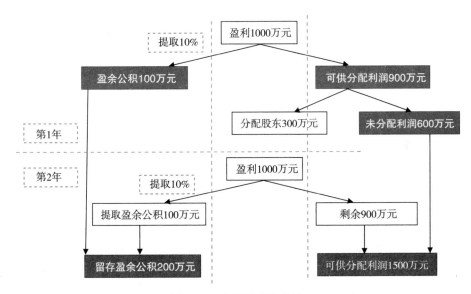

图17-4　公司盈利的分配

5. 归属于母公司所有者的权益、少数股东的权益

除以上项目之外，我们还可以看到贵州茅台的所有权益中包括归属于母公司所有者的权益和少数股东的权益，因为这是合并报表，所以会有这样的项目。在合并报表时，控股企业中少数股东享有的那部分权益体现在少数股东的权益中了，它与归属于母公司所有者的权益两部分相加才是所有者权益的总额。

17.6.2　转增资本

公司的资本公积、盈余公积和未分配利润都可以转为股本。比如，一家上市公司宣布它的利润分配方案是"十转增十"，意思就是每十股股票可以获得由资本公积转增出来的十股股票。

1. 资本公积转增资本

资本公积转增股本，就是把超过注册资本出资的那部分转入注册资本中，于是注册资本就增加了。但因为所有的股东都增加了股本，所以股东之间的持股比例关系是保持不变的。

2. 未分配利润转增资本

我们还听过有的上市公司的利润分配方案是"十送十"，即每十股股票可以获得公司赠送的十股股票。当然这不是真的赠送，实际上是把未分配利润以股票的形式分给股东，也就是**发放股票股利**。股东拿到的股利不是现金形式的，而是股票形式的。这种方式下股东之间的持股比例关系仍然保持不变。

另外，我们将未分配利润转为股本，相当于把未分配利润分给股东了，然后股东又把它投入公司。因此，股东需要交所得税。如果股东是自然人，就应该按照每股 1 元的面值来交纳 20% 的所得税。我国现行的个人所得税制度采用代扣代缴的方式，即由利益发放人扣除所得税，并且代表纳税人交到税务局。上市公司发放股票股利时，公司既不能拿自己的钱去替股东交税，也不能向每个股东收钱去交税，所以很多公司此时会同时发放一笔现金股利，这笔现金股利股东拿不到，它的作用就是用来交税。比如，发放一个"十送十"股票股利的同时，再发放一个"每股 0.25 元"的现金股利。每股 1 元的股票股利需要交纳 0.2 元的所得税，0.25 元的现金股利也需要按照 20% 交纳个人所得税，就是 0.05 元，所以一共需要交纳每股 0.25 元的个人所得税，正好等于公司发放的现金股利金额。

3. 盈余公积转增资本

盈余公积同样可以转增股本，不过会受到一定的限制，转完之后剩下的部分不得低于注册资本的 50%。盈余公积同样是公司盈利产生的，所以盈余公积转增股本，股东同样要交纳个人所得税。自然人股东按照 20% 的比例交税。

如果股东是企业法人，它获得股票股利或通过盈余公积转增股本方式来获得股票，虽然本质上也是分配了公司的利润，但《企业所得税法》将这两种方式的利润分配列为免税项目。所以，**如果股东是一家企业，在盈余公积转增股本和获得股票股利时，不需要交纳企业所得税**。

17.7 资产负债表总结

下面我们总结一下本章对资产负债表的介绍。

资产负债表的左边是资产，表示企业用资金换来的各种东西；右边是负债及所有者权益，表示企业获得资金的渠道，包括股东最初投入的资金，也包括企业从银行和其他金融机构获得的借款，还包括在经营过程中欠供应商、客户、员工和税务局的钱，以及企业盈利后留存下来继续投入企业的这部分利润。

企业获得的资金和用掉的钱，两者的数额应该相等，所以资产负债表左边的资产应该等于右边的负债与所有者权益之和。这个是资产负债表的基本逻辑关系，相应的等式叫会计恒等式。

$$资产 = 负债 + 所有者权益$$

纵观资产负债表，流动资产中的应收账款、应收票据、存货、预付账款和流动负债中的应付账款、应付票据、预收账款，都是描述经营活动的。各种资产项目的周转率可以描述企业的运营效率。

流动资产中的金融资产、应收股利、应收利息以及各种非流动资产描述了公司的投资活动，而流动负债中的短期借款、应付股利、应付利息，以及各种非流动负债、所有者权益则描述了公司的融资活动,可以看到,企业的五大业务在公司的资产负债表中都有所表现。

资产负债表描述了资金的不同来源,变成了哪些东西,以及这些东西的价值如何。编制资产负债表的过程其实就是公司清点自己家当的过程,有了这个过程,才能对自己的财务状况心里有数。这个家底用专业语言来描述就是**财务状况**。所以,资产负债表是一个时点概念的报表,就好像为公司的财务状况拍了一张照片。

小 结

1. 资产负债表描述了一家企业在某个时点的财务状况,说明投入到公司多少资金,这些资金又变成了什么。它分为左右两部分:左边是资产,说明资金变成了什么;右边是负债和所有者权益,说明资金从哪里来。资产负债表的基本逻辑关系是:

$$资产 = 负债 + 所有者权益$$

2. 资产按照它们变现的快慢依次排序,变现快的排在前面,变现慢的排在后面。在一个从现金到现金的循环中就能完全转化成现金的资产叫作流动资产,需要多个循环才能完全变成现金的资产称为长期资产。

   流动资产包括货币资金、应收账款、预付账款、存货等,非流动资产包括长期股权投资、固定资产、无形资产等。

3. 分析企业的资产主要从资产结构和资产周转率两个方面入手。

   资产的结构与业务特性以及行业竞争格局密切相关。大多数企业占比最大的三项资产几乎占总资产的 60% 以上,所以企业可以主要关注这些占比较大的重要资产。

通过对应收款项、存货、应收和预收款等项目的周转率进行计算，可以了解一家企业采购、生产、销售、回款等具体业务的运作情况。

4. 负债分为流动负债和非流动负债，流动负债是一年之内到期的负债，非流动负债是一年以后需要偿还的负债。

   流动负债包括短期借款、应付票据、应付账款、应付职工薪酬等，非流动负债包括长期借款、应付债券、长期应付款等。

5. 负债分析主要评判企业的偿债能力，它分为短期偿债能力和长期偿债能力两个方面。

   短期偿债能力就是偿还流动负债的能力，其衡量指标主要包括流动比率和速动比率，长期偿债能力的主要指标是资产负债率，又称财务杠杆。

6. 股东向公司投资有两种方式：一种是将外部资金投入公司中；另一种是将公司盈利的资金留在公司作为追加投资。所有者权益包括实收资本／股本、资本公积、盈余公积、未分配利润，以及其他综合收益、归属于母公司股东的权益和少数股东权益。

思考题

提问： 结合本章介绍的内容，你认为各种资产减值会对企业的财务数据产生什么影响？

回答： 应收账款、存货、固定资产、无形资产等资产项目的减值，其发生后自然会使资产的价值减少，同时也会减少利润。正是因为这个原因，一些企业会利用资产减值转回的会计准则或者通过卖出已经减值的资产达到在两个不同年度之间调节利润的目的。

18
为赚钱的过程拍视频
利润表

套用一句流行用语：不以赚钱为目的的企业，都是耍流氓。我们将在本章开启学习利润表的旅程，看看企业中的钱是如何赚取的。

18.1 利润表一览

本章对利润表的学习，我们以贵州茅台的利润表（见表18-1）为例。

表18-1 贵州茅台的合并利润表

2016年1～12月

单位：元　　币种：人民币

项　目	附注	本期发生额	上期发生额
一、营业总收入		40 155 084 412.93	33 446 859 045.58
其中：营业收入	33	38 862 189 993.84	32 659 583 725.28
利息收入	34	1 292 722 909.66	786 545 320.30
已赚保费			
手续费及佣金收入	34	171 509.43	730 000.00
二、营业总成本		15 889 459 243.51	11 291 736 359.61
其中：营业成本	33	3 410 104 085.97	2 538 337 449.06
利息支出	34	122 961 049.54	74 159 619.28
手续费及佣金支出	34	73 593.72	62 172.83

（续）

项　　目	附注	本期发生额	上期发生额
退保金			
赔付支出净额			
提取保险合同准备金净额			
保单红利支出			
分保费用			
税金及附加	35	6 508 926 343.26	3 449 170 637.40
销售费用	36	1 681 052 022.90	1 484 961 519.21
管理费用	37	4 187 189 840.42	3 812 852 076.19
财务费用	38	−33 175 188.52	−67 266 800.97
资产减值损失	39	12 327 496.22	−540 313.39
加：公允价值变动收益（损失以"−"号填列）			
投资收益（损失以"−"号填列）	40		3 869 276.90
其中：对联营企业和合营企业的投资收益			
汇兑收益（损失以"−"号填列）			
三、营业利润（亏损以"−"号填列）		24 265 625 169.42	22 158 991 962.87
加：营业外收入	41	8 553 926.06	4 823 183.32
其中：非流动资产处置利得		91 101.94	205 859.28
减：营业外支出	42	316 298 138.37	162 100 184.85
其中：非流动资产处置损失		1 960 971.07	188 439.42
四、利润总额（亏损总额以"−"号填列）		23 957 880 957.11	22 001 714 961.34

18.1.1　营业总收入

利润表的第一部分是营业总收入。

1. 营业收入

先来看看营业收入，产生营业收入最典型的业务就是销售业务，在第 2

章介绍客户的章节我们介绍过，收入的确认原则是收益和风险的转移。举个例子，假设企业与客户签订一个500万元的合同，企业按照合同的约定向客户发出了价值为500万元的货物，客户只支付了100万元的现金，形成了400万元的应收账款。在这种情况下，企业应该在发货时确认500万元的收入，将现金和应收账款记录在资产中。这里的500万元的收入将进入利润表中。

2. 利息收入

从贵州茅台的利润表可以看到，营业总收入除了包括营业收入之外，还包括利息收入。这个项目在一般的企业中很少见，通常只有类似银行这样的金融机构才会有。但是从上一章贵州茅台的资产负债表我们看出，它是通过财务公司来集中管理集团内各企业资金的，于是财务公司就兼具了银行的功能。这里的利息收入就是财务公司因为集团内部贷款而向关联企业收取的利息，这与一般企业在银行存款产生的利息收入不一样。

3. 手续费及佣金收入

除此之外，营业总收入中还有一项手续费及佣金收入，该项目通常也只在金融机构报表中才会出现，此处应该是贵州茅台的财务公司帮助关联企业办理各种金融业务收取的手续费。

18.1.2 营业总成本

第二部分是营业总成本。

1. 营业成本

先看营业成本，它产生于生产过程中，由生产耗费的料、工、费三项构成。这些资源消耗掉之后就换来了产品，产品记录在资产的存货项目中，那些被卖掉的存货就会转化成营业成本。所以，营业成本就是被卖掉的那部分产品的生产成本，但是营业成本的本质是生产环节的支出。

2. 利息支出、手续费及佣金支出

利息支出、手续费及佣金支出，这两个项目和收入中的利息收入、手续费及佣金收入是相对应的。这里的利息支出、手续费及佣金支出指财务公司因为吸收关联企业存款而需要支付的利息，以及从事各种金融业务需要支付的手续费。

3. 税金及附加

接下来是税金及附加项目。在营改增之前，这个项目的名称叫"营业税金及附加"，记录的是营业税这种流转税。流转税是指企业无论赚钱与否，只要从事生产经营活动就需要交纳的税。流转税包括营业税、增值税等，但二者的性质完全不一样。营业税是经营者的成本，而增值税是消费者的成本，在经营者的报表上不可能体现消费者的成本，所以增值税不记录在这个项目中，而是记录在资产负债表负债部分的应交税费项目里。在营改增全面实施后，营业税这个税种就完全取消了，所以"营业税金及附加"这个项目的名称就变成了"税金及附加"，也就是表18-1贵州茅台的利润表上的项目名字。

这个项目中还有一些流转税的附加税费，比较常见的有教育费附加和城市维护建设税。这都是企业的成本，一旦发生就要记录在利润表中。

4. 销售费用

接下来是我们经常说的三项费用：销售费用、管理费用、财务费用。销售费用和管理费用，我们在6.2节和6.3节中分别介绍过。

销售费用项目反映了为实现销售而发生的各种支出，包括广告促销费用，销售门店的租金或折旧费，销售人员的工资、奖金、福利，销售人员请客户吃饭发生的业务招待费，销售人员出差产生的差旅费，把商品从仓库运到销售场所发生的运费，等等。它们的共同特点就是都与销售有关。

5. 管理费用

管理费用包括管理部门的工资、奖金、福利，办公楼的租金或折旧，日常的办公开支，各种会议费、培训费，管理部门的业务招待费、差旅费，等等。

6. 财务费用

财务费用我们之前没有介绍过，它包含了企业的利息支出，比如企业的银行贷款利息支出。银行的存款利息收入会直接从这个项目中扣除，所以**财务费用其实是利息支出减去利息收入之后的余额**。财务费用还包括企业发行股票和债券过程中支付的各种融资费用。

从报表中看到，贵州茅台的利息费用是一个负数。结合我们在第17章中分析的资产负债表，贵州茅台是没有短期和长期借款的，而且货币资金占总资产的59%，所以财务费用是负数对于它来说是很正常的。

但是利息并没有那么简单，现行的会计准则规定，如果借款的目的是进行某项固定资产的建设，那么这项借款的利息不计入财务费用，而是计入在建工程的建设成本，直到完工为止。所以，**并不是所有的利息都在财务费用中体现**。现实中也存在把不属于在建工程的借款利息计入在建工程来降低财务费用的情况，表现为把其他借款的利息计入到在建工程中，或者于在建工程完工之后，仍然把相应的借款利息计入在建工程。

7. 资产减值损失

资产减值损失体现的是资产减值对利润的影响。我们来分析一下资产减值在减少资产价值的同时，为什么还会减少利润。

比如应收账款计提坏账准备，这是对资产价值的减少。假设客户支付了100万元应收账款中的50万元后，不再支付剩余的部分，那么剩余的50万元就称为坏账。这意味着原来应该按100万元卖掉的货，其实只卖了50万元，但是卖货时已经按 100 万元记录了收入和利润，这就意味着当时把利润记多了，现在应该把多记的利润冲减掉。所以，**计提的资产减值在减少资产价值的同时也要减少利润**。

再比如存货计提跌价准备，如果账面价值为 2000 万元的存货减值 200 万元，这就表示这些存货现在拿到市场上只能卖 1800 万元，就会产生 200 万元的损失。而只因为这些存货还没有被卖掉，所以这 200 万元的损失不会体现在报表上。但会计是一个谨慎的职业，不会轻易地确认好消息，对坏消息却会尽早地反映出来。这时就需要将这 200 万元的损失通过资产减值损失体现出来。

固定资产、无形资产的减值也是类似的道理。

8. 公允价值变动收益、投资收益

我们在上一章资产负债表中介绍过，资产的价值大多数情况下都是按照历史成本来确认的，也就是按照购置资产时的花费来记录资产的价值。虽然资产的价值在持有的过程中可能增加，也可能减少，但出于谨慎性的考虑，我们往往只确认资产的减值，而不确认资产的增值。**只有金融资产和投资性房地产一般按照公允价值来计量**。因为按照公允价值记账，它们的价值时常发生变化，就会产生收益或损失。

如果企业持有一项以公允价值计量且收益计入损益的第三类金融资产，持有期间每年年末都要按照公允价值来调整该金融资产的价值，同时要把公允价值的变动记入公允价值变动收益这个科目里。比如，企业以 10 元/股购买的股票，如果当年 12 月 31 日没有卖掉，就应该按照 12 月 31 日这一天的股票收盘价计量。假如收盘价是 12 元/股，就应该将这项金融资产的账面价值调整为每股 12 元，同时确认每股 2 元的公允价值变动收益。如果到了第 2 年的 12 月 31 日，这个股票还没有卖掉，就应该按照第 2 年 12 月 31 日的股票收盘价计量。假设这一天的收盘价是 9 元，就应该将这项金融资产的价值

调整为每股 9 元，同时确认每股 3 元的公允价值变动损失。第 3 年的 5 月 6 日，公司把股票卖出，价格是 11 元 / 股，这时就应该确认 11 元 / 股和之前的公允价值 9 元 / 股的差价，也就是 2 元 / 股的投资收益（见表 18-2）。所以，公允价值变动收益可以为正，也可以为负，记录的是金融资产或投资性房地产在没有出售时的公允价值变动。一旦出售，那么投资收益应该还包括从长期股权投资或者金融资产中获得的分红。

表 18-2　企业投资的可随时出售的股票金融资产　　（单位：元 / 股）

	购买股票时	第 1 年 12 月 31 日	第 2 年 12 月 31 日	出售股票时
市价	10	12	9	11
会计账面价值	10	12	9	9
公允价值变动收益		2	−3	
投资收益				2

18.1.3　营业利润

我们用营业总收入减去营业成本，然后再扣除税金及附加、三项费用和资产减值损失，再加上公允价值变动收益、投资收益和汇兑收益，就可以得到营业利润了。

营业利润 = 营业总收入 − 营业成本 − 税金及附加 − 销售费用 − 管理费用
　　　　− 财务费用 − 资产减值损失 + 公允价值变动收益
　　　　+ 投资收益

1. 营业外收入

在营业利润下面是营业外收入和营业外支出。

先来看看营业外收入。比如一家生产企业出租了拥有的一些闲置设备，获得了租金收入，这些租金收入并不是营业外收入，它应当属于非主营业务产生的营业收入。但如果将这些设备出售，获得的收入就属于营业外收入了。那么，出租和出售有什么不一样？出租不转让所有权，所以可以一直租下去；而出售转让所有权，只能卖一次。但这只是出租和出售的表面差异，企业可以长期出租闲置的设备来获取租金收入，这属于企业经营活动；出售固定资产非长久之计，不可能构成企业的一项业务，所以不属于营业活动，产生的收入就叫作营业外收入。所以，**营业外收入通常是不具有持续性的**。

同样的道理，如果一家生产企业有很多专利，它将其中的几项专利授权给他人使用并收取专利权使用费，那么该使用费收入就是非主营业务产生的营业收入。但如果将其中的几项专利卖掉来获得收入，就是营业外收入了。**出售非流动资产的收入都是营业外收入**。

营业外收入还包括其他项目，比如获得政府的奖励补贴，以前补贴收入要单独列示，现在直接合并到营业外收入项目中。出售固定资产、无形资产还可以采用非货币交易的形式。即我们用固定资产或无形资产换来他人的一项资产。如果换入资产的价值超过了换出资产的价值，就会产生利得，这个利得就要记录在营业外收入中。除此之外，如果我们收购其他企业时，收购价格低于被收购方所有者权益的评估价值，差额也会记入营业外收入。另外，在盘点存货时，如果发现实际拥有的存货比账面记录的多[⊖]，多出来部分的价值要记入营业外收入。如果因为债权人死亡或破产等原因导致负债没办法偿还，无法偿还的负债也记入营业外收入。发生债务重组时，如果债务人无力偿还负债，和债权人达成和解协议，通过债务的延期、减免利息，或者允许用实物资产来抵债的方式减轻债务人的负担，这时通常债务人需要偿还的负债变少了，债务人将变少的这个部分也记入营业外收入。

营业外收入包含的项目形形色色，但都有其共同的特点，就是**它们都与公司的日常营业活动没有关系**，而且通常都不具有持续性。

⊖ 这种情况被称为存货盘盈。

2. 营业外支出

了解了营业外收入后，再理解营业外支出就简单了。营业外支出是和营业外收入相对的一个概念。比如出售固定资产和无形资产出现的损失，债务重组中债权人承担的损失，进行存货盘点时，发现实际资产比账面价值要少，这些都记录在营业外支出中。除此之外，政府的罚款、捐赠支出等也都属于营业外支出。

18.1.4 利润总额、净利润

营业利润加上营业外收入，再减去营业外支出，就可以得到利润总额。利润总额扣除所得税费用，就得到了净利润。

$$利润总额 = 营业利润 + 营业外收入 - 营业外支出$$

$$净利润 = 利润总额 - 所得税$$

企业所得税税率是25%，对于高新技术企业会低一些。按照这个比例，意味着交完企业所得税之后，剩下来的净利润至少应该是利润总额的75%。但如果你留心计算一下贵州茅台的净利润，会发现它的净利润达不到利润总额的75%。这是因为所得税并不是根据利润总额的25%计算得到的，而是**应税所得**的25%。利润总额是会计报表上的一个项目，它是按照会计准则计算出来的。而应税所得才是用来确定所得税纳税依据的，它是按税法来计算的。税法与会计准则的规定会有一定的差异。比如税法对业务招待费、广告支出、坏账的计提等都会有一定的额度限制，超过的部分在计算应税所得时不能作为费用来扣除，而会计准则中没有这样的限制。因此，应税所得可能比利润总额高，从利润表上看企业交的所得税就比较多。

净利润是利润表的最终结果，但贵州茅台利润表的净利润下面还有两个项目，一个是归属于母公司所有者的净利润，另一个是少数股东损益。这是因为在合并报表的过程中，我们把被投资企业中不属于母公司的利润也包括进去了，所以在此要做一个划分，分成属于母公司的利润和属于少数股东的利润。

至此，利润表的项目就介绍完毕了。

18.2 利润表总结

如果要用一个形状来形容利润表，那就是漏斗。因为利润表进来的是收入，出去的是利润，而且利润都比收入少。

从收入到利润的过程中有很多损耗，首先损耗掉的是成本，还要减掉经营过程中的税，再减掉三项费用，就得到了税前利润。在此过程中还调整了一些类似资产减值损失、公允价值变动收益、投资收益、营业外收支这样的项目。再扣除所得税，就会得到净利润。

我们介绍过资产负债表的基本逻辑关系是资产等于负债加所有者权益。那么，利润表的逻辑关系则可以表示为收入减去所有的成本费用等于利润。

$$利润 = 收入 - 成本费用$$

如果说资产负债表描述的是企业的财务状况，那么**利润表描述的就是企业的盈利状况**。不过利润表描述的盈利状况不仅仅是过去的，还包括一些未来的信息。

假设有两家公司，今年都盈利1000万元，一家公司900万元的利润来自于营业利润，100万元来自于营业外收入，另外一家公司100万元来自于营业利润，900万元来自于营业外收入。我们通常认为第一家公司盈利状况更好，因为第一家公司大部分的利润来自于具有可持续性的营业利润，而第二家公司大部分的利润来自于不可持续的营业外收入，所以我们认为第一家公司明年应该会比第二家公司赚更多的钱。**利润表将具有持续性的营业利润和不具有持续性的营业外收入分开列示，就使得利润表具有了一定的预测功能，**

它不仅能够体现企业今年的盈利，还能帮助我们形成对未来盈利的预测。

如果说资产负债表是一个时点概念的报表，就像给企业拍张照片，那么，**利润表则是一个时段概念的报表，因为赚取利润需要一个时间过程，它就像给企业拍段视频**。

利润表的最终结果——净利润，还要再提取10%的盈余公积，而这部分盈余公积会进入资产负债表的所有者权益中，剩下的部分股东再来决定如何分配，分掉的那部分就流出企业了，而没有分掉的那部分就会进入资产负债表所有者权益的未分配利润项目中。由于资产负债表是一个时点概念的报表，而利润表是一个时段概念的报表，所以从利润表中转入资产负债表的数字，都是一个增量。比如，资产负债表上原来有1000万元的未分配利润，今年的净利润是1000万元，其中提取了100万元的盈余公积，又给股东分配掉了700万元，剩下了200万元。这时资产负债表上的未分配利润列示额就会增加200万元，所以未分配利润的年末列示额会变成1200万元。

18.3　利润表的分析

18.3.1　利润表科目与企业经济活动的关系

首先，我们来思考一下企业的经济活动是如何体现在利润表上的。

利润表中大部分的项目都与经营活动有关，比如营业收入、营业成本、税金及附加、销售费用、管理费用等。营业收入、销售费用与具体的销售业务相关，营业成本中既有采购业务，也有生产业务，因为其中的原材料与采购业务有关，在产品与生产有关。管理费用中的大部分也与采购业务相关，但是薪酬在营业成本、销售费用和管理费用中都可能有体现。

利润表上也有与融资活动相关的内容，即财务费用，与投资活动相关的内容是投资收益。另外，公允价值变动收益也与投资活动有关。利润表上还有一些非常规的项目,包括资产减值损失、营业外收入和营业外支出,它们不明确属于哪一个业务,而是这些业务中的附属项目。

18.3.2 利润表的结构

其次,我们来看利润表的结构包含哪些信息,还是像介绍资产负债表那样,以贵州茅台、宝钢股份和中文传媒为例来对比分析。我们主要看营业成本、三项费用,以及营业利润、净利润占营业总收入的比重。

1. 营业成本

贵州茅台的营业成本只占营业总收入的9%,换个角度,也就是它的毛利率高达91%。宝钢股份的营业成本占营业总收入的87%,它的毛利率只有13%。中文传媒则介于二者之间,营业成本占营业收入的60%,毛利率为40%。

毛利率是对竞争程度最敏感的一个指标,这三家公司的毛利率指标已然将三家公司所面临的竞争环境表现得淋漓尽致了。白酒行业的总体竞争其实比较激烈,但贵州茅台在白酒行业中有着不可替代的地位。钢铁行业近年来竞争也异常激烈,宝钢股份能够有13%的毛利率,已经体现了它行业龙头企业的地位。中文传媒属于新兴行业,竞争不激烈,40%的毛利率比较好地表现出了这一点。

2. 三项费用:销售费用、管理费用、财务费用

这三家公司的财务费用都非常低,贵州茅台和中文传媒的财务费用甚至为负数,说明这两家公司都不缺钱。宝钢股份虽然是传统的重资产行业,但财务费用也只占营业总收入的1%。

三家公司的销售费用和管理费用则差异很大,贵州茅台的销售费用占营业总收入的4%,宝钢股份却只占到了1%,而中文传媒则达到了15%,充分体现出了这三个行业的差异。贵州茅台在白酒行业中的地位非常特殊,产品

供不应求，销售费用的水平也比较低。宝钢股份所在的行业虽然竞争激烈，但是因为公司规模大，销售渠道又主要是大型贸易商，所以销售费用所占比重反而是很低的。中文传媒从事的是媒体和游戏行业，所以需要大量的营销支出，这就体现在高销售费用上。

至于管理费用，贵州茅台占比是10%，中文传媒是13%，差异不太大，但是宝钢股份却只有4%，主要原因也是宝钢股份公司规模大，将一些不随产量变化而变化的项目摊薄了。而中文传媒的管理费用相对较高，主要与传媒行业的广告支出比较多，研发收入、研发投入也比较多有关。

3. 盈利水平

三家公司的盈利水平也是差异很大，贵州茅台的营业利润占营业总收入的比重达到了60%，净利润占营业总收入的比重，即净利润率也达到了45%。鉴于贵州茅台的毛利率高达91%，三项费用只占营业总收入的14%，所以60%的营业利润率就显得比较低了。宝钢股份的营业利润率是6%，净利润率是5%，都不算高。但是作为一家毛利率只有13%且又是一个重资产行业的公司来说，这两个数字已经算是非常高了。中文传媒的营业利润率和净利润率都是10%，对于一个毛利率40%的企业来说，算比较低的，主要是因为拥有较高的销售费用和管理费用。

4. 偿债能力

最后看看如何通过利润表来分析偿债能力。在资产负债表部分，我们介绍过可以用流动比率、速动比率和资产负债率来衡量企业的偿债能力，这些都是在分析偿还负债本金的能力。偿债能力还包括偿还利息的能力，我们可以通过将资产负债表和利润表结合的方式来分析企业偿还利息的能力。

偿还利息需要依靠当年的利润，所以我们第一反应是用净利润除以利息来衡量企业偿还利息的能力。但在计算净利润的过程中，减掉了一项财务费用，其中就包含了利息，所以用净利润除以利息，表明这个企业在还完利息之后赚的钱是不是够它再还一次利息，这显然不是我们的目的，所以不能简单地用净利润除以利息，而是要用偿还利息之前赚的钱去偿还利息。不过因为偿还利息时公司一般还未交纳所得税，所以这个利润在计算过程中不仅仅应该是偿还利息之前的，还应该是支付所得税之前的，所以还应该再加上所得税，也就是净利润加上利息，再加上所得税，我们称它为**息税前收益**。不过一般情况下，我们不那么容易知道财务费用中到底有多少是利息支出，所以我们直接将财务费用当作利息费用，即将净利润、所得税、财务费用三项加在一起计算出一个息税前收益，再用这个收益除以财务费用。

$$利息保障倍数 = \frac{净利润 + 所得税 + 财务费用}{财务费用}$$

小 结

1. 利润表是一个时段概念的报告，展示了企业赚取利润的过程。

   营业利润 = 营业总收入 − 营业成本 − 税金及附加

   　　　　 − 销售费用 − 管理费用 − 财务费用 − 资产减值损失

   　　　　 + 公允价值变动收益 + 投资收益

   利润总额 = 营业利润 + 营业外收入 − 营业外支出

   净利润 = 利润总额 − 所得税费用

2. 通过对利润表的分析，可以看出企业盈利的能力，主要看营业成本、三项费用，以及营业利润、净利润占营业总收入的比重。可以通过利润表项目计算出利息保障倍数，以此来考察企业偿还利息的能力，这也是企业偿债能力的表现。

思考题

提问： 利润表中的成本费用和资产负债表中的资产负债是否有关系？

回答： 表面上看，资产负债表和利润表是两张完全不同的报表，一个是时点数据，另一个是时段数据，一个表明财务状况，另一个表明盈利状况。除了利润表上的净利润会因为提取盈余公积和未分配利润而进入资产负债表之外，这两个报表似乎没有什么关系。

但事实上，这两张报表有着非常密切的内在联系。比如，资产负债表中有存货项目，这些存货中的原材料、在产品在未来会变成产成品，出售产成品就会产生应收账款，出售时，存货就变成了营业成本。资产负债表中的固定资产在未来会通过折旧变成利润表上的费用或营业成本的一部分，类似的还有无形资产待摊费用。另一类资产事项，如应收账款，确认收入时就已经记录在利润表中了，说明应收账款已经提前进入利润表中了。

所以，资产负债表中与经营活动相关的资产和利润表中的收入、成本、费用，只是存在着时间记录上的差异，今天的很多资产其实就是未来的或者过去的成本、费用。

19

我的眼里只有钱

现金流量表

赚钱的企业可能没有钱，有钱的企业也可能不赚钱，因为利润与现金流是两个完全不同的概念。本章我们将学习只认钱的现金流量表。

19.1 认识现金流量表

现金流量表，这个概念非常容易理解。现金流就是现金的流动，分成流入和流出两个方向，收钱即现金的流入，花钱即现金的流出。大家可能都听过流水账，现金流量表就是公司的流水账，只不过公司的流水账和我们通常自己记的流水账有一点不同。我们观察一下贵州茅台的现金流量表（见表19-1），会发现现金流量表被分成了三大部分，分别是经营活动、投资活动和融资活动，这表示公司的流水账不是按时间而是按类别来记录的。

表 19-1 贵州茅台的合并现金流量表

2016 年 1 ~ 12 月

单位：元　币种：人民币

项　目	附　注	本期发生额	上期发生额
一、经营活动产生的现金流量			
销售商品、提供劳务收到的现金		61 012 964 102.54	37 083 071 835.58
客户存款和同业存放款项净增加额		4 811 196 033.00	2 011 171 589.94

(续)

项　目	附注	本期发生额	上期发生额
向中央银行借款净增加额			
向其他金融机构拆入资金净增加额			
收到原保险合同保费取得的现金			
收到再保险业务现金净额			
保户储金及投资款净增加额			
处置以公允价值计量且其变动计入当期损益的金融资产净增加额			
收取利息、手续费及佣金的现金		1 265 842 778.44	766 016 183.29
拆入资金净增加额			
回购业务资金净增加额			
收到的税费返还			
收到其他与经营活动有关的现金	45(1)	189 142 723.95	153 647 241.24
经营活动现金流入小计		67 279 145 637.93	40 013 906 850.05
购买商品、接受劳务支付的现金		2 773 020 403.27	2 967 732 630.37
客户贷款及垫款净增加额		42 393 350.80	−11 600 000.00
存放中央银行和同业款项净增加额		2 340 362 436.74	−848 231 824.96
支付原保险合同赔付款项的现金			
支付利息、手续费及佣金的现金		115 962 455.33	62 297 196.56
支付保单红利的现金			
支付给职工以及为职工支付的现金		4 674 154 236.66	4 536 877 341.10
支付的各项税费		17 510 516 331.20	14 003 048 933.21
支付其他与经营活动有关的现金	45(2)	2 371 486 776.88	1 867 442 431.65
经营活动现金流出小计		29 827 895 990.88	22 577 566 708.33
经营活动产生的现金流量净额		37 451 349 647.05	17 436 340 141.72
二、投资活动产生的现金流量			
收回投资收到的现金			60 050 000.00
取得投资收益收到的现金			3 869 172.05

（续）

项　　目	附　注	本期发生额	上期发生额
处置固定资产、无形资产和其他长期资产收回的现金净额		92 084.50	8 772 937.39
处置子公司及其他营业单位收到的现金净额			
收到其他与投资活动有关的现金	45(3)	5 562 351.19	33 357 886.05
投资活动现金流入小计		5 654 435.69	106 049 995.49
购建固定资产、无形资产和其他长期资产支付的现金		1 019 178 136.92	2 061 470 481.32
投资支付的现金			25 050 000.00
质押贷款净增加额			
取得子公司及其他营业单位支付的现金净额			
支付其他与投资活动有关的现金	45(4)	88 977 102.97	68 319 778.76
投资活动现金流出小计		1 108 155 239.89	2 154 840 260.08
投资活动产生的现金流量净额		−1 102 500 804 20	−2 048 790 264.59
三、融资活动产生的现金流量			
吸收投资收到的现金		16 000 000.00	
其中：子公司吸收少数股东投资收到的现金		16 000 000.00	
取得借款收到的现金			
发行债券收到的现金			
收到其他与筹资活动有关的现金	45(5)		22 000 000.00
筹资活动现金流入小计		16 000 000.00	22 000 000.00
偿还债务支付的现金			55 917 672.00
分配股利、利润或偿付利息支付的现金		8 350 512 252.23	5 554 101 966.61
其中：子公司支付给少数股东的股利、利润		532 067 286.55	513 009 332.72
支付其他与筹资活动有关的现金			
筹资活动现金流出小计		8 350 512 252.23	5 610 019 638.61
筹资活动产生的现金流量净额		−8 334 512 252.23	−5 588 019 638.61
四、汇率变动对现金及现金等价物的影响		72 317.80	−16 273 531.71

(续)

项 目	附 注	本期发生额	上期发生额
五、现金及现金等价物净增加额		28 014 308 908.42	9 783 256 706.81
加：期初现金及现金等价物余额		34 780 485 904.57	24 997 229 197.76
六、期末现金及现金等价物余额		62 794 794 812.99	34 780 485 904.57

分类本身并不会让事情变得复杂，我们自己记流水账也完全可以分类记录。比如当领到工资，就记一项现金流入，它属于经营活动的现金流入。我们花钱买菜，肯定是记现金流出，它属于经营活动的现金流出。我们请小时工，并且给小时工付酬，同样是经营活动的现金流出。如果买房，那就不属于经营活动了，它是投资活动的现金流出。如果是卖房收回钱，就是投资活动的现金流入。如果买房时借了房贷，就属于融资活动的现金流入，还房贷就是融资活动的现金流出。

19.2 现金流量表一览

现金流量表分成三大部分：经营活动、投资活动和融资活动，每个部分又分成现金流入和现金流出，现金流入减去现金流出，得到的净额就叫**现金净流量**。

19.2.1 经营活动产生的现金流量

1. 销售商品、提供劳务收到的现金

第一个项目是销售商品、提供劳务收到的现金，这就是我们通过卖产品或卖服务从客户那里收到的钱。

2. 收取利息、手续费及佣金的现金等

接下来有一系列的项目，它们通常只在金融行业企业的报表中出现，不过贵州茅台有其中的一项，就是收取利息、手续费及佣金的现金，这是贵州

茅台的财务公司向关联企业贷款时收取的利息和向它们提供金融服务时收取的佣金、手续费。

3. 收到的税费返还

收到的税费返还这个项目很多公司都有。这里不一定只有税费返还，企业销售商品或提供服务的过程中，都需要替税务局向客户代收增值税，这个增值税也是现金流入。

4. 收到其他与经营活动有关的现金

收到其他与经营活动有关的现金，贵州茅台的这个项目列示的是自有资金的利息收入。之所以列在经营活动中，是因为这是财务公司收取的利息，属于它的经营活动范畴。

以上这些项目加在一起就构成了经营活动现金流入小计。

※　　　※　　　※

5. 购买商品、接受劳务支付的现金

经营活动现金流出方面，首先是购买商品、接受劳务支付的现金，这是采购的现金支出。

6. 客户贷款及垫款净增加额等

接下来的三个项目通常也只是金融机构才有，它们分别是客户贷款及垫款净增加额，存放中央银行和同业款项净增加额，支付利息、手续费及佣金的现金。其中，客户贷款及垫款是财务公司对关联企业的贷款。存放中央银行和同业款项是因为财务公司接受存款就必须在中央银行存放一笔保证金，如果从事贷款业务，同样也要存一笔保证金来应对可能出现的风险。支付利

息、手续费及佣金,是指财务公司向存款的关联企业支付的利息,或者办理金融业务过程中支付的佣金和手续费。

7. 支付给职工以及为职工支付的现金

这是企业付给员工的工资、奖金和福利,以及为员工支付的五险一金等。

8. 支付的各项税费

这是企业向自己的上游企业支付的增值税或者企业向税务局支付的增值税、所得税以及其他的各种税费。

9. 支付其他与经营活动有关的现金

这是与现金流入相对应的,支付的其他与经营活动有关的现金。贵州茅台的该项主要包括广告费、运费、运输保险费、财产保险费。一般公司的这个项目还会包括一些日常开支,比如差旅费、业务招待费、会议费等。后来有学术研究发现,这个项目中常常包含公司管理层的一些在职消费,所以现在很多公司都不再披露该项目的具体构成了。

以上这些项目加在一起就构成了经营活动现金流出小计。

用经营活动现金流入小计,减去经营活动现金流出小计,就可以得到经营活动产生的现金净流量。

$$经营活动产生的现金净流量 = 经营活动现金流入小计 - 经营活动现金流出小计$$

19.2.2 投资活动产生的现金流量

1. 收回投资收到的现金

我们首先看到的是收回投资收到的现金,比如我们将投资的股份部分或全部卖掉收到的现金,就记入该项。

2. 取得投资收益收到的现金

比如我们收到被投资企业的分红就属于取得投资收益收到的现金。

3. 处置固定资产、无形资产和其他长期资产收回的现金净额

处置固定资产、无形资产和其他长期资产收回的现金净额，就是出售这些资产所收回的现金。

4. 处置子公司及其他营业单位收到的现金净额

这是指我们把子公司或者联营、合营企业彻底卖掉所收回的现金。

5. 收到其他与投资活动有关的现金

在贵州茅台的报表中，这个项目是指收到的基本建设工程履约保证金。比如贵州茅台建设一个工程项目，那么承接项目的建筑单位就要向它支付一笔履约保证金。

以上这些项目加在一起就构成了投资活动现金流入小计。

※　　※　　※

6. 构建固定资产、无形资产和其他长期资产支付的现金

在投资活动现金流出的部分，首先是构建固定资产、无形资产和其他长期资产支付的现金，这是指购买或者建设这些资产的现金支出。

7. 投资支付的现金

投资支付的现金是进行对外投资，包括进行长期股权投资、金融资产投资而发生的现金支出。

8. 支付其他与投资活动有关的现金

贵州茅台的这个项目就是退回上面提到的基本建设项目履约保证金而产生的支出。

以上这些项目加在一起就构成了投资活动现金流出小计。

用投资活动现金流入小计，减去投资活动现金流出小计，就可以得到投资活动产生的现金净流量。

$$投资活动产生的现金净流量 = 投资活动现金流入小计 - 投资活动现金流出小计$$

19.2.3 融资活动产生的现金流量

1. 吸收投资收到的现金

吸收投资收到的现金，是指企业吸收股权投资收到的投资款。

2. 取得借款收到的现金、发行债券收到的现金

接下来的两个项目是取得借款收到的现金和发行债券收到的现金，二者都是吸收债权性质的投资。债权性质的融资可以是借款，也可以是发行债券。

3. 收到其他与融资活动有关的现金

根据贵州茅台的解释，这个项目记录的是收回存出贷款保证金。由于贵州茅台的财务公司从事贷款业务，需要在中央银行存放一部分保证金，当这笔保证金收回时，就产生了现金的流入。

以上这些项目加在一起就构成了融资活动现金流入小计。

※　※　※

4. 偿还债务支付的现金

这是指偿还借款或债券的本金部分所支付的现金。

5. 分配股利、利润或偿付利息支付的现金

这是给股东分红或者向债权人支付利息产生的支出。

6. 支付其他与融资活动有关的现金

这是融资活动现金流出的最后一项——支付其他与融资活动有关的现金流出。

以上这些项目加在一起就构成了融资活动现金流出小计。

用融资活动现金流入小计，减去融资活动现金流出小计，就可以得到融资活动产生的现金净流量。

融资活动产生的现金净流量 = 融资活动现金流入小计
－融资活动现金流出小计

※　※　※

到此为止，企业进行的经营、投资和融资三项活动对现金流量的影响已经被清晰地列明了。不过还有一个项目，就是**汇率变动对现金及现金等价物的影响**。顾名思义，如果企业持有外币，随着汇率的波动，这些外币折算成人民币的金额也会发生变化，从而导致了现金的增减变化。

将经营活动的现金净流量、投资活动的现金净流量、融资活动的现金流量和汇率变动对现金及现金等价物的影响，四者相加便得到了现金的净流量。

现金的净流量＝经营活动的现金净流量＋投资活动的现金净流量
　　　　　　＋融资活动的现金流量
　　　　　　＋汇率变动对现金及现金等价物的影响

19.2.4　现金流量表的作用

现金流量表表示的现金流入是收款，现金流出是付款。现金流入减去现金流出，就是现金的净流量，这个净流量就代表着现金的增减变化。其实我们想知道现金增减变化了多少，完全不需要现金流量表。因为在资产负债表中有一个项目叫货币资金，该项目就是指代现金，只要有连续两个年度的资产负债表，用第二年年末的货币资金减去第一年年末的货币资金，就可知现金的增减变化了。我们为什么还要费如此功夫去做一张现金流量表呢？因为我们不仅仅想要了解现金变化了多少，更重要的是要理解现金流的来龙去脉。资产负债表上有很多项目，而我们偏偏挑中了现金单独编表，就是因为现金的地位非常特殊。

假设你开了一家公司，年底会计编制出报表给你看。当你发现公司的应收账款非常少，同时你又卖了很多货，实现了大量的收入，那你一定非常高兴，因为这些收入大部分都变成了钱。如果你卖的货不多，应收账款少，就没什么值得高兴的，但你也不用担心应收账款收不回来而成为坏账。如果你发现公司的存货很少，假设存货不是短缺品，你同样会非常高兴。如果预付账款少，说明你没有付给供应商很多钱来等它给你发货，这也没有什么可担心的。但是，如果你发现你的报表上货币资金几乎等于 0，我想你一定会火烧眉毛，因为这个情况非常严重！你的公司有可能会因为资金周转不开而倒闭，所以现金对于企业至关重要。

如果把企业比作一个人，那么企业的现金就是人的血液，一个人失血到一定程度就会有生命危险，企业也一样。我们经常说"现金为王"就是这个意思，生存危机往往是每家企业都必须关注的最大风险。

所以，**现金流量表是一张关于风险的报表，它描述现金的来龙去脉，通过这些来龙去脉让我们知道企业是否有不能持续经营的风险。**

19.2.5 三张财务报表的关系

我们思考一下三张报表的关系。

资产负债表显示了企业的投资人投入企业的钱有没有亏损，以什么样的形式存在。利润表显示了企业赚了多少钱。这两张报表都是在描述收益，一个是基本收益，有没有亏损；另一个是进一步的收益，是不是赚了。而现金流量表则不同，它是在描述风险。

三张报表实际上是从两个维度描述企业。首先，现金流量表这个维度告诉我们公司是否能继续生存下去，然后，由资产负债表和利润表共同构成的维度告诉我们，如果公司继续生存下去，它将是什么样的。对于任何一家企业，我们都需要知道它是否能生存下去，也需要知道如果继续生存下去，其经营、投资、融资这三个方面背后的五大业务。资产负债表上有经营、投资、融资这三项活动，能够看到采购、生产、销售、薪酬和投融资五大业务。利润表大部分与经营活动有关，但其中也有关于投融资的少量信息。现金流量表更是明确地列示了经营、投资和融资三类经济活动的现金流入和流出。所以在每个维度之下，我们都描述了经营、投资、融资三类经济活动以及这些经济活动背后的五大业务。

三张报表各司其职，每张报表都描述了企业某一方面的情况，合在一起就展示了一个完整的企业。这也是为什么所有的国家都要求公司编制这**三张报表，它们不多不少，既完整又没有冗余地描述了一个企业在风险和收益的两个维度之下的经营、投资和融资三类活动。**

19.3 现金流量表的分析

现金流量表的重点不是现金的净流量,而是现金的来龙去脉,分析现金流量表主要通过现金的来龙去脉去解读企业的风险。企业不同活动的现金净流量,可能为正,也可能为负。三类活动,就有八种组合的结果(见表19-2)。接下来我们分别讨论在这八种情况下,企业的关键风险是什么。

表 19-2 企业现金流的八种情况

序 号	经 营	投 资	融 资	解 读
1	+	+	+	1. 资金闲置导致收益被稀释的风险
2	+	+	−	2. 成熟企业的正常情况
3	+	−	+	3. 投资风险,包括投资方向和投资节奏
4	+	−	−	4. 投资风险和经营风险
5	−	+	+	5. 取决于投资现金流入来自哪里,如果是资产处置或者金融资产的投资收益,企业面临巨大的不确定性;如果是实业投资的总投资收益,企业没有问题
6	−	+	−	6. 如果是上述第一种情况,问题更大
7	−	−	+	7. 转型风险
8	−	−	−	8. 资金周转风险

1. 第2种情况——基准情况

对于企业来说,最重要的是经营活动,我们先看表19-2中的第2种情况。这种情况下,经营活动和投资活动的现金流都是正的,只有融资活动的现金流是负的。经营活动的现金流为正,表明这家企业的经营活动可以自给自足,并且能够创造出剩余现金;投资活动的现金流为正,表明这家企业过去有投资项目,现在能够获得回报;融资活动的现金流为负,表明这家企业在给股东分红或向银行还债。这家企业应该不处于初创或衰退阶段,很可能处于成熟阶段。特别是公司除了有经营活动创造的现金流之外,还有一些过去的投资项目也进入了回报期，所以有理由认为这是一个成熟阶段的企业。

接下来我们就以这种情况为基准来讨论其他的情况。

2. 第 1 种情况

第 1 种情况和第 2 种情况即基准情况唯一的差别，就是融资活动的现金流是正数，说明公司正在融入资金。公司为什么要融入资金呢？一种原因是它需要投资，可是从当前的现金流状况来看，投资活动的现金流是一个正数，这就表明公司并没有大的投资支出，因为投资支出是现金的流出，通常会使投资活动的现金流变成一个负数。也有可能这家公司有投资计划，所以接下来投资活动的现金流很快就会变成负数了，也就是它可能会变成表 19-2 中的第 3 种或第 4 种情况。也有可能这家公司其实并没有什么投资计划，这样一来这种现象就变得奇怪了。如果它的经营活动完全可以自给自足，不需要"输血"，而它的投资活动又在创造现金流，这时它融资要用来做什么呢？

从逻辑上看，这家公司是不应该融资的，但现实中确实有公司出于各种目的而过度融资。过度融资会造成资金的闲置，闲置的资金会导致公司原有的收益被稀释。除此之外，过度融资还有其他的风险，比如公司可能出于一些不良的目的融资，将融进的资金再套出去，实际是一种圈钱行为。

如果公司是计划投资而去融资的，那它很快就会变成表 19-2 中的第 3 种情况：经营和融资现金流都是正的，只有投资的现金流是负的。

这种情况通常会演变成，公司将经营和融资的钱全部都用去投资了。投资是有风险的，最常见的风险就是**投资方向选择失误**。有太多惨痛的例子，一家企业本来正常经营得不错，但就因为一个投资方向选择的失误，把整个企业都拖垮了。几年前，澳柯玛集团进行了大量的多元化投资，包括生物、电动车、房地产行业的投资，而它投资的资金都来自于澳柯玛的上市公司——澳柯玛股份。这些投资项目都以失败告终，并最终把澳柯玛集团和澳柯玛股份两家公司拖垮了。

投资的风险并不局限于投资方向的选择，有时方向的选择上没有大问题，却因为**投资的节奏**或步伐太快，导致了风险的出现。比如前几年出现的五谷道场倒闭的问题。五谷道场是一个方便面品牌，它开创了非油炸方便面的概念，这使得它在竞争激烈的方便面市场上迅速崛起，蹿升至行业销量前五名的位置。但后来传出公司破产的消息，破产时公司的银行账户中只有3000元，这还是在拖欠了员工工资几个月的情况下，现金流已经到了非常危急的状态。其实投资业务一直是五谷道场的主业，而且它的主业直至破产时状况都还不错。它失败的主要原因就在于步子迈得太快、摊子铺得太大。因为投资有一定的刚性，投出去的钱不会立刻产生回报，而且一般需要把投资项目投完之后才能够结束。在这个过程中，如果投资的支出超过了经营和融资的现金流入，公司就会出现资金链断裂的危机。

投资不仅有投资方向选择的风险，还有投资节奏的控制问题。乐视网的危机，虽然很难说投资方向是不是有问题，但摊子铺得太大、步子迈得太快是乐视面临的最现实的问题。

3. 第4种情况

第4种情况与第3种情况只有一个差别，就是融资活动的现金流从正数变成了负数，这两种情况下，只有经营活动的现金流为正，投资和融资活动的现金流都为负。投资活动现金流为负表明公司在进行对外投资，因此需要关注投资中的投资方向选择和投资节奏控制这两个风险。那么，第4种情况相对于第3种情况来说，它的风险是变大了还是变小了？

这个问题很难回答。可以说风险变大了，因为既然融资活动现金流由正变为负，就表明花钱的地方比原来多了；但也可以说风险变小了，因为融资活动的现金流都变成负数了，说明公司没有进行大量的资金融入，而是在偿还原来的债务，公司已经在控制风险了。这时我们应更加关注三种现金流汇总之后的现金净流量。如果现金净流量为负，就说明公司的现金在减少，我们应该警惕是不是资金链拉得太紧了。如果真是这样，就应该控制投资的节奏和规模，让资金链变得松一点。如果现金净流量为正，也不能说明公司就没有问题了。因为此时公司所有的现金流都是维系在经营活动上的。虽然经营活动是最稳定、最可靠的现金来源，但也不能保证市场永远稳定、可靠。

拿大家比较熟悉的房地产市场举例，在 2007 年房价大涨之后，2008 年房地产行业进入了一个低谷，这个时间大概持续了一年多，在此期间就有很多的房地产公司出了问题。那些出问题的公司并不都是小公司，甚至还包括一些大公司。如果公司原来的现金流状况是刚才讨论的第 4 种情况，比如它前期拿了很多地，现在进行一些项目建设，可能也有一些贷款需要偿还。在房地产繁荣时期，企业经营活动的现金流很好，这种状况没有问题。而一旦经营活动受到了打击，出现了反转，现金流由正变负，公司就会变成表 19-2 中的第 8 种情况，即三项现金流全部为负。这就意味着公司的现金只有流出，没有流入，任何一家公司都不可能在这样的情况下长期生存。

当公司陷入这种局面时，必须想办法解决。首先是要让经营活动的现金流重新变成正数。所以我们就看到一些公司开始打折卖房，包括万科、恒大在内，当时甚至出现了七折卖房的情况。另一种方法，就是将融资活动的现金流量变成正数，也就是要融入资金。但政府又规定，所有的银行都不得给房地产开发提供贷款；证监会也规定，房地产公司暂停一切上市活动，已经上市的公司也要暂停一切再融资活动，这就意味着正规的融资渠道完全没有了，于是公司就只能通过向信托机构贷款来获取资金，但信托这种融资渠道的资金成本是非常高的。还有一种方法是将投资活动现金流变成正数，也就是将一些投资项目卖掉。当时确实有很多的公司这么做，而公司不到万不得已是不会进行这样的处理的。

所以，在第 4 种情况之下，**除了需要关注投资风险，还要关注公司的经营风险**。因为此时公司所有的现金流都维系在经营活动上，一旦出现风吹草动，经营活动就容易出问题。一般情况下，越具有经营波动性的行业，越是高风险的情况时，公司的投资就越需要控制规模，不能把资金链拉得太紧。如果经营活动相对比较稳定、宽松，投资活动就可以更激进一些，让资金链紧一些。

※　　※　　※

以上介绍的几种情况都属于经营活动现金流为正数的情况，接下来我们看看经营活动现金流为负数的情况。

4. 第 5 种情况

第 5 种情况下，经营活动的现金流为负数，但投资和融资的现金流都是正数。首先我们需要思考一下投资活动的现金流为什么为正。投资活动的现金流入通常有两种可能，一种是处置资产收到的现金，另一种是获得投资收益获得的现金。在获得投资收益方面也有两种可能：一种是金融资产的投资收益，比如买了一只股票，现在把它卖掉了；另一种是实业性投资产生的投资收益，比如子公司分红。如果投资活动的现金流入是来自于处置资产或金融资产而获得的投资收益，显然是不可持续的。如果一家公司的经营活动现金流不能自给自足，还需要别人"输血"，投资活动又没有稳定的现金来源，一切都靠融资活动，那么这家公司未来具有极大的不确定性，风险很大。

相反，如果投资活动的现金流入是来自于实业性投资的投资收益，这意味着即便这家公司的经营活动不再创造现金流，但这家公司已经转型，它有了另一个可以提供稳定现金流的业务，这与那些经营活动都是正数的公司并没有本质的区别。

所以，第5种情况关键取决于投资活动的现金流从哪儿来。如果来自于变卖资产或金融投资获得投资收益，公司就很危险；如果依靠实业投资能获得稳定的现金流，那么与经营活动现金流为正的公司情况一样。

5. 第7种情况

第7种情况下，经营和投资的现金流都是负数，只有融资的现金流是正数。一般来说，企业在初创阶段或衰退阶段，经营活动现金净流量会比较稳定地呈现负数。如果一个初创阶段的企业，经营活动现金流是负数，它的投资活动现金流肯定也是负数，因为它需要进行投资。至于融资活动现金流，在初创阶段的企业通常都是正数，因为融资是这一阶段唯一的现金来源。这也是为什么我们经常看到很多创业企业要不断地进行一轮又一轮的融资，实际上这种初创企业处于很大的风险之下，它们最重要的风险其实不在于能否融到下一轮资金，因为能否融到下一轮资金，主要取决于其经营方向是否被投资人看好。

如果是一个已经处于衰退期的企业，它的投资活动现金流是负数，我们先来考察一下它的投资活动究竟把现金投到哪里去了。如果还是投在它原有的业务中，比如在原有业务的基础上扩大规模，这样的投资方向肯定有问题，因为原来的项目已经进入了衰退期。我们虽然不排除投一些原有行业的新兴领地的可能，但更大的可能性是投资新的方向、新的业务，也就是说公司在试图转型。但投资新业务的风险相当大，在这时融资是不太容易的，因为作为一家已经有存在历史的公司，投资人眼看公司的经营活动已经不佳，又在投资一个全新的方向，具有相当大的不确定性，所以融资有相当大的压力。**这时公司最重要的风险是它的转型风险。**

第8种情况就不再介绍了，没有任何一家企业可以长期处于所有现金流都是负的情况之下。如果这样的情况没有改观，公司什么时候把手头的钱花完，什么时候就可以关门停业了。

·················· 思考题 ··················

提问：利润和现金流是否会一致？判断的依据是什么？

回答：从我们之前学过的内容可以轻松地得出结论：利润和现金流是不会完全一致的。

比如最常见的赊销业务，我与客户签订了一个500万元的合同，我们给对方发了500万元的货，但是只收到了100万元的现金。这种情况下，我们会记录500万元的收入，但现金流入只有100万元，这时的利润和现金流就不一致。

19.4 利润和现金流的差异

19.4.1 W.T.Grant公司的腾飞与陨落

在会计的发展历史上，有一家公司占据着非常重要的位置，它是美国的一家经营零售行业的公司，名叫W.T.Grant。这家公司曾经创造了一个增长的奇迹，它在连续5年的时间里，保持着每年收入和净利润都翻一倍的记录。大家可以想象，这就意味着经过5年的高速增长，这家公司的收入和利润都会增长到原来的32倍。这使得该公司成为股票市场上的一匹黑马，股价也连续翻番。

这家公司是如何实现这样的高速增长的？

W.T.Grant是一家零售行业公司，就是在社区开便利店。它当时发现了一个商机，就是那个年代的美国人开始出现一种趋势，有钱人不再愿意住在城市，而是更喜欢搬到郊区居住，因为郊区的环境更好。但是这些地方原来没有配套的商业设施，买东西很不方便，这样就产生了一个需求，就是在郊区建设商业设施。W.T.Grant看准了这个机会，率先在郊区开店，这使得它迅速地抢占了市场。而这个最初的成功让这家公司野心大增，它给自己确定了一个目标，要成为美国零售业数一数二的大公司。

在实体店时代，零售业要做大就得开店，于是这家公司开始迅速地扩大店面的数量。最快的时候，全美一天有19家W.T.Grant公司的门店同时开张，但光开店还不够，还需要有人到店里购物，于是这家公司又推出了一个让人匪夷所思的政策，即任何人到其门店买任何东西都可以赊账，而且赊账没有限额，下个月只要还1美元就可以继续赊账。可以想象，大家肯定一窝蜂地涌到店里去抢购东西，所以它店里的所有东西一摆上货架就被一抢而空。于是它的存货周转率也特别高，这也意味着它的存货会迅速地变成连续翻番的收入和利润，同时也变成了连续翻番的应收账款和坏账。

终于有一天，这家公司坚持不下去了。因为它过去5年的高速增长就是依赖不断地烧钱，首先是花钱开店，然后是花钱进货，而且这些钱从此一去不复返。经过5年的高速增长之后，突然有一天公司的总经理宣布辞职，因为他再也找不到新的资金来继续支撑这个高速的增长了。而更严重的是，在过去5年的高速增长中，公司借了大量的钱，现在根本无力偿还。听到公司总经理辞职的消息，人们还是非常惊讶的。因为大家都很纳闷，公司发展得这么好，总经理为什么要辞职。经过一番调查，大家才发现公司的秘密。

这时，曾经给这家公司提供过贷款的银行一商量，觉得如果此时抛弃这家公司，那它们贷出去的钱肯定都收不回来了，于是它们就组成了一个银团，给这家公司提供了一笔十几亿美元的贷款，希望能挽救它。但遗憾的是，这家公司的窟窿实在太大了，这十几亿美元只是九牛一毛而已。这家公司后来仅仅维持了半年就宣告破产了。

这件事情让美国人惊讶地发现，原来有利润和有钱完全是两件不同的事情，一家利润很高的公司很可能完全没有钱。

于是在这家公司出事之后，美国开始要求企业除了编制资产负债表和利润表之外，还要再编制一张现金流量表。这就是为什么我们说 W.T.Grant 公司在会计发展史上有着非常重要的地位。虽然在今天，现金流量表已经司空见惯了，但在早期企业编制资产负债表和利润表时并不存在。中国一直到1998 年才开始要求企业编制现金流量表。

19.4.2　为何利润和现金流会产生差异

由上我们了解到，利润和现金流可能不一致，那么它们之间的差异到底是怎么产生的呢？举个例子，假设有一家公司今年花 50 万元买了一台机器，预计可使用 10 年，10 年之后机器就一文不值了。公司原来的经营情况是每年盈利 20 万元，同时每年的现金净流量也是 20 万元（见表 19-3），即原来这家公司的利润和现金流是没有差异的。假设买设备并不影响这家公司原本的盈利能力和经营活动产生的现金流，该设备在 1 月 1 日购买，在购买设备的当年，扣减折旧 5（= 50/10）万元后，⊖净利润就变成了 15 万元。购买设备的当年，现金流原本是 20 万元，减去购买设备的支出款 50 万元，等于 –30 万元。现在，净利润变成了 15 万元，而现金流变成 –30 万元，这两个数字就不相等了。

再来看购买设备的第二年。这一年没有购买设备的额外支出，所以现金流又回到了原来每年 20 万元的状态，而利润仍然是 20 万元减 5 万元折旧，即 15 万元。这种情况会一直持续到设备报废之前的所有年份。

⊖ 若严格按照会计准则，当月购买的设备，当月不计提折旧，下月起开始计提。此处为了举例方便，1 月 1 日购入的设备，1 月即开始计提折旧。

表 19-3 购买固定资产对利润和现金流的影响　　　（单位：万元）

	第 1 年	第 2 年	第 3 年		第 10 年
原现金流	20	20	20	……	20
原利润	20	20	20		20
现金流出	−50	0	0		0
折旧	−5	−5	−5		−5
固定资产净值	45	40	35		0
新现金流	−30	20	20		20
新利润	15	15	15		15

我们看到，购买设备之后，利润和现金相等的局面就被打破了，在购买设备的当年，利润是 15 万元，现金流是 −30 万元，利润比现金流多出了 45 万元。而购买设备之后，每年的利润是 15 万元，现金流是 20 万元，利润比现金流少了 5 万元。

再来看设备这项固定资产在这些年又发生了什么变化。在 1 月 1 日购买设备时，固定资产会增加 50 万元，到年底时又会因为计提折旧而比购买设备时减少 5 万元。与买设备之前相比，第一年年末的固定资产只增加了 45 万元。以后每年固定资产都会因为计提折旧而减少 5 万元。这里的 45 和 5 两个数字似曾相识，就是我们刚才计算出的利润和现金流的差异：购买设备的当年，利润减去现金流等于 45 万元；以后每年，利润减去现金流等于 −5 万元。相对应，固定资产在第一年增加了 45 万元，以后每年都减少 5 万元。

这样看来，似乎利润减去现金流就等于固定资产的变化。这不是巧合，而是一般规律，恰恰是三张报表的内在联系，即**利润减去现金流等于除了现金之外的其他资产和负债的变化**。出现这个关系的原因在于，利润表和资产负债表共同构成了一个维度，现金流量表自身构成一个维度，它们只是从不同的角度去描述同一家公司的财务情况。所以，资产负债表和利润表所描述的内容在现金流量表中被以另一种方式重新描述了一遍。区别只是所有的现金流入、流出都会在现金流量表上记录，但究竟是记在利润表上还是记在资产负债表上，就需要看这笔流入或者流出到底与眼前有关还是与未来有关。如果只与眼前有关，那么这个现金流就记录在利润表上；如果与未来有关，那么这个现金流就应该记录在资产负债表上。如果一笔现金流同时被记录在利润表上，那么现金流和利润就不会有差异；但如果一笔现金流被记录在资产负债表上，那么现金流和利润就不一样了，因为现金流量表上有记录，而利润表上没有记录。

如果我们购买设备花了 50 万元，这是与未来有关的，所以被记录在资产负债表上，这时的利润和现金流就不一样了。如果现在是花了 50 万元做广告，我们就会将它记录在利润表中，这时利润和现金流就没有差异了。

19.5　利润和现金流，孰轻孰重

到底是利润重要还是现金流重要呢？换句话说，是赚钱重要还是有钱重要呢？

听到第一个问题，有的人可能会毫不犹豫地说："当然是现金流重要，利润经常都可以调整，现金流是真金白银，那才是真的！"但听到第二个问题，你的反应可能就会不同了，有人可能会说："当然是赚钱重要，企业存在就是为了赚钱的。"也有人可能会说："当然是有钱重要，没有钱怎么能赚钱！"

这个问题的答案似乎并没有看起来那么简单！

现金流量表就是流水账，而人类发明了一个那么复杂的会计体系，就是为了把利润表做出来。如果我们说现金流比利润更重要，那整个会计体系似乎就是白费力气了。但如果说利润比现金流重要，那 W.T.Grant 公司的例子似乎又不是这样。接下来我们具体讨论一下这个问题。

我们首先来看两个案例（见表 19-4）。

表 19-4　净利润与现金流的对比举例　　　（单位：亿元）

	浙商中拓 2014 年	保利地产 2011 年
当年净利润	0.46	74
当年经营活动现金流	−4.2	−79
当年应收账款增加	4.2（增加 85%）	4.7（增加 81%）
当年存货增加	2.4（增加 25%）	422（增加 38%）
下年净利润	−0.3	100
下年经营活动现金流	−0.9	31

1. 浙商中拓

浙商中拓的主营业务是铁矿石、钢铁、汽车贸易和物流。在 2014 年，随着中国经济整体发展速度的放缓，钢铁、铁矿石和汽车都处于产能过剩的状态，商贸物流行业也整体疲软。浙商中拓当年实现的净利润是 0.46 亿元，利润情况尚可，但它的经营活动现金流却非常不乐观。

之所以利润和经营活动现金流的差异如此之大，主要是因为在 2014 年，浙商中拓的应收账款和存货大幅度增加，而这两个项目的增加与经营活动有关，其中应收账款增加了 4.2 亿元，增幅高达 85%，存货增加了 2.4 亿元，增幅为 25%。而且它 2014 年年末的存货中有 80% 都是库存商品，同时计提的存货跌价准备和坏账准备又都非常少，只有期末余额的百分之几，实际上不足以体现以上这种经营风险。

之所以 2014 年公司的净利润还可以，就是因为这些应收款和存货的风险没有充分暴露而已。所以，有时候现金流比利润更能反映真实的情况。在接下来的 2015 年，公司就陷入了亏损，年报显示的利润亏损为 0.3 亿元，同时经营活动现金流也不乐观，是 −0.9 亿元。这个例子说明，如果要在利润和现金流之间做一个取舍，现金流更重要。

2. 保利地产

另一个例子是保利地产。它在 2011 年实现了净利润 74 亿元，经营活动的现金流却是 −79 亿元。造成二者之间差异的主要因素仍然是应收账款和存货的增加，保利地产的应收账款增加了 4.7 亿元，增幅为 81%，存货增加了 422 亿元，增幅为 38%。虽然从增幅上看应收账款是主要原因，但造成利润和经营活动现金流数额差异的主要原因是存货。

2011 年的经济形势较好，房价处在上涨的预期中，所以这些存货并没有贬值的风险，利润可以比较可靠地反映公司的经营情况。之所以现金流较差，完全是因为房地产行业产品生产周期长，在房屋预售前就需要投入大量经营资金，尤其是拿地的投入，而一旦房屋开始预售，钱就会收回来。所以此时的现金流状况只是临时的，并不能反映公司真实的经营情况。从利润表来看，公司处于正常经营的状态。在接下来的一年，保利地产就实现了 100 亿元的净利润，经营活动现金流也出现了很大的改观，达到了 31 亿元。从保利地产的例子来看，利润更为重要。

看完以上两个例子后，有的读者可能会疑惑：利润和现金流，到底哪个更重要呢？这两个例子看似矛盾，其实把它们合在一起才是完整的答案。

※　　※　　※

利润表是一张收益视角的报表，现金流量表是一张风险视角的报表。当我们问利润和现金流哪个更重要时，其实是在问"对一家企业来说，是追求利润更重要，还是控制风险更重要"。当然，两个方面都很重要，如果一定要做个取舍，可以这样判断：当风险巨大时，应该先关注风险，先保证公司活下来，然后再考虑挣钱的事；而当风险不大，经营状况比较平稳，甚至向好发展时，当然是利润更重要。所以，**利润和现金流之间的取舍，关键要看经营风险如何：在高风险的情况下，现金流更重要；在风险相对可控的情况下，就是利润更重要了。**

在以上两个例子中，浙商中拓在2014年因受到宏观经济走低的影响，经营的主要业务钢铁、铁矿石、汽车贸易和物流都处于下滑阶段，行业竞争非常激烈。这种情况之下，行业内企业的经营风险很高，所以现金流比利润更重要。而保利地产所在的房地产行业在2011年还处于上升阶段，房价坚挺，行业风险不大。这种情况之下，就没有必要天天盯着自己的应收款和存货，担心它们贬值，此时追求利润才是最重要的。所以，在竞争激烈的行业，经营风险天然比较大，稍不留神就可能在竞争中落败；同一家公司在经济形势不好的时候，经营风险也相对较大，这些时候都需要更加关注现金流。

19.6 利润和现金流差异的分析

19.6.1 利润好、现金流差的原因

利润和现金流的差异主要体现在资产负债表中除了现金之外的其他资产和负债的变化上。当利润好、现金流差时，最常见的原因就是应收账款和存货的增加。从浙商中拓和保利地产的例子也可以看出这一点。因为应收账款增加，意味着东西卖出去，钱没有收回来，虽然产生了收入，进而产生了利润，但并没有现金的流入，所以利润就比现金流好。存货的增加，意味着产品生产出来或者买进来了，但还没有卖掉，无论是生产还是购买产品，都需要花钱，所以钱流出去了。但因为没有卖掉，就不创造收入，也不结转成本，因此不影响利润，所以同样会出现利润比现金流好的情况。

那么，应收账款和存货的增加到底意味着什么呢？要回答这个问题，就需要结合公司的业务特点来具体分析了，如浙商中拓和保利地产，虽然同样

出现了应收账款和存货的增加,但背后的经济原因不一样。

19.6.2 现金流好、利润差的五种原因

相反,现金流好但利润差,这又是什么原因造成的?

这种相反的情况出现,应该是应收账款和存货的减少。当然,除了资产的减少,还可能是负债的增加,如应付账款或预收账款的增加;另外还有一种可能,就是如果这家公司处于一个重资产行业,会有大量的折旧,也会导致现金流好但利润差。我们下面来一一解释。

应收账款减少通常是由于原来的应收账款收回来了,所以现金流入增加。但是收回应收账款并不会增加利润,所以现金流比利润好。一般情况下,收回原来的应收账款并不预示着公司有什么重大风险。

存货减少通常是因为原来生产出来或者买进来的存货被卖掉了。卖掉这些存货可以收回现金,但不一定是赚钱的,所以也是现金流比利润好。这种情况也不会预示着公司有什么重大的风险。

如果是**应付款项增加**,就说明企业欠供应商的款项增加了,企业买了东西但没有付钱,所以现金流出减少。这件事本身并不影响利润,所以同样可以使现金流比利润好。供应商同意我们欠更多的钱,说明企业的谈判能力增强了,所以也不会是什么重要风险的预示。

如果是**预收账款增加**,就说明从客户手中收到了钱但还没有交货,这样不会增加收入和利润,却会增加现金流,所以现金流比利润好。这时只要公司的交货能力没有问题,应该说是件好事。

如果是一个**重资产行业**,需要计提大量折旧,这些折旧作为成本或费用的一部分会减少利润。但计提折旧只是在会计上模拟固定资产的损耗,并不需要付钱,不会引起现金流出,所以现金流比利润好。这是一种行业特性,不会仅仅因为这个原因就出现重大的危机。

以上这些造成现金流比利润好的几种常见情况，都不预示着企业会面临什么重大的风险，似乎看起来还是一种不错的情形。但情况果真如此吗？

※　　※　　※

19.6.3　郑百文的巨额财富和隐亏

我们接下来看一个非常经典的例子。郑百文公司在很多年前曾经是名震四方的企业，但后来濒临破产，而它申请破产的时间正是现金流远远高于利润之后的第 3 年。

郑百文是郑州市一家经营百货文具批发的商业批发企业，后来它发现卖家电很赚钱，于是决定转型做家电零售商，但公司资金不足，也没有什么渠道积累，于是就想出了一个"厂、商、银"相结合的全新的商业模式。这个模式虽然在今天看来毫无新意，但在当年是标新立异的。这里的"厂"就是四川长虹，"商"就是郑百文，"银"就是建设银行。它们三方达成一个协议，首先由郑百文买断四川长虹两条生产线上的全部产品，做它在华北地区的唯一代理；郑百文的资金需求由建设银行来支持，只要郑百文从四川长虹提了货，建设银行就给四川长虹开具银行承兑汇票。银行是基于郑百文的信用，为它的应付账款提供一项承诺，钱最终还是由郑百文来支付。

在这样的安排之下，郑百文当年的经营活动现金流高达 7.4 亿元，而它的净利润只有 5000 万元。郑百文从事家电零售，经营场所是租来的，不属于重资产行业，所以现金流和净利润的差额与折旧无关。实际的情况是，建设银行提供承兑的应付票据在这一年大幅增加了 11 亿元，同时应收账款增加了 2 亿元，存货增加 3.3 亿元。应付票据是银行对郑百文的资金支持，虽然应付票据比应付账款的强制性更强，但任何企业如果遇到银行愿意提供这么强有力的资金支持，都会认为是一个绝好的发展机会。这些资金被用于购买彩电，然后卖掉彩电再收回资金，这样才是从现金到现金的一个完整的循环。如果该循环过程能够顺利完成，郑百文就可以在这笔资金的支持下迅速发展壮大。从数据我们发现，这些资金只有大约一半完成了从现金到现金的循环，其中有 3.3 亿元买进的存货并没有被卖掉；还有 2 亿元存货，虽然卖掉了却没有收回钱。

当时正值彩电行业第一次价格战，出现这种情况，说明公司在业务运营上发展得并不顺利。但郑百文并没有停止扩张的野心，接下来的一年郑百文的应付票据继续增加了 11 亿元，这时的累计欠款已经达到了 22 亿元。而它第二年融入的 11 亿元资金全部都没有完成从现金到现金的循环，应收账款继续增加了 6.6 亿元，存货继续增加了 5.6 亿元，这时它的业务发展情况已经非常严峻了。而到了第三年，郑百文第一次被爆出亏损了 5 亿元，同时也因为欠建设银行 30 多亿元无力偿还而申请破产。郑百文最终并没有真正破产，只是因为有另外一家公司——山东三联集团借壳郑百文上市，替它还了欠建设银行的巨额债务。

郑百文之所以会走到这一步，它自己声称"运气不好"：生不逢时加上"遇人不淑"。当时，郑百文刚与四川长虹签订了华北地区的独家代理协议，彩电就开始打价格战，所以说"生不逢时"。明明彩电已经开始滞销，四川长虹却还在加班加点地生产，那时正赶上彩电从小换大的时期，结果长虹用自己的生产线生产新产品，而用郑百文买断的两条生产线生产旧产品，这可真是"遇人不淑"。

听起来有些道理，但我们仔细想一想，上述情况固然给郑百文的经营带来了很大的困难，但郑百文如果能够及时终止三方协议，即便会发生损失，也不至于到后来这种不可收拾的地步！

郑百文事件的发生引起了很大的轰动，媒体和学者纷纷对郑百文出问题的原因进行分析。结果大家都发现郑百文存在一个严重的问题，就是内部管理混乱，很多彩电运出去账上都没有记录，谁欠的钱都不知道。所以可以看出，郑百文真正的问题其实不是财务危机，而是管理危机。郑百文事件最值得我们深思的是，为什么最初我们认为不会出问题的现金流比利润好的情况最终却出了问题，而且是很大的问题？

从郑百文事件可以看出，它出现的不是我们前面分析的五种情况中任何单一的原因，而是一个组合。一方面应付款项增加，另一方面应收账款和存货也增加。应付款项增加会让公司的钱变多，应收账款和存货增加则会让公司的钱变少。但是在第一年应付款项增加了11亿元，存货和应收账款一共只增加了5.3亿元，所以流入的钱要比流出的钱多，问题就被掩盖了。同时，净利润和经营活动现金流的差异，也非常值得关注，因为其中很可能隐含着威胁公司持续经营的巨大风险。

小 结

1. 现金流就像企业的血液，失血过多，企业必不能生存。现金流量表就是这样一张关于风险的报表，它描述现金的来龙去脉，通过这些来龙去脉让我们知道企业是否有不能持续经营的风险。
2. 现金流量表被分成了三大部分，分别是经营活动现金流、投资活动现金流和融资活动现金流。三大部分再加上汇率变动对现金及现金等价物的影响，就可以得到公司整体的现金流量。
3. 如果一笔现金流同时被记录在利润表上，那么现金流和利润就不会有差异。但如果一笔现金流被记录在资产负债表上，那么现金流和利润就不一样了，因为现金流量表上有记录，而利润表上没有记录，因而便产生了利润与现金流的差异。
4. 现金流量表的分析重点在于了解现金的来龙去脉，从而关注企业的经营风险。其分析主要包括两个方面：一是现金流结构，企业不同活动的现金净流量，可能为正，也可能为负，三类活动一共有八种组合的结果，可通过不同的组合情况来判断企业的状况，以及该状况下企业的关键风险。二是利润与现金流产生巨大差异的原因，比如应收账款、存货、应付账款、预收账款、折旧，需要具体情况具体分析。

5. 利润和现金流谁更重要，不能一概而论，关键看经营风险如何：在高风险的情况下，现金流更重要；在风险相对可控的情况下，就是利润更重要了。

················· **思考题** ·················

提问：对现金流量表进行分析，需要做哪些工作？

回答：对现金流量表的分析主要包括两个方面。

首先是对现金流内部结构的分析，就是我们提到的经营现金流、投资现金流、融资现金流八种不同的组合状态，分析企业处于哪种状态之下以及最需要关注的风险。

其次应关注经营活动现金流和净利润之间产生差异的原因，如果二者差异较大，需要引起特别注意。通常这些差异出现在应收账款、存货或者应付账款、预收账款这些项目的大幅度变化上。还有一种可能就是折旧，如果处于重资产行业，折旧很多，差异体现为现金流好、利润差，就有可能是折旧较多造成的。

从会计上找到产生差异的原因后，需要进一步寻找业务的根源，来解释这些会计上的变化。经过这样的分析，我们才能判断会计信息的变化是否预示着企业的经营风险。

| 第8篇 |

构建财务思维,实现价值提升

20
人人都需要财务思维

经过了19章的学习,相信大家会发现财务的趣味和用途,将这些知识运用到工作和生活中,你会比不懂财务的人对商业活动更敏感,更有全局观,更能敏锐捕捉数字背后的秘密。而要成为专业的财务人士,这仅仅是一个开始。本章将19章的内容做一个简要的梳理。

20.1 企业开张三件事

我们首先从企业的经济活动角度来做一个总结。

每一家企业都有各种各样的经济业务,纷繁复杂,各不相同,但这些活动在会计眼中,归根结底就是三件事:经营、投资和融资。将所有经济活动抽象来看,企业是在不断地重复着一个"从现金到现金"周而复始的循环过程。

具体而言,企业三件事以及不断重复的循环都包括哪些呢?

公司开业,首先需要股东或债权人投入资金,这是一个融资活动;然后公司拿这笔钱盖厂房、买设备,这是一个投资活动;接下来招聘员工、采购原材料、生产产品、销售产品、回收货款,最后又收回了钱,这些都属于经营活动。企业赚钱的整个过程,涉及经营、投资和融资三类活动。

在企业经营过程中,具体包括很多不同的业务,比如与招聘相关的薪酬业务,比如采购、生产、销售、回款等。本书中我们按照五大业务展开叙述。

这五大业务就是经营活动中的采购、生产、销售、薪酬以及投融资业务。

20.2 经营活动：一个从现金到现金的循环

虽然投资和融资活动也是一个从现金到现金的过程，但是它们循环一周往往需要若干年，且没有特别明确的含义。但是，经营活动从现金到现金的循环是一个非常鲜活地描述企业经营状况的信息来源，下面我们来具体回顾一下经营活动（见图20-1）。

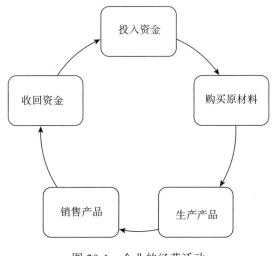

图 20-1　企业的经营活动

（1）企业采购，可能是预付款，可能是一手交钱，一手交货，还可能是先拿货，再付款，这三种采购方式的付款条件，在资产负债表中，通过预付账款、现金、应付账款的数额来表现。

（2）购入的原材料，不会马上投入生产，而是先存放在仓库里。原材料在仓库的存放时间体现了一家企业的采购规划能力。

（3）接下来将原材料从库房提出，投放到生产线上，再生产出产品。在这个过程中，资金是以在产品的形式存在的，至于存在时间有多长，则取决于企业的生产管理水平。

（4）将产品生产出来后，通常又再一次放进仓库里。产成品在仓库中存放的时间，反映了企业的销售能力。

（5）产成品销售出去后，大多数时候变成了应收账款，企业收回货款，拿到现金。当然企业也有可能会先向客户收款、再发货，这就形成了报表中的预收账款。

以上的整个过程，在资产负债表中都有记录。采购过程的付款条件体现在应付账款和预付账款上；采购成果是否合理，体现在原材料的存放周期上；原材料变成产成品的过程中会产生在产品，在产品的周期体现了企业的生产效率；生产出的产成品在出售前存放在库房中，存放时间的长短体现了企业的销售能力；销售之后变成了应收款，它的回款周期体现了企业应收款的管理能力。从付钱采购，到最后收回应收款变成现金，就是一个企业的日常运营，即从现金到现金的一个完整循环。

以上的整个过程，我们可以通过对应的资产、负债项目的周转率，清楚地计算整个企业一个现金循环所需的平均天数。我们用应付、预付款项的周转率来反映付款周期，用原材料的周转率来反映原材料平均的存放周期，用在产品的周转率来反映平均的生产周期，用产成品的周转率来反映产成品的存放周期，最后用应收账款的周转率来反映平均的收款周期。将以上这些周期加在一起，就是企业在日常运营中完成一个从现金到现金的循环所需要的具体时间。

※　　※　　※

由此可见，财务数据可以反映企业运营的全貌，甚至具体到每一个细小的业务，企业中任何一个部门的运营状况和效率，都可以从财务数据中看出。财务数据的背后是鲜活的企业具体业务，正是因为这个原因，所以人人都要了解财务知识，人人都要具备财务思维。财务思维让我们不止关注于眼前的那一项工作，而是看到这项工作与企业其他工作的关系，甚至了解这项工作对企业整体运营的意义。财务思维给了我们一个俯瞰企业的视角，给了我们认识企业和经济运行的战略眼光。这无论对于企业的管理层，还是一名普通的员工，都会有莫大的价值。

20.3 经济活动的驱动力：行业、战略选择和战略执行

财务报表的作用还不止这些。企业各种经济活动背后的驱动力首先是行业，行业分析有一个传统工具——五力图，它包括两大方面的因素：一个方面是竞争，包括来自行业内部的公司，也包括新进入者，还包括替代产品。竞争首先会冲击公司产品的价格，由于成本不变，当价格受到冲击时，毛利率马上就会下降，进而会影响企业的净利润率。所以，竞争会冲击企业的盈利空间，这是从效益的视角来考察企业。

五力图的另一个方面是企业的上下游产业链环境，即购买方和供货方，这会直接影响企业业务的运营。比如，供货方的谈判能力会直接影响采购的付款条件，购买方的谈判能力会直接影响销售的难易程度以及回款周期。它们二者共同影响了企业从现金到现金的循环周期。这个业务运营周期，是从效率的视角来考察企业。

所以，行业会直接影响一家企业的盈利空间和业务的运营周期。虽然财务数据纷繁复杂，但我们可以把它们分成效益和效率这两个反映视角。虽然行业是影响这两个因素的重要驱动力，但面对同样的行业环境，企业可以选择不同的应对方式，我们称作企业的战略选择。

企业有两种大的战略选择：一种是成本领先战略，就是薄利多销，想方设法将成本降到比任何其他企业都低，于是就有能力用比别人都低的价格销售产品。一旦价格比别人都低，就会让我们的产品更有吸引力，买产品的人

多了，就能实现薄利多销。成本领先战略是一个牺牲一定的效益，来换取效率的战略，所以其表现是低毛利、高周转，即低效益、高效率。

另一种是差异化战略。差异化战略是想方设法地将产品做得富有特色，因为产品有特色，所以可以卖高价钱，因此毛利率高，但是高端产品通常需求量会少，所以周转率相对会低，即效率会受到一定影响。差异化战略是牺牲一定的效率来换取效益的战略，其表现是高效益、低效率。

因此，影响效益和效率这两方面表现的，不仅仅是行业，还可能是战略选择。不过，选择了战略，还涉及执行的问题。如果能够成功执行，可以通过牺牲一部分而换取另一部分，但如果战略执行不到位，就有可能出现企业费了半天劲，还达不到自己的战略定位的情况。比如成本领先战略虽然牺牲了毛利，却没有换来高周转，或者差异化战略牺牲了周转率，却没有换来真正的高毛利，这些都是企业战略的执行失败。

因此，**企业经济活动的背后，真正的经济驱动力是行业、战略选择和战略执行，而这些因素才是决定财务数据表现的内在因素**。这个表现可以分成效益和效率两个视角，二者最终共同决定了一家企业的投资回报，就是企业创造了多少价值，这是一家企业一定要追求的最终目标。

※　　※　　※

企业每个部门员工的工作都会体现在财务数据中，包括采购、生产、销售、人力资源、投融资，等等。财务数据不仅会描述工作的状况，还可以给出评价，让你知道你在这个工作中，效益如何、效率如何，而这样的效益和效率状况会为企业的最终盈利贡献什么样的力量。所以，这些数据也在提醒我们去思考所做的每一项工作发挥的作用，是有提高效益的作用，还是有提高效率的作用。如果对于二者都毫无帮助，可能就说明你的工作是毫无价值和意义的。

20.4 报表解读：听数字说话

我们可以通过资产负债表资产中的应收账款、应收票据、预付账款、存货，以及负债中的应付账款、预收账款、应付职工薪酬等项目来了解公司经营活动的运营情况。具体来说，可以通过这些项目的周转率水平来了解业务运营的运营周期，了解企业的效率情况。

我们可以通过利润表中的毛利率、三项费用、资产减值、净利润等数据了解企业的效益情况。利润表可以让我们很清楚地了解企业的利润是来自于正常的经营活动，还是来自于投资、金融资产公允价值的变动或是资产减值的变化。在经营活动中，我们可以进一步知道企业业绩优劣，是成本还是费用方面的结果。

通过资产负债表和利润表的结合，我们还可以了解企业的偿债能力，比如流动比率、速动比率、利息保障倍数等。偿债能力是一个涉及风险问题的分析。

现金流量表是一张着重描述风险的报表，对其分析可以分为两个方面：一个方面是对现金流本身的结构分析，可以通过经营、投资、融资现金流的八种不同状态来推断公司的运营状况，以及最需要关注的风险点。对现金流分析的另一个方面是分析净利润和经营活动现金流之间巨大差异产生的原因，以及它背后的业务原因，这可以帮助我们发现引起企业不能持续经营风险的一些原因。

当我们拿到一家企业的报表时，应该如何去解读呢？首先看风险方面，其次看收益方面，最后看偿债能力，可以通过现金流量表角度分析。

这里我们重点介绍一下收益的方面，就是指赚钱，用财务指标衡量就是**投资回报超过资本成本的程度**。

我们主要讨论投资回报，通常用**总资产报酬率**这个指标来表示投资回报。

总资产报酬率可以分解成两个指标的乘积：一个是净利润率，另一个是总资产周转率。

总资产报酬率 = 净利润率 × 总资产周转率

净利润率用来衡量效益，总资产周转率用来衡量效率，由此我们将赚钱分成效益和效率两个方面。

在分析一家企业时，我们首先要看这家企业的投资回报在行业中处于怎样的水平，在整个社会中处于怎样的水平，然后再来看这样的一个投资回报水平是高是低，效益和效率两个方面中哪个方面起了主要的影响。所以，我们用衡量效益和效率的指标与同行业的其他企业进行比较，看一看它在同行业中的水平，再根据这家企业自身的战略选择来判断这样的水平是否正常。

比如，如果一家公司的战略定位是成本领先，就应该预期到它的毛利率不会有太突出的表现，而它应该表现出较好的周转率。也就是说，这家公司的毛利率可能处于行业的一般水平，甚至是中等偏下的水平，但它的周转率应该处于行业中较高的位置，至少是高于平均水平的。如果它的财务数据没有表现出这样的现象，就说明这家公司的战略执行可能出现了问题。我们还可以进一步分析原因，比如周转率没有达到应有的高水平，原因是什么？是因为东西卖得太慢了，还是因为款收得太慢了，是因为在原材料环节浪费了太多的时间，还是因为在生产环节浪费了太多的时间？这只是从会计角度进行的分析，还需要进一步结合企业自身的业务特征，寻找业务的角度来理解这个数据背后的原因。

当我们看到成本领先战略的公司毛利率处于比较低的水平时，不能就此认为一定合理，还应该去寻找关于它成本的相关信息，也将它的成本水平与同行业的公司进行比较，看一看它的成本状况在同行业公司中是否真的处于领先的地位。如果我们发现它的成本并没有处于领先的地位，就说明这家公司虽然周转率较高，但它并没有实现成本领先战略的最根本的基础，就是成本在行业中处于领先地位。周转率高其实可以很容易地通过压低产品的售价来实现，但是这种做法的长远保障肯定是成本优势，即成本比其他公司更低。如果公司的成本并不比他人低，只是价格定得比他人低，表面上看似乎没有问题，只是别人挣得多、我挣得少，但随着行业竞争的加剧，整个行业毛利率水平都在下降，等到激烈的行业竞争到来时，所有公司可能都处在盈亏平衡的边缘，如果企业的价格低，而成本又与平均水平相当，则势必会亏损，低价是难以持续的。所以，成本领先战略最重要的实现前提是，在行业中具有成本优势。

如果是一家差异化战略的公司，就需要了解这家公司的产品在行业中是否给人一种高端的印象，它的产品的价格水平是否真的比其他企业的同类产品高。我们如果能找到相关的销量数据，就可以大致看到每一件产品的收入，用这个数据去与同行业的公司比较，就可以知道定价区间是否在行业中处于较高的位置。之所以关心这个问题，是因为差异化战略最终要落实到产品的独特性上，而这个独特性最终的目的是获得标高价的能力，如果不能获得标高价的能力，那么产品的独特性就没有价值和意义。

当我们去分析公司的财务数据时，就是用衡量效益和效率的不同指标，与同行业的公司进行比较，并结合这家公司自身的战略选择，来判断财务数据的表现和战略选择是否相匹配，并且进一步推断这家公司的战略执行是否成功。如果不成功，分析是由什么原因导致的，再进一步了解公司在业务上的举措。

以上就是报表解读的基本思路。

※　　※　　※

以上就是对本书内容的简要梳理，希望本书的知识，可以帮助你提升财务思维，在商业中略胜一筹！

附录 A
资产负债表

资产负债表

××××年××月××日

编制单位：　　　　　　　　　　　　　　　　　　　　　　　　（单位：人民币元）

项　目	期末数	期初数	项　目	期末数	期初数
流动资产：			**流动负债：**		
货币资金			短期借款		
以公允价值计量且其变动计入当期损益的金融资产			以公允价值计量且其变动计入当期损益的金融负债		
应收票据			应付票据		
应收账款			应付账款		
预付款项			预收款项		
应收利息			应付职工薪酬		
应收股利			应交税费		
其他应收款			应付利息		
存货			应付股利		
持有待售资产			其他应付款		
一年内到期的非流动资产			持有待售负债		
其他流动资产			一年内到期的非流动负债		
流动资产合计			其他流动负债		
非流动资产：			**流动负债合计**		
可供出售金融资产			**非流动负债：**		

（续）

项　目	期末数	期初数	项　目	期末数	期初数
持有至到期投资			长期借款		
长期应收款			应付债券		
长期股权投资			长期应付款		
投资性房地产			长期应付职工薪酬		
固定资产			专项应付款		
在建工程			预计负债		
工程物资			递延收益		
固定资产清理			递延所得税负债		
生产性生物资产			其他非流动负债		
油气资产			**非流动负债合计**		
无形资产			**负债合计**		
开发支出					
商誉			股本		
长期待摊费用			资本公积		
递延所得税资产			减：库存股		
其他非流动资产			其他综合收益		
非流动资产合计			专项储备		
			盈余公积		
			未分配利润		
			归属于母公司股东权益合计		
			少数股东权益		
			股东权益合计		
资产总计			**负债和股东权益总计**		

附录 B
利 润 表

利润表

××××年度

编制单位： （单位：人民币元）

项　目	本期金额	上期金额
一、营业收入		
减：营业成本		
税金及附加		
销售费用		
管理费用		
财务费用		
资产减值损失		
加：公允价值变动收益（损失以"－"号填列）		
投资收益（损失以"－"号填列）		
其中：对联营企业和合营企业的投资收益		
资产处置收益（损失以"－"号填列）		
其他收益		
二、营业利润（亏损以"－"号填列）		
加：营业外收入		
减：营业外支出		
三、利润总额（亏损总额以"－"号填列）		

（续）

项目	本期金额	上期金额
减：所得税费用		
四、净利润（净亏损以"-"号填列）		
（一）按经营持续性分类		
其中：持续经营净利润（净亏损以"-"号填列）		
终止经营净利润（净亏损以"-"号填列）		
（二）按所有权归属分类		
其中：少数股东损益（净亏损以"-"号填列）		
归属于母公司股东的净利润（净亏损以"-"号填列）		
五、其他综合收益的税后净额		
归属于母公司股东的其他综合收益的税后净额		
（一）以后不能重分类进损益的其他综合收益		
（二）以后将重分类进损益的其他综合收益		
归属于少数股东的其他综合收益的税后净额		
六、综合收益总额		
归属于母公司股东的综合收益总额		
归属于少数股东的综合收益总额		
七、每股收益		
（一）基本每股收益		
（二）稀释每股收益		

附录 C
现金流量表

现金流量表

××××年度

编制单位： （单位：人民币元）

项 目	本期金额	上期金额
一、经营活动产生的现金流量		
销售商品、提供劳务收到的现金		
收到的税费返还		
收到其他与经营活动有关的现金		
经营活动现金流入小计		
购买商品、接受劳务支付的现金		
支付给职工以及为职工支付的现金		
支付的各项税费		
支付其他与经营活动有关的现金		
经营活动现金流出小计		
**　经营活动产生的现金流量净额**		
二、投资活动产生的现金流量		
收回投资收到的现金		
取得投资收益收到的现金		
处置固定资产、无形资产和其他长期资产收回的现金净额		
处置子公司及其他营业单位收到的现金净额		

（续）

项　目	本期金额	上期金额
收到其他与投资活动有关的现金		
投资活动现金流入小计		
购置固定资产、无形资产和其他长期资产支付的现金		
投资支付的现金		
取得子公司及其他营业单位支付的现金净额		
支付其他与投资活动有关的现金		
投资活动现金流出小计		
投资活动产生的现金流量净额		
三、筹资活动产生的现金流量		
吸收投资收到的现金		
其中：子公司吸收少数股东权益性投资收到的现金		
取得借款收到的现金		
发行债券收到的现金		
收到其他与筹资活动有关的现金		
筹资活动现金流入小计		
偿还债务支付的现金		
分配股利、利润或偿付利息支付的现金		
其中：子公司支付少数股东的现金股利		
支付其他与筹资活动有关的现金		
其中：子公司减资支付给少数股东的现金		
筹资活动现金流出小计		
筹资活动产生的现金流量净额		
四、汇率变动对现金及现金等价物的影响		
五、现金及现金等价物净增加额		
加：期初现金及现金等价物余额		
六、期末现金及现金等价物余额		

彼得·德鲁克全集

序号	书名	序号	书名
1	工业人的未来 The Future of Industrial Man	21 ☆	迈向经济新纪元 Toward the Next Economics and Other Essays
2	公司的概念 Concept of the Corporation	22 ☆	时代变局中的管理者 The Changing World of the Executive
3	新社会 The New Society: The Anatomy of Industrial Order	23	最后的完美世界 The Last of All Possible Worlds
4	管理的实践 The Practice of Management	24	行善的诱惑 The Temptation to Do Good
5	已经发生的未来 Landmarks of Tomorrow: A Report on the New "Post-Modern" World	25	创新与企业家精神 Innovation and Entrepreneurship
6	为成果而管理 Managing for Results	26	管理前沿 The Frontiers of Management
7	卓有成效的管理者 The Effective Executive	27	管理新现实 The New Realities
8 ☆	不连续的时代 The Age of Discontinuity	28	非营利组织的管理 Managing the Non-Profit Organization
9 ☆	面向未来的管理者 Preparing Tomorrow's Business Leaders Today	29	管理未来 Managing for the Future
10 ☆	技术与管理 Technology, Management and Society	30 ☆	生态愿景 The Ecological Vision
11 ☆	人与商业 Men, Ideas, and Politics	31 ☆	知识社会 Post-Capitalist Society
12	管理：使命、责任、实践（实践篇）	32	巨变时代的管理 Managing in a Time of Great Change
13	管理：使命、责任、实践（使命篇）	33	德鲁克看中国与日本：德鲁克对话"日本商业圣手"中内功 Drucker on Asia
14	管理：使命、责任、实践（责任篇）Management: Tasks, Responsibilities, Practices	34	德鲁克论管理 Peter Drucker on the Profession of Management
15	养老金革命 The Pension Fund Revolution	35	21世纪的管理挑战 Management Challenges for the 21st Century
16	人与绩效：德鲁克论管理精华 People and Performance	36	德鲁克管理思想精要 The Essential Drucker
17 ☆	认识管理 An Introductory View of Management	37	下一个社会的管理 Managing in the Next Society
18	德鲁克经典管理案例解析（纪念版）Management Cases (Revised Edition)	38	功能社会：德鲁克自选集 A Functioning Society
19	旁观者：管理大师德鲁克回忆录 Adventures of a Bystander	39 ☆	德鲁克演讲实录 The Drucker Lectures
20	动荡时代的管理 Managing in Turbulent Times	40	管理（原书修订版）Management (Revised Edition)
注：序号有标记的书是新增引进翻译出版的作品		41	卓有成效管理者的实践（纪念版）The Effective Executive in Action